国家自然科学基金旅游研究项目文库

基于危机响应的旅游地社区参与机制研究

以汶川地震后大九寨环线区域为例

年四锋 / 著

中国旅游出版社

项目策划：段向民
责任编辑：孙妍峰
责任印制：钱　宬
封面设计：武爱听

图书在版编目（CIP）数据

基于危机响应的旅游地社区参与机制研究 ：以汶川地震后大九寨环线区域为例 / 年四锋著. -- 北京 ：中国旅游出版社，2023.9

（国家自然科学基金旅游研究项目文库）

ISBN 978-7-5032-7120-5

Ⅰ. ①基… Ⅱ. ①年… Ⅲ. ①旅游地－风险管理－研究－四川 Ⅳ. ①F592.771

中国国家版本馆CIP数据核字(2023)第092649号

书　　名：基于危机响应的旅游地社区参与机制研究——以汶川地震后大九寨环线区域为例

作　　者：年四锋　著
出版发行：中国旅游出版社
（北京静安东里6号　邮编：100028）
http://www.cttp.net.cn　E-mail:cttp@mct.gov.cn
营销中心电话：010-57377103，010-57377106
读者服务部电话：010-57377107
排　　版：北京旅教文化传播有限公司
经　　销：全国各地新华书店
印　　刷：三河市灵山芝兰印刷有限公司
版　　次：2023年9月第1版　2023年9月第1次印刷
开　　本：720毫米 × 970毫米　1/16
印　　张：17.5
字　　数：280千
定　　价：49.80元
ISBN　978-7-5032-7120-5

序 言

人地关系是地理学研究的核心问题，而旅游现象在本质上实际上也是一种特殊的人地关系形式。旅游业是一种敏感的产业，对于外在政治、经济、环境乃至国际关系等有着非常明显的响应。各种灾害可以给旅游业带来重大影响，2004年的印尼海啸、2008年的汶川地震以及2019年以来的全球新冠大流行等给人民的生命财产、社会经济和生活生计生产造成了重大损失和影响，给旅游业也带来了重大冲击。旅游目的地发生的自然灾害对旅游产业的影响及政府（防疫抗疫治理）、公众的行为响应（如恐慌、应激）以及产业恢复力（韧性）就成为旅游地理研究的重要领域。旅游业作为一项敏感脆弱的服务产业，抵御灾害风险的能力相对其他产业较弱，易受到突发危机事件的影响，特别是旅游业关乎旅游地社区生计和社会经济发展，旅游社区和旅游从业者感受最为真切。与此同时，在旅游业地位日渐凸显的国民休闲时代和互联网媒体态势下，旅游目的地突发危机事件响应的研究成为新课题，使得利益相关者越来越重视对突发危机事件的预测、评估和响应处置，使之成为关注的新焦点。

如何防范和响应旅游地的突发危机事件，保障旅游业的可持续发展，成为旅游地危机管理和旅游地社区生计可持续发展的重要研究内容。具体问题就是面对灾害趋利避害，如何应对和防范此类突发危机事件，降低损失、提升效益。社区是承担灾害风险的主体，提高社区防灾和灾后恢复能力是最大程度降低灾害影响的核心。当地社区作为旅游业发展的重要力量，是旅游地社会经济发展、文化传承、生态保护和旅游可持续发展的参与者和守护者。当地社区比其他利益相关者须有更大的责任和担当，运用其社区资源和个人社会资本更好地化解危机，利用契机，以期促进旅游地社区和旅游业快速恢复。

2008年四川汶川发生里氏8.0级大地震后，对四川省旅游业及地震邻近区域旅游目的地旅游相关的社会地理结构、旅游流模式、旅游产业也产生重大影响。实际上，我个人和我的研究团队此前一直跟踪九寨沟旅游地理和自然遗产研究已经有 20 多年。2008 年我和来自英国布恩茅斯大学的研究学者正在合作做英国 British Academy 资助项目中英旅游地可持续发展研究，地震前一周我们研究团队刚好在九寨沟调研，而最后一个离开九寨沟的团队成员——我的博士生、现在安徽师范大学杨钊教授是地震前一天结束九寨沟调研坐车返程回南京的。一听到地震新闻，我们马上联系杨钊博士，开始还联系不上，后来才知道杨钊博士已经在卧铺车上躺着过了一个晚上了，众人大感幸运。出于对九寨沟的地方依恋，我决定设计一个研究项目专门研究地震对九寨沟旅游地社会地理结构的影响，后来我有幸申请到了国家自然基金对这个问题进行探索研究。

本书作者——我指导的博士生年四锋加入了研究团队，以四川省大九寨环线区域的世界遗产地九寨沟、青城山以及北川羌族自治县为案例地，以旅游地社区居民和旅游从业者为研究对象，依托旅游危机管理理论和社区参与理论，构建了以旅游社区参与获益、社区恢复力、社区依恋、社区参与态度、危机响应态度和社区参与意向为潜变量的旅游地社区参与框架模型。研究表明旅游地社区参与的行为意向存在着一定的区域差异，旅游地社区参与利益相关者的关注点和表现呈现出不同特征。如政府部门注重旅游地危机管理顶层设计，旅游企业注重风险应对，旅游地社区居民注重民主参与和利益分配的公平性。作者提出了基于危机响应的旅游地社区参与“ABC”（Attachment，Benefit，Capability）框架，一定程度上拓展了旅游地社区参与的研究边界，对旅游地社区参与和危机管理有一定的理论价值和实践意义。也期待更多的学者和相关群体关注社区旅游参与和突发危机事件应对等主题的研究和话题，以期推动中国旅游业高质量发展，有效应对各类突发危机事件。

年四锋博士后来在毕业论文基础上进行修改完善，现在呈现在读者面前。基于我指导过程中对论文的阅读，我认为本书是非常值得旅游地理研究者、旅游管理研究者、灾害地理研究、旅游社会学研究者阅读和参考的，古云“举贤不避亲”，所以作序推荐。

张捷　于南京问渠园南窗

2022 年 12 月 18 日

前　言

现时地看，突发危机事件响应视角下旅游地社区及其利益相关者关切如何、影响如何？

历史地看，“一部二十四史，几无异一部灾荒史。历代史书中关于灾荒的记载连篇累牍”。

辩证地看，突发危机事件对旅游业发展是一把“双刃剑”，福祸相依，危机转机。

科学地看，突发危机响应情境下旅游地社区参与的行为意向、影响因素、过程演绎及其作用机制是怎样的？这些都是值得探索的话题。

21 世纪以来全球重大灾害和突发危机事件时有发生，中国作为一个发展中大国，也是自然灾害和突发危机事件频发的国家，水灾、雪灾、地震、“非典”、禽流感和新冠疫情等重大突发危机事件给人民的生命财产、社会经济和生活生计造成了重大损失和影响。旅游业作为一项敏感、脆弱和耐受力弱的服务产业，抵御风险的能力相比其他产业较弱，易受到突发危机事件的影响。近年来全球旅游业遭受了包括恐怖袭击、政治不稳定、经济衰退、生态安全威胁和自然灾害等方面的侵扰乃至重创，导致人口、社会经济、产业发展和基础设施等遭受重大损失。特别是地震灾害具有不可预知性以及破坏力强波及面广等特点，如印尼大海啸、汶川大地震以及近三年的全球新冠大流行等都给旅游业带来巨大损失，产生了深远的影响，特别是旅游业关乎旅游地社区生计、生活、生产以及社会经济发展，与当地社区和旅游从业者的关联最为紧密。与此同时，国民休闲时代年均 60 亿人次旅游规模和近 7 万亿元的旅游收入充分彰显了旅游业在国计民生中的重要战略地位，以及在互联网全媒体生态之下形成的瞬间传播效应，旅游目的地的突发危机事件更易造成新舆情，使得旅游目的地突发危机事件响应的研究成为新课题。旅游目的地的行政管理部门、景区单位、住宿餐饮、旅游商品购物、娱乐演艺、社区居民、旅游交通、旅行社、NGOs和游客等利益相关者非常重视突发危机事件的处置。因为近年来频繁的突发危机事件对旅游目的地社会生活、经济文化和生态生境，特别是高度敏感型的旅游产业带来一系列的不利影响和破坏，使得利益相关者越来越重视对突发危机事件的预测、评估和响应处置，尤其是正在形成制定突发危机事件响应处置的计划乃至规划的趋势，使之成为关注的新焦点。

如何防范、响应和处置旅游地重大突发危机事件，保障旅游业的可持续发展，成为政府部门旅游治理、旅游地危机管理和旅游地社区生计可持续发展的重要研究内容。但如果从旅游业发展角度来看，突发危机事件也许是一把“双刃剑”，正如Holling所言灾后阶段既是该地区最脆弱的时期，也是地方发展的最佳时期。汉语中“危机”一词，包含着“危”和“机”，不仅代表可能的危险境界，同时也意味着可能出现的大量机会，如同中国贤哲老子所阐释“祸兮，福之所倚；福兮，祸之所伏”的哲理一样。旅游地突发危机事件带来了旅游地知名度提高、政府援助和相关旅游发展支撑条件大为改善等“契机”，如自然灾害造就了新的旅游景观，灾后重建拥入了新的旅游企业，启动了新的旅游项目，特别是像中国这样的社会主义制度国家在汶川大地震救灾中采取了对口援建的模式（北京等21个省市直接注入资金对口支援重点受灾县以及指导提升灾后社会经济发展），使得灾后重建工作顺利快速推进，一定程度上促进了当地社会经济发展速度超越了震前水平。当然，谁也不愿危机来临，只是来了之后我们如何更好地趋利避害，降损提效，积极应对，快速响应。相关学者从不同的维度和视角进行了广泛的探索，其中社区参与成为研究的重点和热点。从灾害影响看，社区是承担灾害风险的主体，应提高社区防灾能力，加强灾后恢复能力建设，最大程度降低灾害影响。同时当地社区作为旅游业发展的重要力量，拥有良好的社会资本、文化资本和生计资本，也是旅游地社会经济发展、文化传承、生态保护和旅游可持续发展的直接参与者与坚定守护者。当突发危机事件侵扰到旅游地常态运营，破坏了旅游业的正常运营时，当地社区比其他利益相关者拥有更大的责任、更好的担当、更强的能力，利用社区资源和个人社会资本可以更好地化解危机，以期促进旅游地社区和旅游业快速恢复，正如‘First Response，Last Leave!’所表。在旅游目的地的众多利益相关者中，当地社区和旅游从业者属于自救式的主要力量，政府行政部门在我国一直是主导力量。在自组织和扁平化的态势下，占有旅游目的地相当人口比例的社区居民和旅游从业者应当也必然要成为突发危机事件响应处置的重要力量。

基于此，本研究以2008年汶川大地震后四川省大九寨环线区域的世界遗产地九寨沟、青城山以及北川羌族自治县为案例地，以旅游地社区居民、旅游从业者和旅游管理者为研究对象，采用问卷调查采集556份有效样本、现场访谈28位旅游业利益相关者以及田野调查40余天，依托旅游危机管理理论、社区参与理论、社区恢复理论和社会交换理论，以结构方程模型（SEM）和偏最小平方法（PLS–SEM）为技术方法，基于旅游地社区危机响应视角，构建了以旅游社区参与获益、社区恢复力、社区依恋、社区参与态度、危机响应态度和社区参与意向为潜变量的旅游地社区参与框架模型。本书分为四篇。第一篇为绪论，主要介绍了研究背景、科学问题、研究思路、技术路线、研究方法、研究内容以及案例地选择和相关概念界定。第二篇为述评理论，主要介绍了相关理论基础、国内外研究进展和本研究框架中的重要概念维度的详细述评，总结了相关研究差异和差距，为本研究的概念框架的构建奠定基础。第三篇是实证研究。首先，依托文献综述和相关理论基础，提出研究假设，构建了本研究概念框架。介绍了案例地的旅游发展和地震影响，以及对问卷设计、数据采集和相关计量方法选择等进行了阐述。其次，分析样本数据，对样本总体人口统计学特征进行分析，对调查问卷进行描述性统计分析，介绍了访谈的相关情况，比较分析了旅游社区参与的相关特征。再次，对样本进行信度和效度分析，对测量模型和概念模型进行验证分析，并对人口统计学的感知差异和旅游社区参与结构模型的重要性—表现力进行映射分析。又次，从区域差异的视角，基于不同区域的地震影响程度、旅游发展阶段、旅游社区参与程度等影响因素，探索旅游地社区参与和危机响应的区域差异和影响作用机制。最后，构建危机响应的旅游地社区参与机制框架，基于我国国情提出相关建议和对策。第四篇是本研究的结论、创新点与展望。

研究结果表明：第一，构建的基于危机响应视角的旅游地社区参与框架通过验证。从总样本框架模型的验证结果来看，提出的研究假设路径全部获得支持。第二，旅游地社区参与的行为意向存在着一定的区域差异。除九寨沟旅游社区参与获益对社区参与态度和危机响应态度的作用不显著外，九寨沟、青城山和北川县各假设路径均获得支持，社区参与获益、社区依恋和社区恢复力对旅游社区参与意向的总效应均起显著正向作用，呈现出社区恢复力>社区依恋>社区参与获益的特征。从各维度均值的角度看，总体上看各维度均值呈现出九寨沟>青城山>北川县的特征。第三，旅游地社区参与利益相关者的关注点和表现呈现出不同特征。政府部门注重旅游地危机管理顶层设计，制订了旅游地危机管理规划方案和突发危机事件响应的相关预案，但是在旅游社区参与过程中某种程度上在旅游发展利益分配、扶持政策制定等方面存在一定问题。旅游企业注重风险应对，积极参与相关危机防范技能培训等，但对旅游地居民社区参与的工作机会、收入分配等方面重视程度不高。旅游从业者或者家庭旅游收入占比较高的居民对旅游发展获益普遍不满，而旅游社区参与意向和危机响应态度较强烈。旅游地社区居民特别注重旅游社区发展过程中的民主参与和利益分配的公开透明。第四，基于验证性和预测性的研究技术方法，探索了旅游地社区危机响应和社区参与的作用机制，并对人口学特征、社区参与程度、地震影响程度、旅游地生命周期等进行了相关感知差异分析。

综上，本研究提出了基于危机响应的旅游地社区参与“ABC”（Attachment，Benefit，Capability）框架，拓展了旅游社区参与的研究视域，具有一定的理论与实践价值。突发危机事件的区域社会经济影响的评价与机制问题，是区域危机管理乃至灾后重建、区域可持续发展的重要理论基础，具有重大社会实践价值。旅游地成长和发展过程中，突发危机事件对旅游目的地造成极大影响，特别是对旅游地社区的社会文化经济等产生重大影响，客观发展需要对突发危机事件的社会经济影响进行理论研究。希望本研究抛砖引玉，能够引起更多群体的共鸣，共同助力中国旅游业高质量发展，有效应对和处置重大突发危机事件。

年四锋

2022 年 12 月

目 录

绪论篇

述评理论篇

实证研究篇

结论篇

绪论篇

第1章 绪 论

1.1 研究背景

1.1.1 突发危机事件成为制约旅游业可持续发展的重要因素

21世纪以来全球重大灾害和突发危机事件时有发生，中国作为一个发展中大国，也是自然灾害和突发危机事件频发的国家，水灾、雪灾、地震、“非典”（SARS）和禽流感等重大突发危机事件给人民的生命财产、社会经济和生活生计造成了重大损失和影响。旅游业作为一项敏感脆弱的服务产业，抵御灾害风险的能力相对其他产业较弱，易受到突发危机事件的影响。近年来全球旅游业遭受了包括恐怖袭击、政治不稳定、经济衰退、生态安全威胁和自然灾害等方面的侵扰乃至重创，导致人口、社会经济、产业发展和基础设施等重大损失（Guo等，2018；Mair等，2016）。特别是地震灾害具有不可预知性以及破坏力强波及面广等特点，如2004年的印尼大海啸和2008年的汶川大地震等都给当地旅游业带来巨大损失乃至给全球旅游业带来了一定的影响。

世界旅游组织（World Tourism Organization，UNWTO）发布的《旅游业危机管理指南》（*Crisis guidelines for the tourism industry*，2003）把危机定义为影响游客的旅游目的地信心以及扰乱正常经营的不可控的事件。特别是地震和海啸等自然型突发危机事件给旅游地带来了重大损失：游客数量急剧减少，旅游景点遭到破坏，旅游设施遭受损坏，旅游地社区生计难以为继等，特别是给当地社区造成重大的生命财产和情感伤害（Huang和Min，2002；Rittichainuwat，2013；Tsai和Chen，2011；Yang等，2011）（图1-1）。灾害可能破坏旅游开发的自然环境和资源条件，破坏服务设施和市场秩序，危害旅游从业者和旅游消费者（Gawith，2013；Ritchie，2004；Tsao和Ni，2015），可以说灾害已经成为制约世界旅游业和旅游地社区可持续发展的重要因素之一（Rittichainuwat，

2013；Yang 等，2011）。

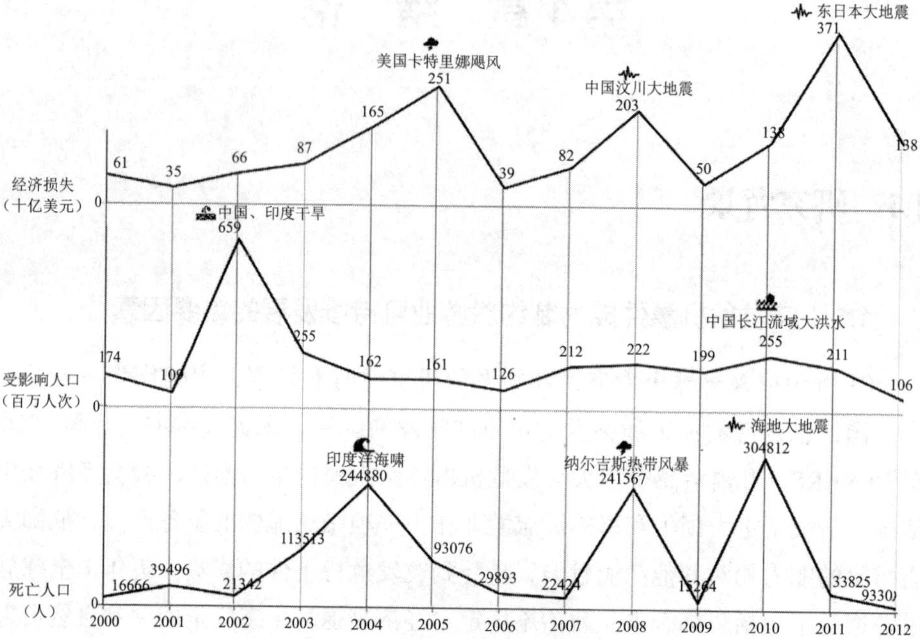

图 1-1　2000—2012 年全球自然灾害影响概览

注：数据来源于联合国国际减灾战略署（UNISDR）

1.1.2 近年来突发危机事件对中国旅游业发展造成重大影响

21 世纪以来全球自然灾害成灾次数、受灾人口和经济损失明显增多，灾害风险已成为可持续发展的重要障碍。据联合国国际减灾战略署（UNISDR）报道，2012 年全球自然灾害造成的经济损失超过了 1300 亿美元，受影响人口超过 100 万人次。中国是世界上自然灾害频发，灾情严重的地区，特别是改革开放之后，伴随着经济的快速发展，人类活动对自然过程的影响日益加剧，区域灾情日趋严重。2012 年自然灾害对中国造成的直接经济损失超过了 4000 亿元，地震灾害造成的直接经济损失达 82.88 亿元，特别是 2008 年的汶川大地震发生的当年，地震共造成直接经济损失 8595.0 亿元。最大限度地减轻灾害的影响和损失已成为区域可持续发展的重要前提之一（童星等，2010）。

进入 21 世纪以来中国旅游产业迎来了发展的黄金时期，国内旅游持续高速增长，出入境旅游发展平稳。2018 年国内旅游人数 55.39 亿人次，入出境旅游总人数 2.91 亿人次，全年实现旅游总收入 5.97 万亿元，对 GDP 的综合贡献为 9.94 万亿元，占 GDP 总量的 11.04%。旅游直接和间接就业 7991 万人，占全国就业总人口的 10.29%。综合表明旅游业在中国的社会经济中具有举足轻重的地位。但是旅游业属高敏感性产业，自然灾害的发生对旅游业的发展具有极大的破坏性。自然灾害可能摧毁旅游业赖以发展的自然环境和资源条件，破坏旅游产业的产能设施和市场秩序，伤害旅游业的从业人员和旅游消费者，从而对旅游业造成全方位的破坏（邵琪伟，2012）。特别是中国面临着各种严重的自然灾害威胁，对旅游业赖以生存的景区造成巨大影响（图 1–2）（刘浩龙，2008）。以 2008 年的汶川特大地震为例，地震及地震带来的滑坡、泥石流、堰塞湖等大量次生灾害对四川旅游业造成了重大影响，大量的旅游资源、旅游基础设施和服务设施遭受毁灭性破坏。据统计，汶川大地震对四川旅游业造成的直接损失总值为 465.92 亿元，四川省入境旅游人次同比下降 59%。可以说自然灾害已成为制约我国旅游业可持续发展的重要因素之一。

1.1.3 旅游地危机管理能够有效地促进旅游业有序健康发展

21 世纪以来旅游目的地突发危机事件成为新难题。2001 年“9・11”恐怖袭击事件、2003 年 SARS 事件、2004 年印尼海啸和 2008 年汶川地震等突发危机事件给旅游目的地社会经济和生产生活，特别是对高敏感度的旅游产业带来一系列的影响，乃至毁灭性的打击，使之成为继旅游目的地客源地结构变化、旅游产业政策变化、季节性淡旺季变化、社会经济波动等常态因素对目的地旅游产业发展影响之外的新的影响要素。一直以来，旅游目的地旅游产业发展规划是重头戏，旅游企业及其相关行业的发展计划唱主角，而对于突发危机事件的预测、评估、分析和响应处置的专门规划一直没有引起足够的重视，大多旅游目的地和旅游企业只制定了简单的突发事件应急预案。因此在旅游业地位日渐凸显的国民休闲时代和互联网媒体态势下，旅游目的地突发危机事件响应的研究成为新课题。旅游目的地的行政管理部门、景区单位、住宿餐饮、旅游商品购物、娱乐演艺、社区居民、旅游交通、旅行社、NGOs 和游客等等利益相关者非常重视突发危机事件的处置。因为近年来频繁的突发危机事件对旅游目的地社会生活、经济文化和生态生境，特别是高度敏感型的旅游产业带来一系列的不利影响和破坏，使得利益相关者越来越重视对突发危机事件的预测、评估和响应处置，特别是正在形成制定突发危机事件响应处置的计划乃至规划的趋势，使之成为关注的新焦点。

1.1.4 旅游社区参与是应对危机促进旅游业发展的重要力量

如何防范和响应旅游地的突发危机事件，保障旅游业的可持续发展，成为旅游地危机管理和旅游地社区生计可持续发展的重要研究内容（Amini Hosseini等，2014；Lee，2013）。但如果从旅游业发展角度来看，突发危机事件也许是一把“双刃剑”，正如 Holling 所说灾后阶段既是该地区最脆弱的时期，也是地方发展的最佳时期（Holling，1986）。汉语中“危机”一词，包含着“危”和“机”，不仅代表能可能的危险境界，同时也意味着可能的大量机会，如同中国贤哲老子所阐释“祸兮，福之所倚；福兮，祸之所伏”的哲理一样。旅游地突发危机事件带来了旅游地知名度提高、政府援助和相关旅游发展支撑条件大为改善等“契机”，如自然灾害造就了新的旅游景观，灾后重建拥入了新的旅游企业，启动了新的旅游项目，特别是像中国这样的社会主义制度国家在汶川大地震救灾中采取了对口援建的模式（北京等 21 个省市直接注入资金对口支援重点受灾县以及指导提升灾后社会经济发展），使得灾后重建工作顺利快速推进，一定程度上促进了当地社会经济发展速度超越了震前水平（Hallegatte 和 Dumas，2009；Hystad 和 Keller，2008）。面对灾害趋利避害，如何应对和防范此类突发危机事件，降低损失提升效益，相关学者从旅游地利益相关者角度进行了研究，其中社区参与成为研究的重点和热点（Akamani 和 Hall，2015；Amini Hosseini 等，2014；Gu 和 Ryan，2008）。

从灾害影响看，社区是承担灾害风险的主体，提高社区防灾和灾后恢复能力是最大程度降低灾害影响的核心。1999 年，在日内瓦召开的第二次世界减灾大会强调将社区视为减灾的基本单元。2005 年，《2005—2015 兵库行动框架：建立国家和社区的灾害恢复力》进一步强调需加强社区减灾风险能力建设。社区也被认为是研究社区恢复力的最合适的分析单元（Beckley，1998）。在此背景下，以社区为基础的灾害风险管理成为近年来国际社会普遍认可并被实践证明是行之有效的管理灾害的理念与手段（张振国等，2013）。

当地社区作为旅游业发展的重要力量，是旅游地社会经济发展、文化传承、生态保护和旅游可持续发展的参与者和守护者。当突发危机事件侵扰到旅游地，破坏了旅游业的正常运营，当地社区比其他利益相关者拥有更大的责任和担当，运用其社区资源和个人社会资本更好的化解危机，利用契机，以期促进旅游地社区和旅游业快速恢复。相关学者主要从社区恢复力（Bec等，2016；Biggs等，2012；Lew等，2016；郭永锐等，2015；郭永锐等，2018），社区参与获益（Li，2006；Nunkoo和Ramkissoon，2011a；Simpson，2008；李宜聪等，2014），地方依恋（Gu和Ryan，2008；Lewicka，2008），社区依恋（McCool和Martin，2016；O' Brien等，1994；R，E和W，1992），社区生计（Lee，2013），社会资本（Sebele，2010），危机响应（Mazzocchi和Montini，2001），危机管理（Faulkner，2001）等视角研究旅游地社区参与的影响关系。相关学者强调社会资本和社区恢复力在应对危机进行灾后恢复等方面的作用，从情感依恋和社区生计上来说，社区参与是危机响应和社区恢复的关键因素，因为当地社区具有一定的社会资本，以及经历过突发危机事件后，具备了一定的应对灾害的经验和能力（Amini Hosseini等，2014；Cohen等，2013；Vallance和Carlton，2015；赵延东，2007）。在旅游目的地的众多利益相关者中，宏观上来讲，NGOs属于他者类的“锦上添花”，当地社区属于自救式的主要力量，政府行政部门在社会主义制度的中国一直是主导力量，如汶川地震后进行的全国对口大援建就是很好的例证。一直以来对于旅游从业者（包括企业的和个体户的）此类群体的作用值得探究，在国内的研究中相对弱化，某种程度下降低了旅游从业者的功能和作用。在自组织和扁平化的态势下，占有旅游目的地相当人口比例的旅游从业者，应当也必然要成为突发危机事件响应处置的重要力量。

1.2 选题视角与科学问题

1.2.1 选题视角

本研究的选题主要基于旅游产业不断发展壮大，成为国民经济的重要组成部分，与此同时旅游产业异常脆弱敏感，容易受到突发危机事件的影响，乃至遭受重创，对旅游地社区的社会经济和生活生计造成重大影响。特别是灾害是一个古老的话题，千百年来人类一直面临各种灾害的侵袭，对灾害的抗争和思考也从未停止过。经济史学家傅筑夫先生曾指出，“一部二十四史，几无异一部灾荒史。水、旱、虫、蝗等自然灾害频频发生，历代史书中关于灾荒的记载自然就连篇累牍”。在中国的传统文化中，“天人感应”思想影响巨大，而“灾”与“天”联系在一起，被认为反映了上天的意志。《左传》中有“天反时为灾，地反物为妖，民反德为乱，乱则妖灾生”之句。中国民间古语中有“天灾”“人祸”之类的说法，也是将灾害归结于天。以此种认识为基础，中国古代发展出以仪式化的“禳灾”为主体的灾害应对方法，如祈祷、责己、厌胜、改元、大赦等；以及作为辅助的制度性救灾体系，如赈济、调粟、水利、林垦等（《邓拓全集》）（蒋积伟等，2011）。在西方，早在基督教《旧约全书》中就有“诺亚方舟”的传说；在中国，华夏的文明史几乎从“大禹治水”开始。1945 年作为美国灾害社会科学的集大成者吉尔伯特·怀特发表了题为《人类对洪水的适应》的地理学博士论文，开始从人类行为的角度研究自然灾害（童星等，2010）。

从旅游地社区参与的角度看，社区参与是一个西方话语体系的概念，自从引进中国以来，获得了广泛的关注。而中国是中央集权的社会主义体制国家，其社区参与的理念和思想与西方社会又有很大的不同。我们如何基于中国国情和社会制度体系来研究旅游地社区参与，以及如何考量人地关系、人际关系和社会经济与组织管理及其政治性参与的关系等。比如，中国人的社区依恋，有着安土重迁的情节；中国人的社区恢复力方面，或者说抗震救灾方面有着众志成城精诚团结的精神，同时也有着各扫门前雪的自私想法；在社区参与的过程中到底注重什么，是参与的权利实现，还是参与获益更多，还是参与机会的期望等方面。因此基于突发危机事件的视角，研究旅游地社区参与的影响因素和作用机制，具有重要的社会价值和理论意义。这是本研究选题的重要两个思考维度。

1.2.2 科学问题

基于研究背景和选题视角，本研究主要提出以下科学问题：突发危机事件对旅游产业造成重大威胁乃至损失，那么突发危机事件一定是阻碍了旅游产业的发展吗？突发危机事件对于旅游产业发展是一把“双刃剑”吗，真如老子所言“福兮祸之所伏，祸兮福之所倚”吗？突发危机事件对旅游地社区参与是一种障碍还是能给旅游地社区参与带来积极的一面？突发危机事件对旅游地的影响程度不同，旅游地所处的生命周期阶段不同，旅游地旅游收入占比不同等因素对旅游地社区参与和危机响应会产生怎么样的影响，及其内部机制是怎么样的？

以上诸多问题，进一步引发联想到了 Jafari（2001）提出的旅游思想演变的三大平台理论：鼓吹平台（advocacy platform），指在经济收益方面集中展示旅游发展中好的、积极的一面；警示平台（cautionary platform），指在保护传统文化和自然环境方面所存在着的消极因素。集中对旅游活动中不好的、消极的、负面性影响和作用提出“警告”；适应平台（adaptancy platform），更理性地、更策略性地将“好 / 坏”的问题转移到如何适应旅游发展这样一个背景中去考察，尤其关注东道主社会相关思考和关注点。同时 Swain（1998）提出了知识经济和可持续发展平台（knowledge based and sustainable development platform）。而在本研究中基于突发危机事件背景，同样存在着如上四大平台理论的相关问题和表现，特别是旅游地社区参与方面，其对经济获益不是鼓吹平台理论，而是警示平台理论的体现，即主观的表达经济效益差或者社区参与获益低等反常的现象，以及旅游地社区参与带来的旅游地可持续发展等，这可能是本研究中一个更深层次的科学问题。

1.3 研究意义

1.3.1 理论意义

一方面，突发危机事件的区域社会经济影响的评价、机制问题，是区域危机管理乃至灾后重建、区域可持续发展的重要理论基础，具有重大社会实践价值。旅游地成长和发展过程中，突发危机事件对旅游目的地造成极大影响，特别是旅游地社区的社会文化经济等产生重大影响，客观发展需要对突发危机事件的社会经济影响进行理论研究。另一方面，从人文地理学的视角，基于危机响应背景下，对旅游地社区参与态度和危机响应态度及其旅游地社区参与意向进行综合性的研究，构建了旅游地社区参与分析框架模型，并采用了验证性分析和预测性分析相结合的研究范式，探索危机响应视角下的旅游地社区参与影响因素及其作用关系，揭示其社区参与机制。本研究综合采用和借鉴了地理学、管理学、旅游学、社会学和心理学等理论和相关知识，增强了理论解释力。可以说本研究在一定程度上丰富了旅游社区参与的研究视角，拓展了危机管理与社区参与一体化研究的内涵。综合采用的社区参与理论、社会交换理论、社区依恋理论、社区恢复力理论和态度行为理论，在本研究中实现了集成化的理论框架建构，具有一定的理论贡献价值。

1.3.2 实践意义

基于旅游地社区居民、旅游从业者和旅游管理者等感知视角，验证和比较分析了危机响应视角下的旅游地社区参与假设路径及其区域差异，并分析了其影响因素和作用关系，有针对性地提出了旅游地社区参与和危机响应对策和综合建议。从大九寨环线区域总样本的角度，对概念模型进行了验证分析，并对各维度的作用强弱进行了比较，指出旅游地震影响不同和旅游发展阶段不同，可能产生的影响及其背后原因。通过对九寨沟、青城山和北川县的预测性分析，比较了三大案例地旅游社区参与和危机响应等情况，有共性也有差异。结合访谈内容，综合提出了基于危机响应情境的旅游社区参与“ABC”框架模型，这对旅游地社区参与政策制定和旅游危机管理方案筹划等方面具有一定的实践指导价值。

1.4 研究思路与技术路线

1.4.1 研究思路

本研究所探讨的科学问题是危机响应情境下旅游地社区参与框架模型及其影响机制，这一核心研究议题，主要包括了突发危机事件对旅游地社区带来哪些危害和机遇，是否提升了他们应对危机的经验和能力，这些对旅游地社区参与的行为意向将产生什么样的作用？旅旅游社区参与获益能否更好地促进旅游社区参与和危机响应？旅游社区地方依恋能增强社区参与意向吗？除此之外，地震影响的程度、旅游地所处的生命周期阶段和旅游社区参与的程度以及人口统计学特征等是否对旅游地社区参与和危机响应意向产生一定的影响，及其是否存在着区域间的差异等问题。基于此，本研究通过对大九寨环线区域的九寨沟、青城山和北川县三大案例地进行实地访谈和问卷调研相结合的方式，集成了多理论和多学科知识，构建概念模型，采用验证性分析和预测性分析相结合的研究范式，试图对上面的问题做出回答，最后通过理论总结和归纳，提出相关对策和建议。本研究的研究思路遵循“理论分析—实证研究—理论总结”的一般框架，采用“规范分析—实证分析—规范分析”相结合的方法来逐步展开。研究思路框架如图 1-2 所示。

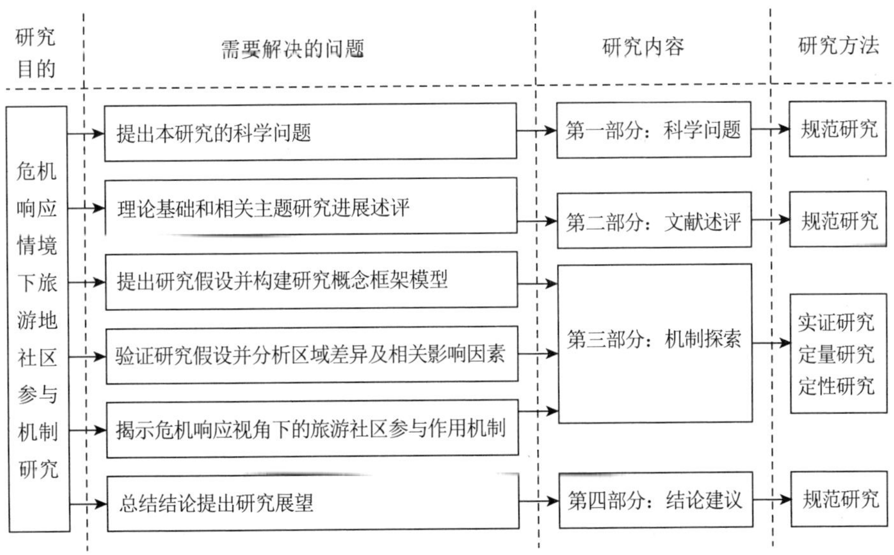

图 1-2 研究思路框架

1.4.2 研究内容与结构安排

旅游地突发危机事件严重威胁着脆弱敏感的旅游产业，也对旅游地社区生计、社会文化、政治经济、生态资源环境等造成严重影响。基于此，本研究着重研究了汶川大地震后带来的影响对旅游地社区参与获益和社区恢复力的作用，这些作用又对旅游社区参与行为意向和危机响应态度产生了多大的影响，其作用路径和运行机制是什么样的。旅游社区依恋对旅游社区参与态度和危机响应态度产生怎么样的影响，以及他们对旅游社区参与意向的作用。同时本研究考量了区域差异、地震影响程度、生命周期不同阶段等的影响因素，并进行了比较分析，综合提出危机管理情境下的旅游地社区参与运行机制框架，并基于中国国情有针对性的旅游地危机管理和社区参与的综合建议。

本书主要分为四篇进行研究论述：

第一篇为绪论，为第一章内容。介绍了本研究的理论和实践背景、选题视角和科学问题、研究思路和技术路线、研究方法和研究内容，以及案例地选择和相关概念界定等。

第二篇为研究述评和理论基础，为第二章内容。主要介绍了本研究的相关理论基础、国内外相关研究进展和本研究框架中的重要概念维度的详细述评，总结了相关研究差异和研究差距，为本研究概念框架的构建奠定基础。

第三篇是实证研究部分，包括第三、四、五、六、七章内容，也是本研究的主体部分。第一，依托文献综述和相关理论基础，提出研究假设，构建了本研究概念框架，以及问卷设计、样本采集和相关计量方法选择等进行了阐述。介绍了案例地的旅游发展和危机影响等概况。第二，分析样本数据，对样本总体人口统计学特征进行分析，对调查问卷进行了统计描述性分析，并介绍了访谈的相关情况，比较分析了旅游社区参与的相关特征。第三，对样本数据进行信度和效度分析，对测量模型和概念模型进行验证分析，并对人口统计学的感知差异分析和旅游社区参与结构模型的重要性—表现力映射分析，总体上探索了基于危机响应的旅游地社区参与概念模型及其影响作用机制。第四，从区域差异的视角，基于不同区域的地震影响程度、旅游发展阶段、社会风俗文化和旅游社区参与程度等影响因素，探索旅游地社区参与和危机响应的区域差异和影响作用机制。第五，基于前述分析和研究，构建危机响应的旅游地社区参与机制框架，并基于中国特色和中国国情提出相关建议和对策。

第四篇总结，为第八章内容。主要包括本研究的结论、主要创新点与展望。

1.4.3 研究程序与技术路线

本研究以旅游地危机管理理论和社区参与理论为研究基础，并结合社会交换理论、恢复力理论、态度行为理论、社区依恋理论等，以旅游地社区参与者为研究对象，综合运用危机管理学、旅游地理学、旅游社会学、社会心理学等学科理论和知识，揭示旅游地社区参与的机制和影响因素作用关系。具体研究的技术路线如图 1-3 所示。

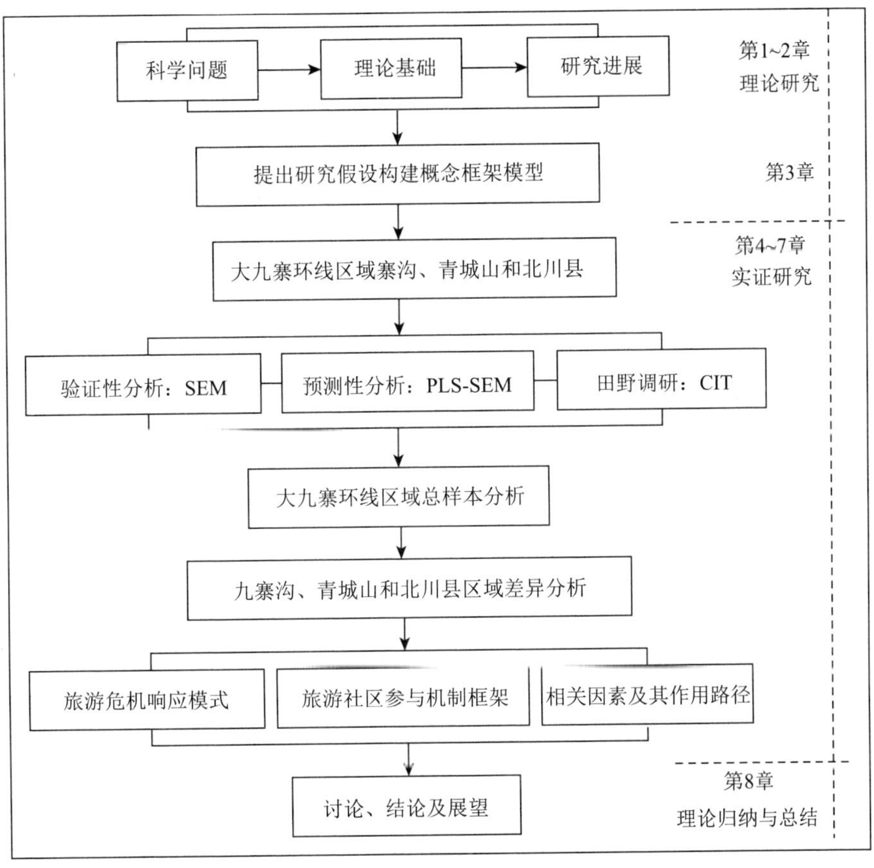

图 1-3 研究步骤与技术路线

通过对国内外大量相关研究文献的梳理、归纳与总结，了解突发危机事件背景下的旅游地社区参与研究的基础理论与前沿领域，为本研究中相关主题概念的界定、研究视角的开拓、评价方法的选择、问卷的设计与概念模型的构建等奠定了坚实的理论基础；通过对结构方程模型技术方法和偏最小平方法的比较分析，对所提出的概念模型进行验证分析；并结合实地访谈内容进行进一步的分析。

在文献综述与方法研究的基础上，借鉴相关研究的理论与经验结果，进行深入的逻辑梳理与定性分析，提出本研究的概念模型与理论假设路径，设计实证研究所需的问卷与调研项目，并对问卷设计进行反复的修改、检验和预调研，最终确定问卷设计和研究方案后进行野外的实地调查。实地调查包括田野工作观察法、问卷调查法、深度访谈等。然后进行资料整理、数据录入、检查、处理，运用 SPSS、AMOS、SmartPLS 等统计分析软件，进行均值比较与单一及多重方差分析、结构方程模型验证性因子分析、路径分析等多种定量模型与数理统计分析手段，再根据理论模型进行演绎归纳，以期获得有说服力和良好适用性的结论。

1.5 研究方法

1.5.1 理论研究与实证研究相结合的方法

在研究的基本理论层面上，本研究主要采用理论研究与实证研究相结合的方法。在本书的研究假设提出和研究框架构建方面，主要用于文献整理以及在此基础上对理论进行的分析、综合、归纳、演绎等。在理论研究的基础上，以大九寨环线区域旅游地社区为案例地进行实证研究，运用问卷调研、田野调查和关键事件技术访谈等方法。根据实地调查所获取的第一手资料，通过实证研究对已有理论进行修正和发展，丰富、充实理论体系。

1.5.2 田野调查法和问卷调查法相结合的方法

一方面，田野调查法主要采用的是关键事件访谈法以及对实地的考察，能够更加直接和全面地了解相关信息。另一方面，问卷调查法能够获取更加规范的定量数据。两种调研方法的结合使用，有助于对案例地和本研究主题进行更加全面和立体的透视。

1.5.3 第一手资料和第二手资料相结合的方法

第一手资料主要是指田野考察、深度访谈和问卷调研所采集的样本数据，是研究团队采用的最直接的数据质量资料获取方法。第二手资料主要是收集案例地社会、经济、资源、历史文化等相关方面的资料，是对案例地以及研究主题进行的关联资料搜寻。一手资料和二手资料的结合，更加有助于揭示案例地的实际状况，更好地透析研究主题，为本研究的顺利进行奠定了数据基础。

1.5.4 多种定量数理统计相结合的研究方法

通过中国知网（CNKI）和 Web of Science 等检测分析，结合文献定量分析软件 CiteSpace，更加准确地把握研究进展和研究重点及其研究差距。通过 SPSS 18.0 统计分析软件，能够对均值和独立样本检验等分析工作。使用结构方程模型 SEM，依托 AMOS 17.0 软件进行验证性分析；使用偏最小平方法 PLS-SEM，依托 SmartPLS 3 软件进行预测性分析等。多种定量数理统计分析的结合，能够更加科学合理的对本研究主题进行解析。

1.6 研究尺度与案例地选择

1.6.1 研究尺度选择

尺度（Scale）的选择在社区参与和恢复力研究中起着重要的作用，主要考虑灾害（扰动）的时间尺度、灾害影响空间尺度和灾害影响组织尺度（Nclson 等，2007）。在时间尺度上，本书主要研究 2008 年汶川大地震后，灾区旅游目的地社区的恢复力，属于事后（post-event）研究。在空间尺度上，选择受到汶川地震灾区中的极重区北川县、较重区青城山和一般影响区九寨沟三处旅游目的地进行总体分析和差异比较分析。本书以旅游目的地社区为基本研究单元。组织尺度上，以旅游目的地受旅游业影响较大的社区居民和旅游从业者等为主要研究对象，其是当地社区的核心成员（Alan 等，2016；Becken 和

Hughey，2013；Cioccio 和 Michael，2007）。

1.6.2 研究案例地选择

本研究选择旅游业较为发达的四川省旅游黄金带：大九寨环线区域的世界遗产地九寨沟和青城山，以及汶川大地震后依靠旅游产业快速恢复重建的北川羌族自治县。一方面，2008 年汶川地震是新中国成立以来破坏性最强、波及范围最广、灾害损失最大的一次地震灾害。就旅游业情况而言，地震破坏了都江堰的旅游基础设施以及旅游资源，交通中断导致九寨沟旅游客流减少，北川县则属于彻底选址重建的新县城，其旅游业的发展完全是政府主导下推进的，并逐步走向市场化。另一方面，之所以选择不同的区域进行调研采样，是因为如果从理论梳理提出的假设能够被多个区域的调查数据验证，则更能说明提出的命题和假设具有普遍意义。如果不同区域调研分析的结果具有显著差异，则可以通过分析影响差异的因素，更加深入地了解旅游地社区参与的影响机制和作用过程。

1.6.3 相关概念术语界定

1.6.3.1 突发危机事件与旅游危机

突发危机事件是指突然发生且后果影响难以估量的紧急事态，主要具有如下相关要素和特征：突然爆发，往往完全处于人们意料之外，实际规模、具体形态和影响深度是难以预测的。突发事件是事物内在矛盾由量变到质变的爆发式飞跃过程，是通过一定的契机诱发的，而这个契机又是偶然的。必然原因是指突发事件虽然是通过偶然的契机，以偶然的形式突然发生，但在这偶然性、意料之外的背后，总是有着深刻的必然性在起作用。从这个意义上来说，突发事件是可以把握和控制的。严重后果是指不论什么性质和规模的突发事件都必然不同程度地给区域造成政治、经济、文化等方面的损失和破坏，给人民带来生命、财产或精神上的损失和损害。需紧急处理是指突发事件所反映的问题极端重要，关系到多方面利益，须马上处理（童星等，2010）。

旅游危机的概念、特征及分类，是整个旅游危机理论的基础，也是旅游危机研究中需要首先廓清的问题。旅游危机前期的研究主要是对引起旅游者安全的问题进行研究时所提出来的。随着旅游危机研究对象的广泛和深入，旅游危机概念的内涵和外延已基本廓清，其正逐步形成独立的概念。任何对旅游业及其相关业务的正常经营构成威胁的事件，由于它负面地影响了游客对目的地的认知，进而对旅游目的地的有关安全、吸引力和舒适度的声誉造成危害结果由于旅游者数量及其旅游支出的减少，使当地旅行和旅游经济出现衰退，中断了当地旅行与旅游产业活动的持续经营。世界旅游组织把旅游危机定义为影响旅游者信心，并会危及该地旅游业持续正常运转的任何不曾预见的事件。这类事件可能以无限多样的形式在许多年中不断发生。从旅游目的地角度看旅游危机，指旅游目的地受到非预期负面事件影响，而致使目的地旅游经济出现一定幅度波动震荡的现象。从旅游者角度看旅游危机，是指给旅游者的身心健康带来实际或潜在影响的突发性事件，这类事件超出了旅游者的容忍限度，破坏了旅游者的旅游体验（李锋，2008）。

1.6.3.2 旅游地社区与旅游社区危机响应

“社区”首次出现在德国社会学家滕尼斯的《社区与社会》中，指具有共同地域基础，共同利益和归属感的社会群体。社区是进行一定社会活动、具有互动关系的共同文化维系的人类生活的群体及其所占有的互动区域。可以看出社区具有社会群体特征和地理空间属性。旅游地社区是在社区出现百年之后才诞生的，大致经历了旅游目的地阶段、旅游接待地阶段、旅游东道主地区以及到了现在的旅游社区阶段。其中旅游目的地重在强调通道和入口、社区吸引物及其基础设施、吸引物谱系等方面；旅游接待地强调了经济属性，主要涉及目的地的服务设施和服务力量；旅游东道主地区，由美国旅游人类学家史密斯在其经典著作《东道主与游客：旅游人类学研究》（*Hosts and Guests*：*The Anthropology of Tourism*）一书中提出，由此成为旅游学、社会学和人类学的一个重要学术用语（Smith，1989）。本研究中旅游社区是指共同依托某一旅游资源开展旅游活动、地理距离比较接近、有着共同利益的人群，是指旅游目的地、旅游风景区内及其周边与旅游活动较为密切的社区。旅游社区危机响应，本研究中是指突发危机事件发生之前、之中和之后，旅游地社区采取的相关处置措施和预案，包括突发危机事件之前进行的技能培训和处置演练等，突发危机事件发生时采取的相关系列紧急处置方式，以及突发危机事件之后对其的经验总结和深化再提升等方面。

1.6.3.3 旅游社区参与和旅游社区参与行为意向

旅游地社区参与（community participation），本研究中是指在旅游的决策、开发、规划、管理、监督等旅游发展过程中，充分考虑社区的意见和需要，并将其作为开发主体和参与主体等（Chengcai 等，2012；Prabhakaran 等，2014；Tosun，2006），以保证旅游可持续发展和社区发展（保继刚等，2006；孙九霞等，200）。社区居民的主动性参与是社区旅游发展的内在动力，社区参与不仅能实现社区价值的整合，还能成为当地社区发展新的驱动力和增长极。社区参与作为西方民主社会自治精神的基本体现，与公民参与紧密结合在一起（左冰，2012）。随着可持续旅游和社区发展受到重视，旅游地社区参与研究在西方掀起热潮。1985 年 Murphy 首次将社区方法导入旅游研究（Murphy，1985）。社区参与在旅游发展过程中增强了社区依恋，有效缓解旅游地开发过程中出现的矛盾，更好地保护本地区的生态环境和社会文化传统，促进了旅游地健康可持续发展（Nunkoo 和 Ramkissoon，2012；Sebele，2010）。旅游社区参与行为意向，是指为发展社区旅游业，通过各种渠道和方式对旅游社区参与持有的态度、情感和看法。特别是基于突发危机事件背景下，对旅游地社区的生态环境保护、文化旅游资源的珍视、旅游危机事件的处置等方面的综合行为意向，旅游地社区居民和旅游从业者对这两大主题所持有的行为意向等。

述评理论篇

第 2 章　理论基础与研究进展

2.1　理论基础

2.1.1 危机管理理论

Hermann 被认为是危机研究的先驱，认为危机是指其决策主体的根本目标受到威胁且作出决断的时间极其有限，其发生也是出乎意外的一种情景（Hermann，1972）。目前来说，学术界对危机的定义主要有决策理论派、冲突理论派、系统控制论派和损害理论派四种类别，特别是损害理论派从危害的角度来定义危机。危机是会引起潜在负面影响的具有不确定性的大事件，这种事件及其后果可能对组织及其员工、产品、服务、资产和声誉造成巨大的损害。Mitroff（1994）认为危机是一个实际威胁或潜在威胁到组织整体的事件。危机管理（Crisis Management）4R 理论由美国危机管理专家危机管理大师希斯在《危机管理》一书中率先提出，即缩减力（Reduction）、预备力（Readiness）、反应力（Response）、恢复力（Recovery）四个阶段组成（Robrt Heath，2000）。特别是与突发危机事件相关联的危机管理，如各类灾害等，是非常复杂的、快速的、多变的系统管理工程。正如 Holling 所言，灾后阶段既是地方最脆弱的时期，也是地方发展的最佳时期（Holling，1986）。“危机（crisis）”主要就是两种观点：一是重点强调危机的消极影响，认为危机威胁组织声誉乃至生存的事件；二是危机带来负面影响的同时伴随着一定的机遇（冯四朵，2017）。张成福（2003）指出危机具有威胁性、不确定性、时间的有限性、危机的双重效果性，危机带来损失，但也暗藏机遇，转危为机。童星等（2010）提出“全面理论（full-fledged theory）”，以解释不同类型危机的原因与发展，以及危机演变的规律，以便更好地理解危机或危机管理，可以看出灾害管理、应急管理、风险管理以及危机管理存在着如图 2-1 的逻辑关系：

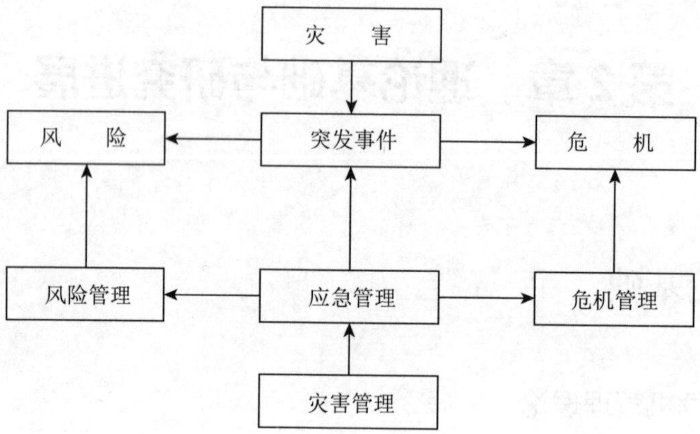

图 2-1　灾害管理、应急管理、风险管理和危机管理逻辑关系

对于旅游目的地来说，对危机的管理能力已经成为区域旅游发展的一种重要资本，有效的管理危机并消除危机的危害能力是区域旅游竞争优势的一大源泉。根据危机管理理论，自然灾害危机管理过程可以分为减缓（Mitigation）、准备（Preparedness）、响应（Response）、恢复（Recovery）四个阶段，通常被称为 MPRR（Faulkner 和 Vikulov，2001）。为了有效管理危机，相关组织和学者根据危机的生命周期对危机管理进行了阶段划分。比如美国联邦安全管理委员会对其划分为减缓、预防、反应和恢复四阶段；Brich 等把危机管理分成危机前、危机中和危机后三个阶段；Frink 将危机划分为征兆期、发作期、延续期和痊愈期四个阶段；Mitroff 将危机管理分成信号侦测、探测和预防、控制损害、恢复和学习五个阶段（章小平等，2010）。Butler 提出的旅游地生命周期理论（The life-cycle theory of tourism destination）是道科西“刺激指数”进行延伸研究，得到学界普遍认可，Butler 将旅游地的发展分为探查、参与、发展、巩固、停滞和衰落或复苏 6 个阶段，并指出处于不同旅游发展阶段的居民对旅游影响的态度不同，后来相关学者通过实证研究均证实了巴特勒旅游地生命周期理论（Butler，1980）。基于危机管理的阶段理论和旅游地生命周期理论，综合形成了图 2-2 的旅游危机管理阶段理论。

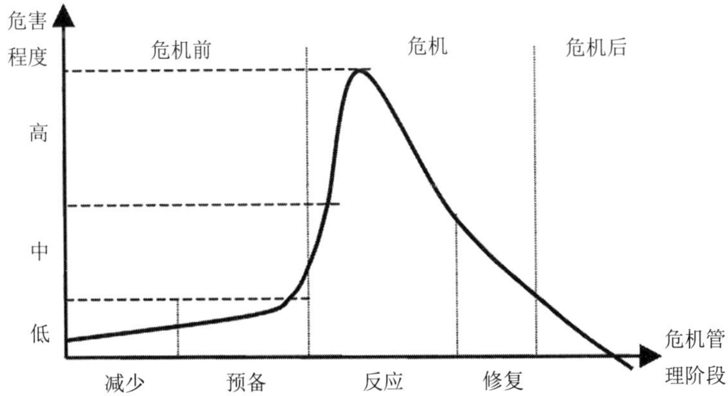

图 2-2　旅游危机管理阶段理论

2.1.2 社区参与理论

社区（community）一词源于拉丁语表示共同的东西和亲密的伙伴关系，其最早出现在德国社会学家费迪南滕尼斯 1887 年出版的著作《共同体与社会——纯粹社会学的基本概念》，指出通过血缘、邻里和朋友建立起来的人群组合，即聚居在一定范围内的人们所组成的社会生活共同体（营立成等，2016）。Murphy（1985）首次将社区方法导入旅游研究。旅游地社区参与是指在旅游的决策、开发、规划、管理、监督等旅游发展过程中，充分考虑社区的意见和需要，并将其作为开发主体和参与主体等（Tosun，2006；Chengcai 等，2012；Prabhakaran 等，2014）。社区参与在旅游发展过程中增强了社区依恋，有效缓解旅游地开发过程中出现的矛盾，更好地保护本地区的生态环境和社会文化传统，促进了旅游地健康可持续发展（Sebele，2010；Nunkoo 和 Ramkissoon，2012）。随着对社区参与研究的深入，越来越多学者采用社会承载力理论、情感团结理论、社会认同理论、社会交换理论（Lawson 等，1998；Nunkoo 等，2012）等理论模型进行更为系统的研究，而且社区参与逐渐成为旅游规划的一种理念，越来越受到人们的重视（王纯阳等，2014）。

2.1.3 地方感理论

20 世纪 70 年代以来，以段义孚为代表的人本主义地理学者重新将“地方”引入人文地理学研究以来，地方感（sense of place）即成为人文地理学研究的一个主要且重要概念（Tuan，1978）。地方感是人的情感与物质环境的联系。在人文地理学、社会学、心理学和旅游学领域地方感得到广泛的应用，并且被认为是影响人类行为的因素之一（唐文跃，2007；唐文跃等，2008；许振晓等，2009）。一般认为，地方依恋与地方感在核心内涵上基本等同（朱竑等，2011）。Williams 等（1992）提出了地方依恋的理论框架，指出地方依恋由地方认同（place identity）与地方依赖（place dependence）两个维度构成，地方依赖是人与地方之间的一种功能性依恋，而地方认同是一种情感性依恋，并设计了地方依恋量表用于测量个人与户外游憩地的情感联结关系。对于同一个地方，生活在其中的人会有许多不同的态度。对于能够使人产生强烈感情的地方，人往往有强烈的依恋感，这种感情能够塑造人的生活方式与生活态度。具有强烈地方依恋的人往往深爱着这个地方，积极地参与到社区建设中去。地方依恋由地方认同和地方依赖构成，地方依赖是人与地方之间的一种功能性依恋，而地方认同是一种情感性依恋。Lewick 等（2008）进一步研究了地方依恋的理论框架以及在城市发展、社区情感等方面的作用。社区依恋是一个多面向的心理过程，是一种由情感、认知和行为意向构成的态度构建，Gu 和 Ryan（2008）指出社区依恋对社区参与、社区支持和危机响应等方面具有重要的情感功能作用。

2.1.4 恢复力理论

恢复力理论起源于生态学，最初用来描述生态系统应对外部环境扰动的行为（Holling，1973）。公认的恢复力理论的开创性文章是 1973 年美国生态学家 Holling 在 *Annual review of ecology and systematics* 上发表的 *Resilience and stability of ecological systems* 一文。在这篇文章中，Holling 把恢复力定义为系统面对变化时保持在一个特定状态的能力。恢复力概念是一个具有革新性意义的概念，改变了传统生态学中的线性思维，从而使生态学进入到一个交互式、复杂性思维的时期（Hillmer-Pegram，2013）。恢复力理论认为生态系统并不是只存在于一个稳定状态，而是呈现出多稳态结构（Gunderson，2000）。当系统的功能和基本结构发展跨越阈值（Threshold）时，系统就会从一个稳定状态进入到另一稳定状态。阈值具有不可预测性，因为生态系统的状态变化受多尺度的内外部因素的影响。在不同的状态中，一些状态被认为是不合理的状态，而另一些状态被认为是理想状态。一旦生态系统跨过阈值有一个状态进入另一个状态，那么很难或者不可能再返回之前的状态。恢复力反映了系统的即时反映、自组织、学习和适应能力（Carpenter 等，2001）。根植于生态学的恢复力思想把不确定性和变化视为社会—生态系统的恒定条件，强调适应性、多变化的共存和跨尺度的交互。恢复力思想为人类不断适应复杂自然系统的现象提供了一种理解方式。目前广泛应用于心理学、物理学、工程学、生态学、社会学等学科领域。葛怡等（2010）解释了恢复力（resilience）的内涵，resilience 源自拉丁文 resilio（re = back 回去，silio = to leap 跳），即跳回的动作。从纯机械力学概念理解，恢复力是指材料在没有断裂或完全变形的情况下，因受力而发生形变并存储恢复势能的能力。国际著名的学术性组织"恢复力联盟"（Resilience Alliance）运用适应性循环理论对社会—生态系统动态机制进行了描述和分析。恢复力成为社会—生态系统（socio-ecological systems，SESs）概念性框架的核心理论。恢复力的构成元素主要包括四个方面：范围（latitude）、抗性（resistance）、不稳定性（precariousness）和扰沌（panarchy）。其内涵可用 Walker 等的盆地吸引模型描述（刘婧，2006；孙晶等，2007；吴先华等，2018）

2.1.5 态度行为理论

关于态度与行为的关系，通过长期的研究实践，总体上形成了五种不同的态度—行为关系模型：态度先于行为（attitude precedes behavior）、态度即是行为（attitude is behavior）、态度并不直接与行为产生关联（attitude is not directly related to behavior）、态度跟随行为（attitude follows behavior）、态度和行为相互影响（attitude and behavior are reciprocal）（Shrigley，1990）。关于态度与行为关系研究存在以下几种模式：态度和行为直接相关；态度和行为通过其他的中介，调节变量共同作用于行为；态度的不同构成对行为起不同的作用（张红涛等，2007）。计划行为理论（Theory of Planned Behavior，TPB）是由多属性态度理论（Theory of Multiattribute attitude）与理性行为理论（Theory of Reasoned Action）综合演化而来。对行为意志控制往往受到许多其他的因素所干扰，而大大地降低了理性行为理论中对个人行所结合发展出来的，由于理性行为理论假设行为的发生，能够由个人的意志所控制个人行为的解释力。因此，便将理性行为理论加以延伸，增加了一项对自我“行为控制认知”的新概念，提出了计划行为理论。计划行为理论被广泛应用于旅游学、社会学等研究领域。在计划行为理论中行为直接受到行为意愿（behavioral intentions）的影响，而行为意愿由态度（attitudes）、主观规范（subjective norm）和感知行为控制（perceived behavioral control）决定。态度是个人对行为积极或消极的评价；主观规范是个体从事某种行为的社会压力；感知行为控制是个体实施某种行为所感受到的压力—困难或容易（Ajzen，1991；Ajzen 和 Fishbein，1977）。

2.2 基于文献计量的相关研究主题述评

2.2.1 国际相关研究主题分析

2.2.1.1 旅游危机管理述评

在 Web of science 上以旅游主题（tourism）和危机管理主题（Crisis management）按照时间跨度（1900—2019）进行检索，截至 2019 年 5 月 12 日，得到文献 414 篇，被引频次总计 4899 次。按照相关性、被引频次等手动筛选出 20 篇文献，从中可以窥见国际学术界对旅游危机管理的主要内容和关注焦点，主要涉及旅游灾害管理框架、目的地旅游危机管理、恢复力、危机管理知识以及各类突发危机事件的影响评价等方面（表 2-1）。

表 2-1　Web of science 核心集 tourism+Crisis management 精选文献

标题	来源出版物名称	文献来源
建立一个旅游灾害管理框架	Tourism Management	（Faulkner，2001）
混乱、危机和灾难：旅游业危机管理的战略方法	Tourism Management	（Ritchie，2004）
旅游业、恐怖主义和政治不稳定	Annals of Tourism Research	（Sönmez，1998）

续表

标题	来源出版物名称	文献来源
旅游危机管理——美国对 9.11 事件的反应	Annals of Tourism Research	（Blake 和 Sinclair，2003）
旅游业中的危机事件：旅游业中的危机主体	Current issues in tourism	（Hall，2010）
建立一个目的地旅游灾害管理框架：来自森林火灾的长期教训	Tourism Management	（Hystad 和 Keller，2008）
危机事件和宏观经济活动对台湾国际入境旅游需求的影响	Tourism Management	（Wang，2009）
正式和非正式旅游企业的抗灾能力：泰国普吉岛的珊瑚礁旅游	Journal of Sustainable tourism	（Biggs，Hall 和 Stoeckl，2012）
旅游灾害规划和管理：从应对和恢复到减少和准备	Current issues in tourism	（Ritchie，2008）
旅游目的地预防和减少恐怖主义的战略框架	Tourism Management	（Paraskevas 和 Arendell，2007）
评估 SARS 和禽流感对亚洲国际旅游需求的影响	Tourism Management	（Kuo 等，2008）
经济危机和旅游支出削减的决定	Annals of Tourism Research	（Eugenio-Martin 和 Campos-Soria，2014）
社区旅游规划中的规模、变化和复原力	Tourism Geographies	（Lew，2014）
西班牙酒店业对金融危机的战略反应	International Journal of Hospitality Management	（Alonso-Almeida 和 Bremser，2013）
旅游目的地的灾后和危机后恢复战略制定研究议程：一个叙述性回顾	Current issues in tourism	（Mair，Ritchie 和 Walters，2016）
游客和旅游供应商对海啸危机管理的看法	Tourism Management	（Rittichainuwat，2013）
理解脆弱行业的复原力：澳大利亚珊瑚礁旅游业的案例	Ecology and Society	（Biggs，2019）
灾后消费的目的地：中国四川的案例	Annals of Tourism Research	（Biran 等，2014）
旅游业中的危机知识：类型、流向和治理	Annals of Tourism Research	（Paraskevas 等，2013）
抵御危机的游客	Annals of Tourism Research	（Hajibaba 等，2015）

在 Web of science 上以旅游（tourism）和地震（earthquake）按照时间跨度

（1900—2019）进行检索，截至 2019 年 5 月 12 日，得到文献 219 篇。按照相关性、被引频次等手动筛选出 15 篇文献，从中可以窥见国际学术界对旅游与地震相关联的主要内容和关注焦点，主要涉及旅游业的震后恢复、地震对旅游的综合影响、各大著名地震的旅游案例研究、地震对旅游的市场影响等方面（表 2–2）。

表 2–2 Web of science 核心集 tourism+earthquake 精选文献

标题	来源出版物名称	文献来源
旅游业中的地震破坏和恢复：台湾案例	Tourism Management	（Huang 和 Min，2002）
凯瑟琳，前一天被冲走，后一天又回到正轨：一场旅游灾难的事后总结	Tourism Management	（Faulkner 和 Vikulov，2001）
基于风险评估信息的旅游业地震灾害管理机制——台湾岛的案例研究	Tourism Management	（Tsai 和 Chen，2010）
不可逃避的自然灾害——减轻对旅游业的影响	Annals of Tourism Research	（Huan，Beaman 和 Shelby，2004）
调查黑暗旅游空间中的动机—体验关系：中国北川地震遗址的案例研究	Tourism Management	（Yan 等，2016）
旅游目的地的灾后和危机后恢复战略制定研究议程：一个叙述性回顾	Current issues in tourism	（Mair，Ritchie 和 Walters，2016）
地震对意大利中部旅游业的影响	Annals of Tourism Research	（Mazzocchi 和 Montini，2001）
灾后消费的目的地：中国四川的案例	Annals of Tourism Research	（Biran 等，2014）
边缘的旅游城市：将保护区旅游系统中的脆弱性和复原力概念化	Journal of Sustainable tourism	（Espiner 和 Becken，2014）
2011 年东北—冲绳地震和海啸的经济影响	Earthquake Spectra	（Kajitani，Chang 和 Tatano，2013）
高地震风险地区的旅游商业准备、复原力和灾害规划：新西兰南阿尔卑斯山的案例	Current issues in tourism	（Orchiston，2013）
中国四川汶川大地震后的重建策略	Tourism Management	（Yang，Wang 和 Chen，2011）
知识管理和旅游恢复营销：2010—2011 年的基督城地震	Current issues in tourism	（Orchiston 和 Higham，2016）

续表

标题	来源出版物名称	文献来源
汶川大地震对中国四川旅游业的影响	Journal of Mountain Science	（Yang，2008）
Facebook 上的目的地形象修复：尼泊尔古尔邦节地震的案例研究	Journal of Hospitality and Tourism Management	（Ketter，2016）

2.2.1.2 旅游社区参与述评

截至 2019 年 5 月 12 日，在 Web of science 核心集主题选择 tourism+community participation 进行检索，共得文献 945 篇，被引频次总计 13905 次。按照主题相关、被引次数以及手动检视相结合的筛选方式，选出 20 篇旅游社区参与文献，可以大致窥探旅游社区参与的研究内容和关注重点（表 2-3）。基于 Citespace 的文献计量分析，以 tourism+community participation 为主题，可以全景呈现旅游社区参与的研究的时间节点、重要文献和关注的相关重要方面，如生态旅游发展（ecotourism development）、乡村可持续旅游发展（sustainable rural tourism development）、发展中国家（developing countries）、居民感知（residents perception）、旅游社区交互作用（tourist-community interaction）、原住地旅游（indigenous tourism）和可持续发展（sustainable development）等主题方面受到重视（图 2-3）。

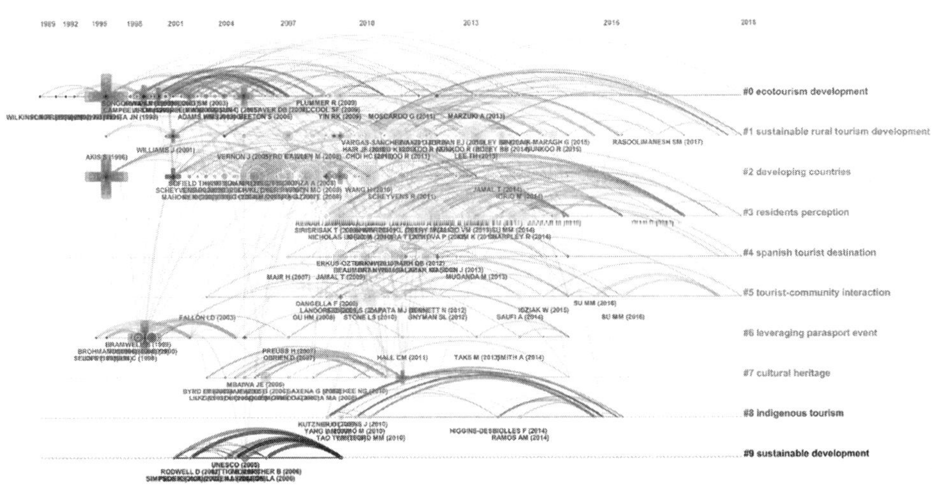

图 2-3　基于 Citespace 的 tourism+community participation 文献计量分析

表 2–3　Web of science 核心集 tourism+community participation 精选文献

标题	来源出版物名称	文献来源
发展中国家社区参与旅游发展进程的局限性	Tourism Management	（Tosun，2000）
旅游业促进第三世界发展的新方向	Annals of Tourism Research	（Brohman，1996）
居民对旅游业发展的态度：对旅游规划有意义的文献回顾	Journal of Planning Literature	（Harrill，2004）
社区参与旅游业发展的预期性质	Tourism Management	（Tosun，2006）
社区参与旅游规划	Tourism Management	（Simmons，1994）
一个基于社区的旅游模式：其概念和使用	Journal of Sustainable tourism	（Okazaki，2008）
参与式规划——对印度尼西亚旅游业的看法	Annals of Tourism Research	（Timothy，1999）
社区居民对可持续旅游发展支持的影响分析	Tourism Management	（Lee，2013b）
发展社区对旅游业的支持模式	Annals of Tourism Research	（Nunkoo 和 Ramkissoon，2011）
社区利益旅游倡议——一个概念上的矛盾体？	Tourism Management	（Simpson，2008）
基于社区的保护是否塑造了当地人的有利态度？一个来自尼泊尔的经验性研究	Environmental Management	（Mehta 和 Heinen，2001）
居民对可持续社区旅游的态度	Journal of Sustainable tourism	（Choi 和 Murray，2010）
社区旅游规划中的公众参与	Annals of Tourism Research	（Keogh，1990）
社区参与和游客数量 / 类型对旅游影响的作用：尼泊尔安纳普尔纳和中国云南西北部的对照比较	Tourism Management	（Nyaupane，Morais 和 Dowler，2006）
社区决策——参与发展	Annals of Tourism Research	（Li，2006b）
社区参与生态旅游的好处：与保护实践和观点的联系	Society & Natural Resources	（STEM 等，2003）
以社区为基础的旅游企业，利益和挑战：卡马犀牛保护区信托基金，博茨瓦纳中部地区	Tourism Management	（Sebele，2010）
中国乡村文化旅游中的社区、政府和外部资本：对两个相邻村庄的比较研究	Tourism Management	（Ying 和 Zhou，2007）
社区旅游规划——一个自我评估工具	Annals of Tourism Research	（Reid，Mair 和 George，2004）
基于社区的文化旅游：问题、威胁和机遇	Journal of Sustainable tourism	（Salazar，2012）

2.2.2 国内相关研究主题分析

2.2.2.1 旅游危机管理述评

截至 2019 年 5 月 12 日，在中国知网（CNKI）上以“旅游 + 危机管理”为主题检索到相关文献 431 篇，其中 2003 年之前仅 3 篇文献且至今没有被引用过。2003 年 SARS 暴发之后，相关旅游危机管理研究文献开始快速增长，其中仅 2003 年一年就有 17 篇文献出现。经历 2008 年南方雨雪冰冻和汶川大地震，旅游管理危机论文达到 2009 年的高峰 48 篇。出现了邓冰、李九全和侯国林等单篇高引学者，其中付业勤、周丽君和李锋等在其博士论文中专题研究了旅游危机管理，并被高量下载（图 2-4）。

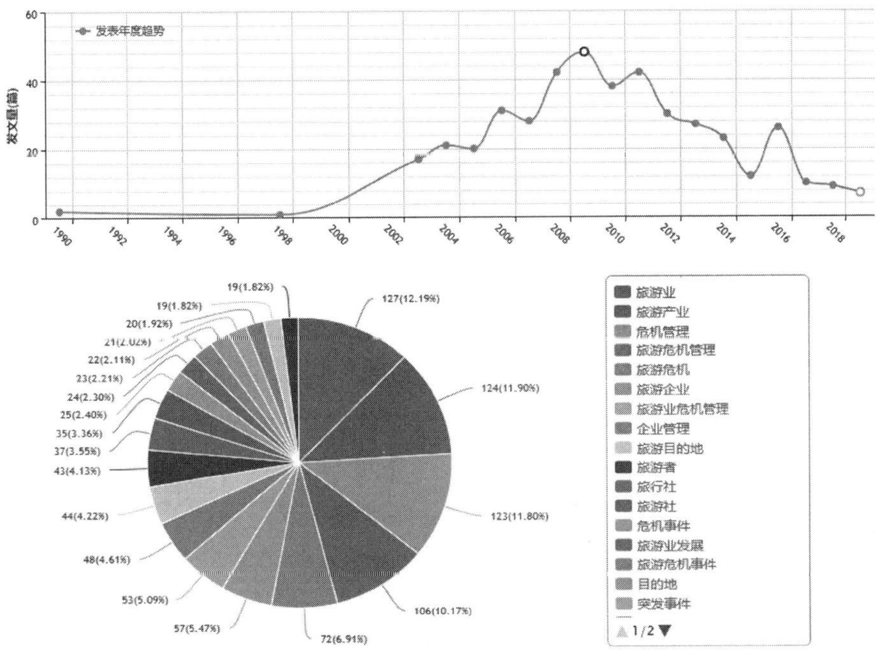

图 2-4　中国知网“旅游 + 危机管理”主题文献概览

截至 2019 年 5 月 12 日，在中国知网上以“旅游 + 地震”为主题词检索文献 861 篇，其中第一篇文献出现在 1987 年的《国际地震动态》，简述了烟台市城市抗灾防震规划实施情况。2008 年汶川大地震后，当年文献暴增至 136 篇，其后四年基本稳定在 100 篇左右，之后下降。其中单篇引用超过 50 次的文献，主要有汶川地震后对羌族文化的发展性保护研究、黑色旅游发展动力机制及“共生”模式研究、基于目的地形象理论的旅游危机管理研究和汶川地震后中国旅游形势分析与判断（图 2–5）。

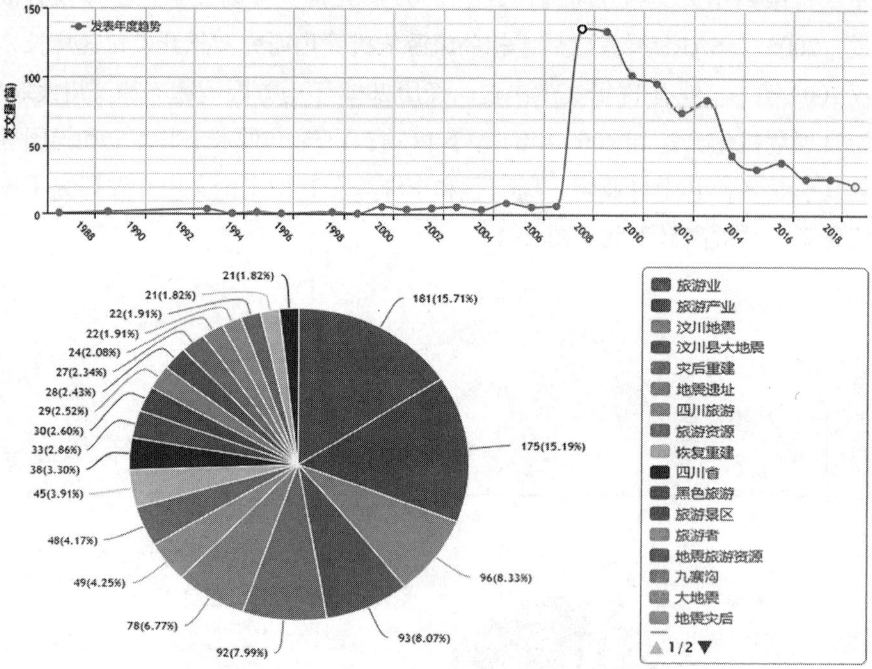

图 2–5　中国知网“旅游 + 地震主题”文献概览

截至 2019 年 5 月 13 日，在中国知网上以“旅游 + 汶川地震”检索文献 188 篇。从发文量看，自 2008 年汶川大地震爆发以来，在地震发生的当年及其后两年发文量较高，每年在 30 篇以上，然后逐年递减，2015 年之后处于稳定且发文量较少，也充分表征了地震作为突发危机事件及其旅游作为极易受外界影响的服务产业的热度关注敏感性（图 2–6）。

另外，从“旅游 + 汶川地震”相关文献的主题共线性网络分析来看，结果表明汶川地震本身受到了极大的关注，其次是灾后重建和恢复重建，再次是旅游业和旅游经济以及旅游危机管理、地震遗迹景观等方面（图 2–7）。

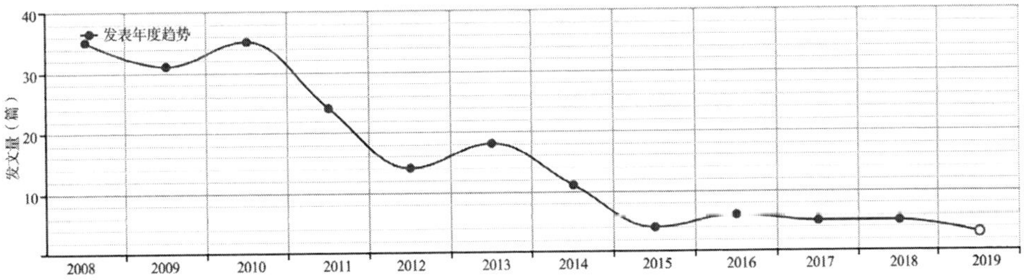

图 2-6　中国知网"旅游 + 汶川地震"发文量趋势

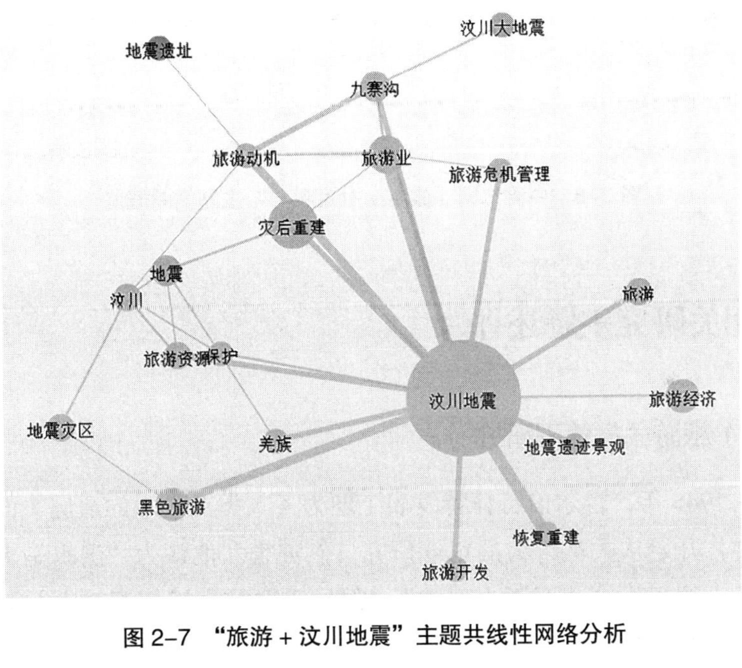

图 2-7　"旅游 + 汶川地震"主题共线性网络分析

2.2.2.2 旅游社区参与述评

截至 2019 年 5 月 12 日，在中国知网上以"旅游 + 社区参与"作为主题词检索文献 2632 篇，其中第一篇文献出现在 2000 年第 1 期的《旅游学刊》(关于社区参与旅游发展的若干理论思考)（刘纬华，2000），被引用 741 次。2012 年达到高峰 241 篇，之后基本维持在 200 篇以上。其中中山大学的保继刚、孙九霞和左冰等学者在旅游社区参与研究方面取得系列研究成果，具有一定的代表性（图 2-8）。

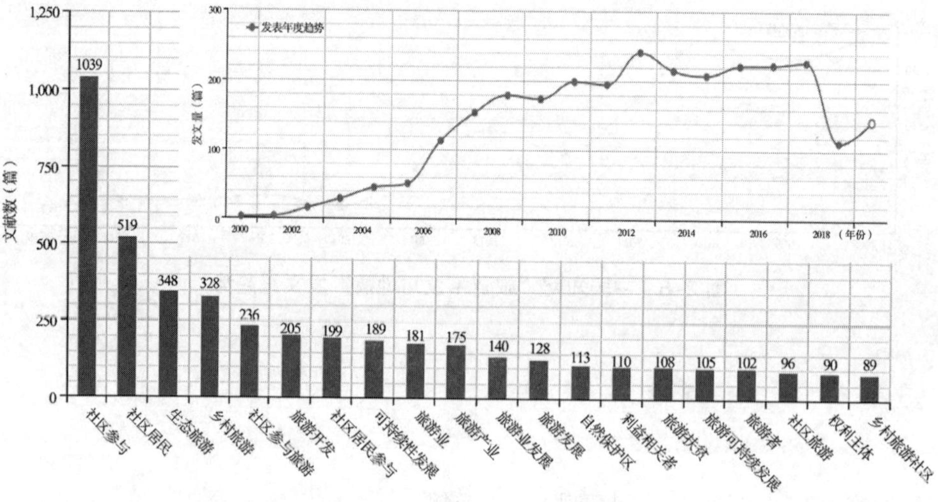

图 2–8 中国知网“旅游 + 社区参与”主题文献概览

2.3 相关研究主题述评

2.3.1 旅游危机管理研究

早在 1945 年，吉尔伯特怀特发表了题为《人类对洪水的适应》的地理学博士论文，开始从人类行为的角度研究自然灾害。他认为“洪水是上帝的行为，但洪水的损失则主要因人而致”，倡导采取综合措施调整人与洪水的关系，适应洪水。Charles Hermann 被认为是危机研究的先驱，他认为危机是指其决策主体的根本目标受到威胁，做出决断的时间极其有限，其发生也是出乎意外的一种情景（Hermann，1972）。应该说，危机管理的古典理论诞生于中国。“存而不忘亡，安而不忘危，治而不忘乱，思所以危则安矣，思所以乱则治矣，思所以亡则存矣”是中国古代危机预防思想的经典概括（孙多勇等，2004）。1978 年怀特与伯顿，首次将人们防灾减灾的视线从单纯的致灾因子研究和工程防御措施扩展到人类对灾害的行为反应（UNESCO，2010）。正如 Holling（1986）所言，灾后阶段既是地方最脆弱的时期，亦是地方发展的最佳时期。

从“灾害”到“突发事件”，只是解决了“灾害”概念本身的问题，紧接着要解决的问题就是如何将“突发事件”放置于一个“广泛联系、相互链接、动态发展的复杂世界”中，这就需要考虑突发事件与风险、危机之间的关系（童星，张海波，2010）。

旅游地危机管理是指对于旅游地可能出现的突发危机事件进行事前、事中和事后的全方位的综合集成管理。世界旅游组织（World Tourism Organization，UNWTO）在《旅游业危机管理指南》（*Crisis guidelines for the tourism industry*，2003）中把旅游危机定义为：影响游客的旅游目的地信心以及扰乱正常经营的不可控的事件（A crisis is any unexpected event that affects traveler confidence in a destination and interferes with the ability to continue operating normally）。旅游灾害（tourism disaster）是指旅游目的地遭受的突发的不可控的灾难性变化，包括自然灾害（natural disaster）和人为灾害（human-caused disaster）。旅游危机（tourism crisis）是指个人或组织面对突如其来的、非常规程序才能处置的情境。危机（crisis）主要就是两种观点：一是重点强调危机的消极影响，认为危机威胁组织声誉乃至生存的事件；二是危机带来负面影响的同时伴随着一定的机遇（冯四朵，2017）。自然灾害风险的形成包括三个要素：致灾因子 / 极端事件（Hazard or Extreme Events）、暴露（Exposure）和脆弱性（Vulnerability）。一般引发于自然危险源（natural hazards）、科技危险源（technological hazards）和社会危险源（social hazards）。Hystad 和 Keller（2008）以森林火灾为案例探索了旅游目的地灾难管理的框架。Mazzocchi 和 Montini（2001）以意大利中部为案例地研究了地震对旅游产业的影响及其作用机制。Suzanne Vallance（2014）指出社区在危机响应中的重要作用是第一个响应最后一个离开的重要角色。

按照旅游地暴露分类，可以分成个人与家庭风险、企业风险和政府风险等三类。构建了原因—结果和客观—主观框架下的危险源、关系链与结果的作用关系，指出灾害可能引起的结果包括物质后果、社会后果以及主观建构等方面（陶鹏，2013）。著名灾害研究学者 Quarantelli 主编了《什么是灾害》（*what is a disaster*）来对灾害的相关概念进行讨论，按照 4C 结构分为原因（cause）、结果（consequences）、警示（caution）和应对（coping）。风险（risk）、危机

（crisis）和灾害（disaster）是风险、危机以及灾害研究领域的核心基础概念，不同研究传统之间既呈现出区别又存在互通性。危机一词源于医学，到20世纪，由于全球危机事件时常发生，危机作为术语才开始广泛应用。对危机的管理能力已经成为区域旅游发展的一种重要资本，有效地管理危机并消除危机的危害能力是区域旅游竞争优势的一大源泉。

根据危机管理理论，自然灾害危机管理过程可以分为减缓（Mitigation）、准备（Preparedness）、响应（Response）、恢复（Recovery）四个阶段，通常被称为MPRR危机管理框架。更多的专家所推崇的三阶段划分法，将危机管理分为危机前（pre-crisis）、危机（crises）和危机后（post-crises）三个阶段。事物发展的一般规律表明在进化过程中难免会发生或遇到突变（张立荣，冷向明，2008）。张成福指出危机威胁性、不确定性、时间的有限性；危机的双重效果性，危机带来损失，但也暗藏机遇，转危为机（张成福，2003）。Pauchant对20世纪60年代以来的危机管理研究进行检索，发现80%的文章发表于1985年之后（Pauchant和Douville，1993）。在灾害管理研究领域，长期以来形成了长期以来形成了“工程—技术”“组织—制度”“政治—社会”三种研究传统和与之相应的“灾害”“危机”“风险”三大核心概念（童星，张海波，2010）。

关于危机生命周期阶段的划分，国内外相关学者给出了不同的答案，主要包括Fink（1986）提出的危机临近阶段、敏感阶段、持续阶段和危机解决阶段四阶段理论；Faulkner（2001）提出的危机前兆阶段、临近阶段、紧急阶段、长期恢复阶段和危机解决阶段五阶段理论；侯国林（2005）提出的危机隐患期、发生延续期和修复期三阶段理论；孙根年（2008）提出的危机潜伏孕育期、生成显现期、危机爆发期、消减衰退期和化解消除期五阶段理论；李锋（2008）提出停滞期、起步期、发展期、归位期和分异期五个阶段。司冬歌（2010）针对危机潜伏阶段、危机生成、危机全面爆发、危机衰退和危机解除等不同阶段提出了弱化（reduction）、准备（readiness）、应急（responses）、恢复（recovery）和振兴（rejuvenate）的应对策略、目标和相关系列措施。章小平等（2010）采用复杂性科学理论解读危机成因及其演化过程，构建了景区危机管理5R模型，包括危机前（Pre-crisis）的减少（reduction）和预备

（readiness）阶段，危机中（crisis）的反应（responses）和恢复（recovery）阶段，危机后（post-crisis）的回顾阶段（retrospect），并在对应的每个阶段，提出相关的系列危机处置和应对措施。

娄晓凤（2013）指出新媒体时代，旅游目的地危机的爆发产生的信息传播速度和形式相较于传统的媒体时代更具有迁移性、复合性和间接性，衍生出瞬发型和继发型旅游目的地危机，其中瞬发型主要包括自然灾害、社会灾难、旅游犯罪、管理失误等方面；继发型主要是由于自媒体平台的传播放大效应导致的，或者是管理人员处理不当，进一步导致目的地旅游舆情危机。付业勤（2014）进行了旅游危机事件网络舆情的构成、机制与管控研究。周蓓（2010）指出旅游者作为旅游危机参与管理的主体，其对旅游危机的认知以及相关的行为会极大影响政府危机管理效力，并以此探索了基于游客危机认知的危机信息传播模型，分析了传统旅游危机媒介相关信息表达的存在的问题，提出了基于游客本位主体的旅游危机信息和媒介传播管理机制的相关建议。英国危机管理专家迈克尔提出了危机处理的 3T 法则［Tell You Own Tale（以我为主阐述情况）、Tell It Fast（尽快告知情况）、Tell It All（提供全部情况）］（司冬歌，2010）。Beirman（2003）对旅游目的地危机定义为：旅游目的地发生的不可控事件，需采取激进而快速的行动，包括应急的市场行为和相关管理措施，以期快速恢复旅游目的地旅游从业人员、相关旅游企业和游客的信心。Poirier（1997）对政治风险与旅游业发展的关系进行了辩证分析，如政治的不稳定，南北对话（North-South dialog），新的国际经济秩序，影响直接投资 FDI（foreign direct investigation）和地区旅游的发展态势。叶欣梁（2011）在其博士论文中以九寨沟为例对旅游地自然灾害风险评价，建立了面向多种灾害的中国旅游目的地自然灾害风险管理框架，提出了指导旅游目的地管理部门进行风险管理工作的具体内容和工作流程，主要包括框架构建和风险的识别、分析、评价和处理，特别是对致灾因子、暴露和脆弱性的分析（图 2-9）。

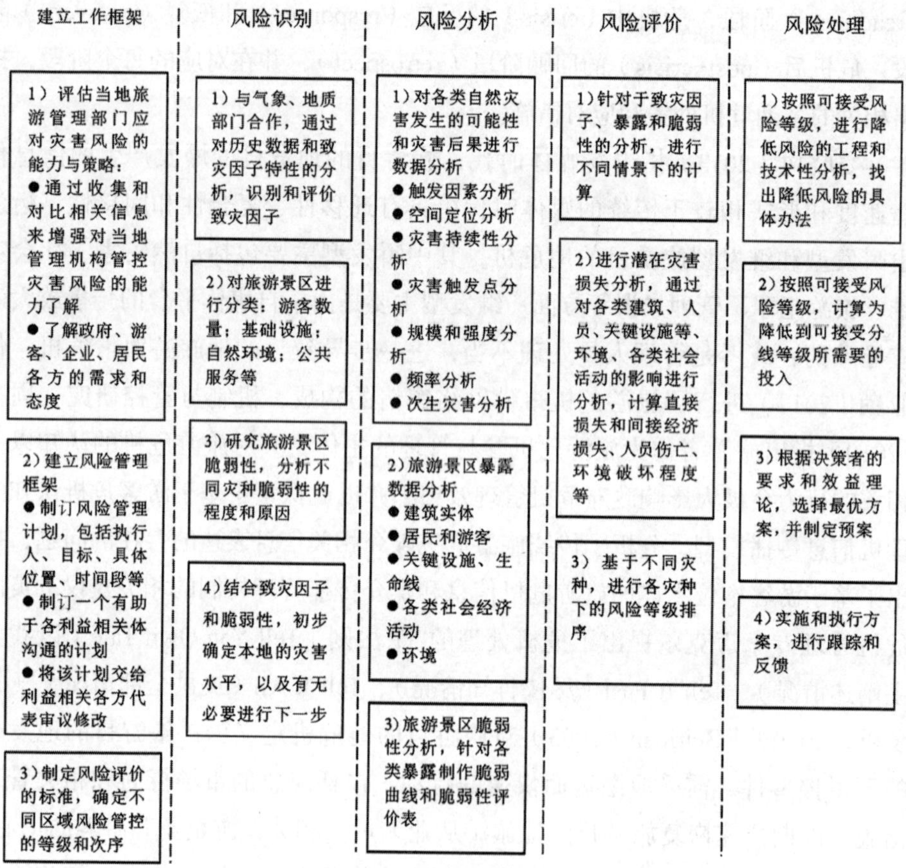

图 2–9　旅游地自然灾害风险管理框架

（叶欣梁，2011）.

邓丽媛（2013）以日本“3·11”大地震为例，构建了旅游危机影响评价指标体系，主要包括经济影响、社会文化影响、心理影响和环境影响，为危机后旅游目的地营销提供了相关依据和研究视角。冯四朵（2017）通过模型构建和实证分析，指出旅游目的地危机的危害性、可能性、紧迫性和持续性对旅游者压力感知具有正向显著作用，且旅游者的压力感知在危机属性和因应行为之间的影响关系起到中介效应，压力感知在不同路径维度上发挥的中介效应存在差异。李树民等（2004）构建了中国旅游应对旅游业危机的预警机制，从宏观和微观层面提出了建立预警机制的流程和策略。窦开龙（2013）对旅游业危机管理的美国模式、印度尼西亚模式和澳大利亚模式进行了相关解读，指出这些旅游危机管理模式的重要借鉴价值，以及对后发型旅游区产业发展的启示意义，并分析了我国民族地区旅游业危机管理存在的问题，提出了民族区域性旅游业危机应对和管理体系。侯国林（2005）把旅游危机分成背景型旅游危机（如自然灾害、经济危机和社会动荡等事件属于影响旅游业正常经营的外在因素）和内在型旅游危机（在食、宿、行、游、购、娱等过程中也存在着不可控的非预见性事件，这些是旅游业的内部影响因子），并按照旅游危机的潜伏期、爆发期和恢复期提出了危机预警、危机处理和危机评估的应对策略，构建了旅游危机管理模型。周晓冰（2016）对 2000—2014 年来国内外旅游危机研究进行了系统梳理和述评，指出危机的表现形态、危机影响、危机认知和危机管理等成为旅游危机研究的主要内容，同时指出了旅游危机研究还不够深入、原创理论少、方法单一等问题，应该加强理论研究以及探索危机影响的作用机制和运行机制。

尹贻梅等（2005）在基于旅游危机管理视角构建目的地层面的动态框架研究中从旅游安全的视角回顾了国内外旅游安全学的相关研究成果和缘起，指出国外旅游安全研究始于 20 世纪 70 年代，90 年代取得相关成果。国内在 2003 年"非典"暴发之后，学界和产业界以及政府层面更加重视旅游安全，郑向敏出版了《旅游安全学》。基于此，从更大学科层面和管理视域构建了旅游目的地层面的危机管理动态框架。邹永广（2015）基于生态健康理论和社会脆弱性理论，研究了目的地旅游安全的概念和内涵，揭示了旅游地安全运行的驱动因素以及组织演化机理，构建了目的地旅游安全自组织运行的系统框架，指出旅游目的地是一个复杂的巨系统，在外部风险扰动的情况下产生相对无序状态，而旅游目的地安全的自组织演化机理客观上需增强抵抗力，规避风险。陈文君（2005）针对旅游景区危机的特征以及存在的相关管理问题，对中国旅游景区的战略危机、资源危机、品牌危机、突发事件危机等方面进行了分析研判，并结合旅游景区危机特点，从危机防范、处理和总结等视角提出了管理对策。刘丽等（2009）以汶川地震为案例地，从游客感知视角，揭示了旅游地形象的形成机制和作用路径模式，并提出了汶川大地震灾害在不同阶段的不同影响表现，以及目的地形象再塑造和危机管理的系列措施。

Faulkner 等（2001）指出传统的旅游研究中，不少旅游研究者更多地关注那些有秩序、线性的和均衡性的旅游现象，而回避那些无序的、非线性的和非均衡的相关旅游想象，其构建了旅游灾难管理和危机应对策略的一般模型，包括一系列的管理计划及其相关先决条件和原则，成为旅游危机管理的经典框架。李九全等（2003）依据危机管理的特征，对旅游危机管理的定义和内涵、旅游危机管理体系和主要路径进行了系统的研究。李锋（2008）在其博士论文中构建了旅游危机影响路径框架，指出旅游危机的影响路径是从游客量减少开始的，依照“客流—物流—资金流”相继减少的流程削弱目的地旅游经济活动的频率，乃至停滞，最终导致旅游产业链断裂和旅游经济陷入困境之地。特别是依照旅游危机发展和演化的规律，借鉴汲取相关旅游危机管理模式，提出了旅游危机管理 7R 模式，即侦测（Reconnoiter）、缩减（Reduction）、准备（Readiness）、反应（Responses）、恢复（Recovery）、重振（Rejuvenate）、提升（Raise）。旅游危机带来的“积极”影响，依据混沌理论危机也是一把双刃剑，它对旅游目的地具有双重作用。其实旅游危机在发展的过程中，本身也是一个对旅游目的地和目的地组织结构的破坏性重组和再造过程。每一次危机本身既包含导致失败的根源，又孕育着成功的种子，危机管理的精髓在于发现、培育以便收获这个潜在的成功机会。

2.3.2 旅游与地震影响研究

我们在探索旅游危机的影响时，多关注与旅游者的感知及其影响关系，但是对于本地居民的探究相对较少。杨振之等（2008）基于汶川地震后四川省旅游产业恢复重建规划的视角，提出了应该站在旅游生产力布局和旅游产业结构调整的高度重新审视灾后旅游业的恢复工作，特别要注重旅游业的空间布局、产业结构调整、项目驱动和市场营销的综合角度来谋篇布局灾后旅游产业的发展蓝图。唐勇（2014）以汶川地震后地震遗产旅游为切入点，依托系统工程的三维结构体系来构建地震遗产旅游发展的三维结构体系，从对象维、时间维和空间维的角度，对政府、旅游主管部门、旅游企业、社区和专业机构的所承担的角色和功能进行了建构，且对重点开发区、限制开发区和禁止开发区各自的功能进行了解读（图 2-10）。

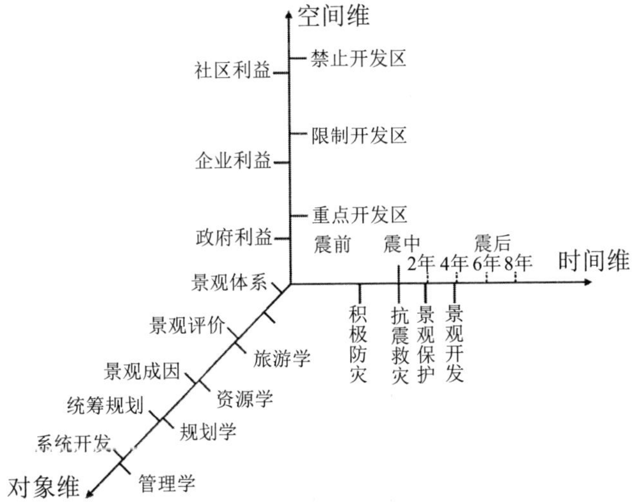

图 2–10　地震遗产旅游发展的三维结构体系

注：来自文献（唐勇，2014）

Amini Hosseini 等人（2014）探究了社区参与方法在抗震减灾中主要面临的挑战和相关解决的对策。Huang 和 Min（2002）以中国台湾地区为案例地探索了地震灾害的影响及其旅游产业如何恢复和应对的问题。张曦（2018）构建了汶川大地震灾后重建与国家应对机制示意图，特别是对口支援等相关方面财政和资金支持方面，主要包括各省的对口支援、中央财政、国外借贷、单位捐款、社会和国外捐赠。刘铁（2010）基于汶川大地震灾后恢复重建的剖析，探索了对口支援的运行机制和法制化研究，指出政府间契约式协作机制及其法制化是中国对口支援取得成功及其这 30 多年来运行的推动力和重要保障。邓丽媛（2013）以日本“3・11”大地震为例，构建了突发危机事件的影响的评价指标体系，探讨了突发危机事件对旅游目的地的影响以及危机后旅游营销的议题，指出加强信息沟通传播、重塑旅游目的地形象、优化旅游产品结构、完善旅游环境并注重加强区域合作等措施和建议，以期促进震后旅游业的快速恢复和崛起，尽可能地减弱其大地震对旅游地造成的负面影响。纪素姣（2014）以汶川大地震恢复建设为案例，采用旅游本底趋势线、亲景度和竞争态理论，基于 GIS 平台，从旅游危机影响和恢复的时空格局视角，探索了四川省旅游业危机响应的时空特征，并针对性地提出了构建旅游危机预警机制的建议。

江坤（2016）以雅安市为案例地，采用扎根理论的分析方法，分析了2005年至2015年雅安市旅游相关的新闻、政府报告和规划文件等，通过对政策环境、政策理念和政策工具概念类属之间的关系探析，揭示了雅安在震前以及两次地震重建过程中的旅游决策逻辑，建立了旅游危机处置和管理的决策逻辑模型框架，特别指出在震后恢复重建过程中旅游决策逻辑比合法性逻辑对旅游业的恢复效果更好。张广瑞（2008）指出汶川地震对中国旅游产业的影响是很大的，是多面的。特别是震后旅游业的发展，作为提振器和排头兵，必须科学规划因地制宜适应市场，而不是把恢复重建当作是简单的原状恢复，而是转危为机乘势而上，以及震后旅游业的振兴要加强合作，依托产品打开市场，同时政府和相关旅游企业要加强旅游地危机管理的长效机制的建设。李锋（2008）以汶川大地震为案例，基于Logit模型，探索影响旅游者风险感知的相关要素，实证研究表明影响游客风险感知的显著性要素主要有地震知识的掌握程度、地震的突发性和后果的严重性、周遭人群的影响程度以及政府的表现等方面。刘妍等（2010）以汶川大地震后旅游者感知视角，探索灾后四川旅游资源的吸引力以及游客满意度，研究表明旅游者对四川震后旅游的整体满意度不高，特别是环境、交通以及服务质量应该是四川省旅游业恢复和发展过程中最值得重视的问题。罗凌云（2011）从汶川大地震以来中国特大自然灾害危机管理的剖析，提出了中国自然灾害危机管理的路径玩要的相关建议，指出健全法制体系、加快灾害预警进展建设与巨灾保险体系建设、改善危机管理协同联动模式以及进一步拓展自然灾害危机管理主体的多元化。杜文（2012）在其博士论文中探索了巨灾型突发事件应急救援体系的建设，从体制、法制和机制建设等方面比较分析了美国、俄罗斯、日本和澳大利亚等国在应急救援体系建设上的相关经验，指出中国构建巨灾型突发事件应急救援体系，要完善发展体系、信息网络系统、集中指挥系统、物质保障系统、主体多元化模式和应急救援市场化运行模式，强调国有大企业的重要作用和地位。王化楠（2013）对日本、美国和中国巨灾风险管理的框架和经验进行了详细的梳理和总结，特别指出中国社区减灾意识初现，社区减灾这种基层防灾减灾体系已经初步建立，“全国综合减灾示范社区”粗具规模，同时企业参与巨灾风险管理和参与社区减灾意识日益增强。联合国国际减灾战略把巨灾风险管理定义为通过决策、组织架构和技术的系统性运用来实现巨灾风险政策和战略的执行，包括风险识别与评估（risk identification and assessment）、巨灾风险信息和知识管理（knowledge management）、政治承诺和机构整合（political commitment and institutional development）、减灾工程和巨灾立法（risk reduction measures）、灾前预案和应急管理（disaster preparedness and emergency management）和灾后恢复或重建（recovery/reconstruction）（UN/ISDR，2004）。

薛熙明等（2018）以汶川地震后四川省彭州市白鹿镇为案例地，基于居民地方感的感知视角，探索灾后重建过程中，旅游城镇化被看作是将产业更新和城镇建设相融合发展的重要途径，其居民感知差异主要受到旅游地所成的生命周期、本地居民与外来人口的比例、居民居住地与旅游核心区域的远近以及灾后重建住房类型等因素的影响。阮文奇等（2018）以 2017 年 8.8 九寨沟地震为例，探索自然灾害型突发危机事件对客源地旅游市场需求的影响强度和空间差异，指出地震对九寨沟景区客源市场影响很大，但是随着时间的推移，影响逐渐弱化，同时客源吸引半径扩大了，且影响强度上存在在空间差异性。郑诗琳等（2017）基于汶川地震后四川省彭州市白鹿镇为例，以地方理论视角，透视灾后重建背景下的地方重构过程，揭示了地方重构主要体现在公共空间的升级、生活空间的变革、产业的转型与地方生活的转变，以及地方特性的重构和地方情感得到强化等，指出地方重构对旅游景观、旅游活动和旅游形象对乡村原生景观、形象等进行的城镇化和现代化过程，以及地震在某种程度上带来的发展"契机"，和白鹿镇地方的"新生"。李宜聪等（2016）以汶川地震后的九寨沟景区为例，构建了突发危机事件国内客源市场影响的概念模型，研究客源市场恢复情况，研究表明客源市场地理集中度指数下降，吸引半径增加，特别是危机事件对近程客源市场冲击较大，表明邻近市场是危机事件的敏感区。王金伟等（2016）以北川地震遗址区灾害纪念地为案例地，从黑色旅游的视角，对旅游者动机进行了划分和研究，结果表明缅怀与探寻地方特色、公益与科考教育和娱乐与自我发展是主要旅游动机，他们对地震遗址保护和旅游开发具有较高的支持率。陈星等（2014）以汶川地震后的北川遗址公园为例，构建了游客动机量表，结果表明主要有教育与纪念、社交与亲情、感受与见证、认同与求新和好奇心五类动机，研究还揭示出事件关注度和认知欲望对不同的旅游动机类型的参观者存在着影响程度的差异。

刘丽等（2009）基于旅游目的地形象理论，从旅游者感知的视角以汶川地震后的四川省为案例地，揭示了目的地形象的形成机制和影响路径模式，从破坏、修复、优化和激活的角度，并构建了旅游灾害对目的地的影响的路径框架。魏小安等（2008）基于汶川地震大背景，在综合考虑各种因素的基础上，回顾30多年来中国旅游业遭遇的7次较大的冲击，指出震后中国旅游业面临着严峻的形势，但是从长期中国旅游发展的趋势来看，旅游业恢复和振兴也存在着许多积极因素，特别是全民族在灾难面前众志成城的凝聚力，以及旅游带来的目的地的关注度等，反而有利于中国旅游市场的恢复和旅游产业重振。王金伟等（2010）以汶川地震后的四川省为案例地，分析黑色旅游的内涵，解析了黑色旅游发展的动力机制，以共生理论为基础揭示了四川黑色旅游发展动力机制框架，主要包括黑色旅游产品、中介系统和支撑系统等，及其与旅游者相互作用的方式和路径，特别是四川黑色旅游的“共生”模式包含产业共生、区域共生、管理共生、利益共生等方面，并提出了相关具体措施和建议。颜丙金等（2016）以北川地震遗址景观为案例地，揭示出自然灾害型景观旅游者体验可以从情感和认知两个方面解读，包括道德型、个人型、教育型和学习体验型等四类，且游客体验存在时空差异，情感和认知体验随时间产生了相应变化。刘睿等（2009）以汶川地震后为案例，基于PRI（preparedness，responses，impact）模式，调查了政府部门、游客和旅游企业的响应行为，研究表明政府部门的响应主要表现在财政预算、政策倾斜和组织机构等方面，而地震破坏、抗震救灾和恢复重建等成为旅游者对四川省旅游印象的重要元素，旅游饭店和旅行社也采取了相应的响应措施和建议。

郑柳青等（2011）基于汶川地震后旅游重建的视角，提出了高目标引导、高起点规划、高质量建设、统筹整体推进旅游重建的“三高一统”模式，实现旅游带动产业升级、旅游产业关联效应等方面的突破，形成具有鲜明特色的旅游业恢复和重建的“汶川模式”。刘明等（2010）基于汶川地震带来的相关地震遗存视角，从这些资源的科考、科普、教育和纪念价值的维度，探索其旅游开发和资源保护的模式和路径，并着重分析了国家级汶川地震遗址遗迹保护工程的北川地震遗址博物馆、汶川地震震中纪念地、绵中工业遗址纪念地以及都江堰地震遗迹纪念地的遗迹类型、保护内容和相关特色等，以及其所具有的科学研究、社会公益和旅游经济等方面的价值。肖琼（2010）基于汶川地震后羌族文化面临的危险境地，对羌族文化受损现状以及在震后重建过程中羌族文化保护和传承问题进行专门的探讨，提出了重建羌族经济文化空间的路径选择。李锋（2009）以汶川地震为例，基于主成分分析法（PCA），提出了不同旅游危机管理主体在不同阶段具有不同危机管理的重点，构建了各管理主体在旅游危机前、危机中和危机后其职责的重要性排序框架，为制定旅游危机管理规划和计划等提供了一定的参考依据。彭兆荣等（2008）以纪实的方式反映四川旅游资源以及最能体现农业旅游特色的成都"农家乐"在灾难中的情况，依托旅游人类学家提出的"警告平台（cautionary platform）"，以及旅游在震后或者旅游大发展过程中可能导致的"结构链"内部的断裂，以此引起政府部门、学术界以及旅游行业对警示机制的建立给予重视。

2.3.3 旅游社区参与研究

社区参与（community participation）旅游发展是指在旅游的决策、开发、规划、管理、监督等旅游发展过程中，充分考虑社区的意见和需要，并将其作为开发主体和参与主体，以保证旅游可持续发展和社区发展（保继刚和孙九霞，2006；孙九霞和保继刚，2006）。社区居民的主动性参与是社区旅游发展的内在动力，社区参与不仅能实现社区价值的整合，还能成为当地社区发展新的驱动力和增长点（孙九霞和保继刚，2006）。国外社区参与旅游发展研究是与旅游可持续发展研究一道前进的，相关研究强调通过居民参与实现可持续的旅游发展（保继刚等，2012）。居民参与社区决策的积极结果已经被许多研究所证明，包括短期效益，比如为应对危机而进行的资源调用（Donoghue and Sturtevant，2007；Magis，2010），长期效益，如打破不平等（Donoghue and Sturtevant，2007；Magis，2010；Smith，1999），建立长期的可持续发展目标（Matarrita-Cascante 等，2010；Ruiz-Ballesteros，2011）。Tosun（2006）研制的社区参与量表得到了较为广泛的使用。

保继刚等（2006）研究表明，中西方社区参与存在着明显的差异，如旅游在西方社会当地社区只是其发展的力量之一，而在中国缺是社区发展的主导力量，同时西方比较注重旅游发展带给社区的综合效益，而中国社区参与更加注重单一的经济利益，以及西方社会社区参与多是主动性参与，而中国社区参与多是被动式参与，特别是中国旅游地社区参与当地政府起到很大作用。并指出了产生这种差异的深层次原因：民主化进程不同以及旅游发展阶段不同等因素造成的。左冰等（2008）解读了增权理论的来龙去脉，指出增权（empowerment）是由权力（power）、无权（powerlessness）、去权（disempowerment）以及增权（empowering）等核心概念建构起来的，并进一步扩展到旅游领域的相关研究主题。黎洁等（2001）指出社区参与的实质是社区居民影响旅游相关决策并获得相关利益，但是这一过程并不一定与效率原则和实现公平目标相一致。如果想改变这一情况，则应当从改善和提高社区居民的初始资源占有情况以及对自然资源的所有权状况等。潘秋玲等（2002）指出社区参与的核心体现在获得社区旅游发展决策的权力和获得公平旅游收益的机会，超越了传统的旅游开发模式中社区居民作为旅游开发规划管理的局外人的模式，是体现社区因素和居民一致的一种有效机制。保继刚等（2008）以斯切文思（Scheyvens）提出的社区旅游增权四维框架来看，雨崩村基本做到了经济增权、心理增权和部分政治增权，但还没有做到社会增权。孙九霞等（2004）基于旅游人类学视角，以西双版纳傣族园为例，研究表明社区居民是旅游开发的主人，同时是旅游资源的一部分，也是最终的受益人，但是国有企业主导下的社区参与由于利益主体的多元性等而存在着难以协调的利益关系。杨桂红（2001）从实证经济学的角度，以中甸碧塔海旅游景区社区参与状况为例，指出社区参与旅游发展获得经济利益是促进社区居民保护旅游景区的前提，但是社区参与旅游业发展的经济利益冲突会对环境保护造成负面影响。任啸（2005）以九寨沟自然保护区为例，总结了其社区参与景区管理的一套经验，比如设立专门的社区参与组织机构，建设多渠道社区居民就业与管理方式，设立股份制旅游公司，建设公平的利益分配机制等方面，但同时也指出需要进一步完善社区管理机制，如更加注重社区参与的公平性，更加注重社区居民的实质性参与，更加重视区域协调发展，建立相关培训机构和机制等。孙九霞（2008）论述了旅游社区发展中社区能力建设的经济赋权、心理赋权、社会赋权和政治赋权的四个方面，指出经济赋权能够普遍提高收入，但是要注意分配的公平性，注重二次分配调节；社区心理赋权方面要使社区居民意识到文化和资源的价值并产生自豪感，增强其社区归属感和向心力，特别是旅游发展过程中带来的政治赋权，能够更好地促进社区组织的整体利益表达和诉求，提升社区参与的能动性。左冰等（2012）基于马克思地租理论，结合现代产权理论，揭示了中国农村土地产权状态及其在旅游增值收益分配在理论和现实上存在的矛盾，提出了吸引物权这一概念，特别指出社区旅游发展过程失败的原因主要是由于权利失败、机会缺失和能力匮乏造成的。邱云美（2004）研究表明社区参与能够提升旅游产品质量，保护旅游资源和环境，促进旅游产业的可持续发展，也是旅游扶贫的重要途径之一，同时指出建设旅游社区参与的保障机制和利益分配机制，提升社区居民的素质和旅游参与能力等方面，能够大大提升旅游社区参与的效果。丁康乐等（2013）通过解析中国台湾地区社区营造的发展阶段、营造内容、机制保障以及面临的困难等方面的基础上，对中国社区规划的发展方向提出了相关建议，如社区规划的目标不能仅仅局限在物质空间建设，其首要的任务是培养社区感情加强邻里认同，增强政府部门和非政府组织以及社区的合作伙伴关系建设。胡澎（2013）指出社区营造是 20 世纪 60 年代日本市民运动时期产生的，其目标就是让居民生活得更为舒适和美好，其主要的议题主要涵盖人、文、地、产、景五大方面，日本社区营造总体上经历了官督民办到民推官办再到官民协作的阶段，但是市民始终发挥这主体作用，体现了市民参与到市民主体的过程，提升了公民意识和自治意识，有利于社区参与的推进。张安民等（2019）以浙江莫干山镇为案例地，基于效果阶层模型，构建了自我参照价值、群体参照价值、休闲参照价值、社区归属感、满意度和社区参与意愿的概念框架，研究表明居民满意度受到社区归属感的影响，总体上看居民旅游社区参与是按照感知价值到情感到意愿的作用路径和递推模式。

桂勇等（2008）以上海市 50 个社区的调研数据为基础，构建了社区参与过程中重要的因素之一的社会资本的测量维度，得到了社区社会资本测量的 7 维度量表，包括地方性社会网络（Local Network）、社区归属感（Sentiment）、社区凝聚力（Cohesion）、非地方性社会互动（Non-local Sociability）、志愿主义（Volunteerism）、互惠与一般信任（Reciprocity and General Trust）与社区信任（Community Trust）。社区一体化（Community Integration）指的是社区在平等的基础上实现发展目标的能力，包括社区意识（Community awareness）、社区整体（Community unity）、权力关系（Power relationship）。Tosun（2006）研究了旅游规划中公众参与的层次模型框架，把参与分为自主性参与（spontaneous participation）、诱导性参与（induced participation）和强制性参与（coercive participation）三种模式，并指出了相应的对策和建议。

崔晓明等（2018）基于可持续生计框架，以秦巴山区安康一区三县为案例地，构建旅游地农户生计资本评价模型，研究表明乡村旅游地农户生计资本整体得到提升，并呈现多元化发展趋势，同时研究还发现社区参与旅游获利程度、发展程度和旅游发展基础条件等对农户资本趋向好转和优化具有正向积极作用。时少华等（2017）基于社会交换视角，以北京前门社区为例，构建数据模型，包括旅游社区权利、社区信任、收益感知、成本感知社区参与程度等五个维度，研究发现社区权利和社区信任是影响旅游社区参与的重要因素，其中社区权利对社区信任和参与程度具有直接正向影响，旅游收益和成本感知对社区参与程度具有间接影响效应。陈佳等（2017）以袁家村等为案例地，基于可持续生计框架和旅游效应理论，总结了以农家乐休闲为主体的“政府＋社区＋农户”模式、以民俗体验为主体的“社区＋农户＋旅游公司”模式和以景区依托为主体的政府主导＋农户参与模式的三类模式的运行机制及其特色，综合表明资源差异和社区基础是农户生计变化、社区参与影响的原生动力，政府角色、社区与企业的作用以及农户利益是旅游开发管理的核心。吴慧等（2017）从归属感和价值感视角研究在线旅游社区的用户参与影响因素和作用关系，研究表明参与广度和深度对用户忠诚度有显著正向作用，安宁生活价值、社会融合价值与社区归属感中介语用户参与和忠诚度，可以说本研究从虚拟旅游社区的角度进行了实证研究，进一步拓展了旅游社区参与的边界和格局。周睿等（2017）以钱江源国家公园为案例地，基于社区居民感知视角进行实证研究，结果表明社区居民对共同管理政策感知最强，较为关注发展诉求、社区参与、产业发展和资源保护程度等，为了更好地体现国家公园的公益性，应当更加重视社区居民福利保障、旅游特许经营、社区发展规划和共同参与管理决策和政策制定等方面。胥兴安等（2015）基于社会交换理论视角，以山东省沂南县竹泉村为案例地，研究结果表明分配公平、程序公平与互动公平能够促进社区参与旅游发展，对社区支持感具有积极作用，其参与程度也越高。马东艳（2015）研究表明旅游增权对社区参与和公平感知具有正向作用，能够促进民族地区旅游发展的公平性与和谐可持续发展。王维艳（2015）基于现行法律制度框架视角，揭示了旅游吸引物价值实现的债权而非股权、农村集体土地的二元法权等法理逻辑，主张将社区旅游吸引物补偿作为景区开发商取得地役权的约定条件，并在第三方的协助下保障社区资产性要素参与旅游景区利益分配的权益。王京传等（2014）对国外公众参与旅游地公共事务进行了述评，建议从整体层面构建包括参与主体、参与客体和参与层次和参与过程的公众参与旅游目的地公共事务。何景明（2003）研究指出不同的家基于不同的国情，在乡村旅游管理模式上有可能采取“由下而上”（Bottom—up）、“由上而下”（Top — down）或二者兼而有之的管理模式，但是社区参与在旅游业的发展过程中具有重要的作用，同时指出发达国家较为重视社区居民的建议，而一些发展中国家的封闭乡村在旅游开发过程中存在着利益分配不均却要承担旅游发展带来的社会、经济和生态问题，从长期看必然极大阻碍当地旅游的可持续发展。郑群明等（2004）的研究表明参与式乡村旅游是农民参与旅游发展的重要途径，能够从根本上维护农民利益增加农民收益，最终促进了乡村经济社会的可持续发展目标，同时要加强对旅游社区的教育、培训和管理，提升农民的旅游服务意识和服务水平，才能最大程度的保障参与式乡村旅游业的可持续发展之路。刘纬华（2000）研究指出可持续发展战略是中国旅游业发展的必然选择，其中社区参与旅游发展是旅游业可持续发展系统中必然因素。胡志毅等（2001）通过分析社区旅游发展的阶段性特征，把旅游社区参与划分为个别参与、组织参与、大众参与和全面参与四个阶段，并建构了“近 S 形”的旅游社区参与总体发展曲线，同时建议旅行社参与要注重旅游规划、旅游地环境保护和旅游社区文化发展等方面。

张爱平等（2013）基于网络时代视角对旅游营销产生的影响，对国外虚拟旅游社区进行了研究述评，指出旅游虚拟社区的功能需求、社会需求、心理需求和享乐需求之间的关系，以及价值、互动、身份和体验之间的影响作用路径。王纯阳等（2013）以开平碉楼和村落为案例地，探索社区参与到社区增权进一步凸显社区旅游开发过程中的主体地位，指出核心是经济增权，基础是心理增权和社会增权，保障是政治增权，这样能促进旅游社区参与，并形成良性循环。孙凤芝等（2013）社区参与旅游发展研究评述与展望。苏明明等（2012）以北京慕田峪长城为案例地，探索世界遗产地旅游发展与当地社区的影响关系，揭示了入选《世界遗产名录》能够有效促进当地的旅游社区参与，总体上看旅游对社区经济和社会文化的积极影响，同时当地社区居民也感受到旅游发展对生态环境的一些消极作用。王亚娟（2012）综合考察西方旅游社区参与的概括，和中国目前旅游地社区参与所遇到的主要障碍，划分了正式制度和非正式制度下的直接增权与间接增权，构成了 4 种制度性增权类型，探索了制度缺失和制度失灵两种旅游社区参与的缺权状态。曹兴平（2012）基于文化绘图的视角，阐述了文化绘图有利于组织整合乡村社区文化资源，具有告知规划或政策等信息、扩大可达性和参与性以及支持旅游和经济的发展，可以很好地解决社区参与过程中社区本位缺失的问题，并激发旅游业发展的社区内动力，增强合作网络，提升体制革新。景秀艳等（2012）通过乡村社区的实证研究表明旅游规划是一种控制工具，能够影响乃至决定旅游产业的空间生产秩序，也印证了列斐伏尔的空间生产理论，并指出乡村旅游的开发，受到了福柯式的“场域网络权”以及更多地被韦伯式的“政府等级权力”规制着。李九全（2008）对国外社区旅游规划的发展历程进行了总结述评，分析了墨菲的旅游社区模型、社区旅游发展一体化模型和社区旅游规划模型。魏敏等（2008）基于利益相关者理论，阐述了政府、社区、旅游企业和旅游者四大利益主体的角色和关心，并建立了中国社区旅游发展的博弈模型进行帕累托最优分析，提出了社区旅游发展模式框架。陈志永等（2008）以贵州天龙堡乡村旅游发展模式为例，剖析了其“政府 + 旅游公司 + 农民旅游协会 + 旅行社”的四位一体的乡村旅游发展模式，指出其兼顾了社区发展利益，提升了社区参与旅游发展的能动性。徐松浚（2017）通过实证研究表明旅游生态安全感知由资源环境安全、经济发展安全等五大维度组成，生态安全行为由环境责任行为、文化保护行为和规范经营行为组成，旅游态度支持对生态安全感知和生态安全行为具有部分中介效应。董茜（2016）基于社会资本视角，以湖北神农架地质公园为案例地，探索社区参与的影响机制，指出资源配置不均阻碍了社区参与，社会资本缺失是社区参与受阻的主要原因。张彦（2012）指出旅游地社区参与增权是一个复杂的系统工程，受到各大利益主体的影响，是各方力量博弈和角逐的复杂过程。张继涛（2009）基于乡村旅游新业态，运用了跨学科的比较研究方法，揭示社区变迁的规律，解析社会变迁的机制，指出乡村旅游业的发展和快速兴起激发了旅游社区的综合性社会性变迁，对旅游社区的社会结构、社会分层以及社会流动等产生了重要影响。

社区参与作为西方民主社会自治精神的基本体现，与公民参与紧密结合在一起（左冰，2012）。随着可持续旅游和社区发展受到重视，旅游地社区参与研究在西方掀起热潮。1985 年 Murphy 首次将社区方法导入旅游研究。旅游地社区参与是指在旅游的决策、开发、规划、管理、监督等旅游发展过程中，充分考虑社区的意见和需要，并将其作为开发主体和参与主体等（Tosun，2006；Chengcai 等，2012；Prabhakaran 等，2014）。社区参与在旅游发展过程中增强了社区依恋，有效缓解旅游地开发过程中出现的矛盾，更好地保护本地区的生态环境和社会文化传统，促进了旅游地健康可持续发展（Sebele，2010；Nunkoo 和 Ramkissoon，2012）。随着对社区参与研究的深入，越来越多学者采用社会承载，力理论、情感团结理论、社会认同理论、社会交换理论（Lawson 等，1998；Nunkoo 等，2012）等理论模型进行更为系统的研究。其中社会交换理论获得了更为广泛的使用，依据社会交换理论，当地社区获得的收益越高，获得社区参与支持越大，能够进一步促进当地社区的社区参与度、满意度和支持度，能够更好地解释旅游活动中社区参与程度、参与意愿和参与成本与收益感知的作用关系（许振晓等，2009；Nunkoo 和 Ramkissoon，2011；李宜聪等，2014）。旅游地生命周期理论表明在旅游发展的不同阶段，社区参与的程度、方式和作用是不同的，特别是在当社区遇到突发危机事件扰动和破坏的时候社区参与的作用更加鲜明（Butler，1980；Tosun，2005；Diedrich 和 García-Buades，2009）。Vallance 以 2011 年新西兰地震为例研究社区对突发危机事件响应，指出社区是第一个对灾害做出响应以及最坚实的危机防范力量（Vallance 和 Carlton，2015）。根据社区恢复力理论，社区系统在外来力量扰动的情况下，其便会向着社区恢复的方向进行，能够有效地应对突发危机事件，降低突发危机事件带来的危害和损失（Cope 等，2013；Vallance 等，2015；Akamani 和 Hall，2015）。在危机响应和旅游地社区恢复的过程中，当地社区除了获得了物质的、经济的和政策的支持外，也赢得了参与旅游发展决策、旅游业管理以及增加就业机会等社区参与支持，这些因素对社区参与和危机响应产生积极影响。

2.3.4 旅游社区依恋研究

20 世纪 70 年代以来以段义孚为代表的人本主义地理学者重新将“地方”引入人文地理学研究以来，地方感（sense of place）即成为人文地理学研究的一个主要且重要概念（Tuan，1978）。地方感是人的情感与物质环境的联系。在人文地理学、社会学、心理学和旅游学领域地方感得到广泛的应用，并且被认为是影响人类行为的因素之一。地方感是人文地理研究的一个重要概念，指的是人与特定地方之间建立起的情感联系，包含地方依恋（place attachment）、地方认同（place identity）、地方意象（place image）和机构忠诚（agency commitment）（唐文跃，2007；许振晓等，2009；唐文跃等，2008）。一般认为，地方依恋与地方感在核心内涵上基本等同（朱竑和刘博，2011）。对于同一个地方，生活在其中的人会有许多不同的态度。对于能够使人产生强烈感情的地方，人往往有强烈的依恋感，这种感情能够塑造人的生活方式与生活态度。具有强烈地方依恋的人往往深爱着这个地方，积极地参与到社区建设中去。

郑群明等（2014）以湖南崀山为例，基于世界遗产申报的视角，揭示出遗产申报旅游地社区居民的地方认同、地方依恋、自然环境感知与社会文化感知等产生了很大影响，可以说申报世界遗产增强了居民地方感，提升了对当地发展旅游业的期望和支持度。邱慧等（2012）以黄山屯溪老街为案例地，基于地方理论视角，剖析了旅游者和社区居民的地方感差异，指出在地方依恋层面，旅游者比社区居民更具地方感，在行为意向层面，两者都比较赞成以保护为主的理念。唐文跃（2008）以皖南古村落为案例地，构建结构方程模型测度了社区居民地方依恋和资源保护态度的作用关系，研究表明地方依恋的两个维度地方依恋和地方认同对古村落资源保护具有正向显著作用。唐文跃（2011）以皖南古村落为案例地，探索了社区居民地方依恋的构成维度及其特征，指出地方依恋是一种人地关系现象，且居民的情感性依恋大于功能性依恋，其中居住时间是社区居民地方依恋形成的重要因素。张朝枝等（2015）基于地方依恋的角度，以世界遗产地武陵源为案例地，研究了社区居民对景区旅游企业的责任意识和行为，地方依恋增强了社区居民对遗产价值的认知以及旅游企业的应当承担社会责任的感知，以及旅游社区居民表达了各大旅游开发利益相关者应当承担的相关责任，特别是生态环境和当地社区的责任。郭安禧等（2018）以浙江乌镇为案例地，探索旅游地社区居民旅游影响感知对旅游发展支持态度的作用关系，研究结果发现生活质量和地方依恋能够显著影响社区居民对旅游开发的支持度。杨昀等（2012）以阳朔西街为案例地，依托地方依恋理论视角，采用质性分析的方法，探索了外来经营者地方依恋产生的缘由、发展及其演化，研究表明外来经营者情感依恋存在着不同程度的差异，经济性依赖和情感性认同相互促进以及可能相互制约。方世巧（2014）构建了旅游地社区居民"认知—情感—行为意向"框架模型，探索了地方感的要素构成，地方认知的指标体系，以及地方依恋包括的地方依赖、地方认同、情感依恋和社会联系四大维度以及行为意向涵盖的旅游支持、旅游社区参与和环保意向等，并剖析了民族旅游社区与汉族居民地方感的差异规律。刘吉婷（2018）基于地方依恋视角，探索旅游地地社区外来经营者的情感态度，把其地方依恋划分为生活方式、商业联结、利益驱动和厌倦地方主导型四种类型，指出有较高地方依恋的经营者具有参与社区营造的热情，且其在旅游社区的商业行为较为规范。王纯阳等（2014）地方依恋是西方游憩地理学和环境心理学的研究热点，指人与地方相互作用产生的联结关系。许振晓等（2009）基于地方感和期望理论，以世界遗产地九寨沟旅游核心社区为例，结果发现社区居民地方感对旅游发展影响感知存在差异，特别是获益感知有助于促进对当地旅游发展的支持态度，成本感知则相反。程绍文等（2010）以九寨沟和英国 New Forest 国家公园为案例地，基于旅游社区居民旅游发展期望和影响感知视角进行了比较研究，研究结果表明旅游影响感知影响旅游发展支持度，且两大案例地的旅游社区居民对于旅游发展期望都比较看好，但存在文化差异的影响。

Orchiston（2013）研究发现新西兰南阿尔卑斯山区的旅游企业经营者具有强烈的地方忠诚感，对企业所在的地方以及人具有强烈的情感依恋。强烈的地方感增加了社区凝聚力从而有利于共同抵抗自然灾害和危机事件。Norris等（2008）分析了地方、社会资本和社区灾害恢复力的关系，认为社区灾害恢复力来源于社区的适应能力，也即社区保持和发展社会资本的能力。社会资本包括归属感、社区感、地方依恋和社区参与。从这一观点来讲，地方是社会资本发展的物质和社会场所（Cox和Perry，2011；Milligan，1998）。Luo和Fang（2013）发现对居住地具有较高认同感的居民参与自组织的社区志愿性活动的可能性更大。不少研究者指出，社区成员对其所处社区活动或组织的参与正是认同的实际行为呈现。社区认同有助于社区成员之间情感连接的加强，更可以为社区的集体行动提供动力，从而促进社区参与（Glynn，1981；Abbott，1995）。

单菁菁（2008）研究结果表明城市社区居民的社区归属感源自日常生活中的满足感，且社区质量是提升社区满意度的根本基础。杜宗斌等（2013）以浙江省安吉为案例地，以旅游获益为中介变量，构建旅游地居民社区归属感——社区参与模型框架，研究结果表明社区归属感对旅游获益和社区参与具有正向作用，旅游获益起到中介效应。李燕琴（2013）基于地方依恋和社区感理论视角，以中国边疆民族旅游社区心理层面进行探索分析，提出了进行社区能力建设的研究路径，以及研究社区心理变迁和调解机制的框架。祁潇潇等（2018）以宗教山岳型千山景区为案例地，基于地方依恋中介视角，研究结果表明敬畏情绪对旅游者环保行为具有直接显著作用，地方依恋起到部分链式中介效应，总体上表明应当激发游客的敬畏情绪体验，以期更好地强化地方依恋引导旅游者环保行。钱莉莉等（2019）以汶川地震北川老县城遗址为案例地，基于记忆地理和地方感视角，探索了灾后集体记忆、地方认同和地方保护之间的作用关系，研究结果表明积极的抗灾记忆、怀旧记忆等能够对地方认同产生显著作用，地方认同对地方保护具有显著作用。白凯等（2018）以丽江古城为例，经验主义视角下旅游劳工移民的地方融入涵盖感知性融入（地方评价）、功能性融入（活动参与）及情感性融入（地方依恋），且社会氛围与旅游劳工移民的地方融入呈显著性正相关。闵祥晓（2018）提出了游客旅游意象的刺激—感受—评价—意象构成机制，将旅游意象和地方依恋的作用机制归纳为“意象—价值—依恋”，并建议旅游意象的营造应该以地方性为基础，以旅游者地方依恋提升为目标。

社区依恋是地方依恋的一种类型，指居民的社会参与并融入社区的程度与方式，反映社区居民的根源和对社区的归属感（sense of community）（Lo 和 Jim，2015）。地方依恋由地方认同和地方依赖构成，地方依赖是人与地方之间的一种功能性依恋，而地方认同是一种情感性依恋（R 等，1992）。Lewicka（2008）等进一步研究了地方依恋的理论框架以及在城市发展、社区情感等方面的作用。社区依恋是一个多面向的心理过程，是一种由情感、认知和行为意向构成的态度构建。社区依恋对社区参与、社区支持和危机响应等方面具有重要的情感功能作用（Gu 和 Ryan，2008）。Nicholas（2009）运用结构方程研究表明社区依恋对于遗产地旅游业的可持续发展具有支持作用，提出倾听原住民声音，保护原住民知识，认为尊重当地人的文化和传统是社区情感培育的重要途径。旅游地社区依恋，一方面促进了当地社区参与旅游业发展的积极性，提升了保护当地旅游资源、传承本地文化的能动性，促进了当地社区和旅游业的可持续发展（许振晓等，2009；Buta，Holland 和 Kaplanidou，2014；Kim 等，2013）。另一方面，社区依恋有利于化解旅游发展过程中形成的矛盾，有利于当地社区积极应对突发危机事件，特别是应对重大突发危机事件。由于外界条件的限制，第一时间内的主导力量便是社区自救，对于减少生命财产损失，保护当地文化风俗，守护生态环境以及社区参与等起着至关重要的作用（Vargas-Sánchez 等，2011；Cope 等，2013；Lee，2013；Vallance 和 Carlton，2015）。

2.3.5 旅游社区恢复力研究

社区是基于家庭、关系和网络相互作用形成的社会基本载体。社区主导的灾害应对模式是以自组织（self-organization）为主要形式的自发的抢险救灾力量。法国社会学家 Bourdieu 将社会资本这一概念引入主流社会学以来，社会资本概念受到了极大重视，得到了深入研究。社区的脆弱性很大程度上是由于人们在面临灾害时缺少选择性，而这种选择性的缺失是权利和资源的不均衡分布所导致的（Birkmann，2006）。个人或团体的脆弱性与社会政治、经济和环境资源的可接近性以及影响可接近性的权利系统相关联。Wisner 等（2004）认为影响资源接近性和控制力差异的主要因素是:（1）利益相关者间的竞争性行为;（2）多尺度管理系统的力度和效率;（3）行动者之间的社会网络关系。Bankoff（2003）认为资源使用的不均衡权利分配主要受社区权利结构、文化规范、意识形态和教条的影响，这种对资源使用的不均衡权利分配影响到社区发展路径的选择。孙九霞（2008）指出赋权理论（empowerment theory）为旅游发展中的社区能力建设提供了可行的理论参照，认为社区赋权包括经济赋权、心理赋权、社会赋权、政治赋权 4 个层次的赋权。因此，社区赋权（community empowerment）对社区的灾后恢复具有重要的影响。

陶鹏（2013）指出美国灾害社会科学研究的概念是脆弱性和恢复力。恢复力的概念一般都与应对能力（capacity）与适应能力（adacipty）联系在一起。有学者基于社区灾害恢复为视角，探索灾害亚文化的对于防灾减灾的重要意义，并提出了社区视角的灾害整备机制模型（community-based disaster preparedness mechanism，CDPM）。Mayunga（2009）提出了社区灾害恢复力框架（Community Disaster Resilience Framework，CDRF），包含灾害管理活动（减灾、准备、响应、恢复）和社区资本（社会、经济、物质和人力），认为社区灾害恢复力是灾害管理活动和社区资本共同作用的结果。特别是在汶川"5·12"大地震发生之年，苏珊·卡特等人撰文指出恢复力（resilience）即是"应对灾害，恢复社会系统的能力"。

社区恢复力受多种因素的影响。一些学者把社区恢复力划分为社会恢复力、管理恢复力、经济恢复力和生态恢复力四个维度。社会恢复力的影响因素包括社会信任（Adger，2003；Pelling 和 High，2005）、社会关系网络（Donoghue 和 Sturtevant，2007）、社会公平（Adger，2000；Marshall，2007）和知识共享（Berkes，2009；Trosper，2002）。管理（制度）恢复力的影响因素包括管理的灵活性（Gunderson 和 Light，2006；Folke 等，2005；Olsson 和 Holling，2006）、自组织（Carpenter，et al.，2001；Baggio，2008；Olsson 等，2004）、当地的自主管理（Garrod，2003）和权利共享（Plummer 和 Armitage，2007；Berkes，2009；Plummer 和 Fitzgibbon，2004）。经济恢复力的影响因素包括经济机会的多样性（Adger，2000；Holling，2001）、替代性

生计（Plummer 和 Armitage，2007；Salafsky 和 Wollenberg，2000）、防治经济漏损的能力（Holling，2001；Choi 和 Sirakaya，2006；Salafsky 等，2001）和经济增长（Butler，2009；Adger，2000；Tallis 等，2008）。生态恢复力的影响因素包括自然禀赋（Christensen，1996；Ode 等，2009）、可控的基础设施发展（Donoghue 和 Sturtevant，2007；Boers 和 Cottrell，2007）以及保持生态多样性（Folke，2006；Gunderson，2000）。Huang 和 Wong（2013）研究发现社区感和对政府恢复措施的满意程度积极影响震后的心理状态。Berkes 和 Ross（2013）总结了社区恢复力的关键影响因素，主要有社会网络、交流、社会支持、社会包容、归属感；领导力；人生观，包括对变化的接受意愿；以及学习（Norris 等，2008；Buikstra 等，2010）。社区恢复力的测度工具所包含的测量题项应当反映恢复力概念的本质特征。一个广泛接受的观点认为，恢复力具有三个内在特征：系统所能承受的变化；系统自组织程度以及系统学习和适应能力（Folke 等，2002；Carpenter 等，2001；Nelson 等，2007；Holling，1973）。Marshall（2007）基于上述三个特征提出了社会恢复力量表，包含四个维度：行动者的风险感知；社区的计划、学习和重组能力；社区应对变化的能力以及社区成员对经历变化的兴趣。

社会资本（social capital）是社区恢复力的重要影响因素。相比于其他类型的资本（如物质资本和人力资本）而言，社会资本在灾害中受到的损失更小，因此是受灾群众灾后重建中最可信赖的资本。社会资本在社区减灾中发挥着重要的角色（Nakagawa 和 Shaw，2004；Buckland 和 Rahman，1999；Marshall 和 Schrank，2014；Kage，2010），对社区恢复力起着重要作用（Magis，2010；Smith 等，2012；Zhou 等，2010；Folke，2006）。Smith 等（2012）检验了社会资本、地方意义和感知恢复力之间的关系，发现黏合性社会资本与个人对气候变化的适应能力负相关，而桥接型社会资本与个人对气候变化的适应能力积极相关。

Cutter 等（2008）认为社区恢复力是社会系统应对灾害以及从灾害中恢复的能力，包括系统承受和吸收负面影响的内在条件。当地社区拥有更多的社会资本，能够更多考虑当地的需求和利益，充分运用当地资源和潜在能力，弥补社区危机防范薄弱环节。在危机管理意义上，社区是指在同一范围内居住和生活，具有共同的灾害风险和减灾目标，由一定人口和家庭组成的区域。作为当地社区对本地形成的特有社区依恋情感，能够更有利于保护本地的旅游资源、文化传统和生态环境等，为当地社区和旅游业的恢复提供更好的保障。郭永锐等（2015）提出了社区恢复力的影响因素主要包括社会因素、制度因素和经济因素等方面，指出社会资本、社会网络和社会记忆等对社区危机响应具有一定的影响作用。Cutter 等（2008）提出了地方灾害恢复力模型（图 2-11），Smith（2012）等的研究验证了社会资本、地方意义和感知恢复力之间的关系。赵延东（2012）以中国西部遭受过重大自然灾害的近 2 万户样本为例，研究表明当地社区对社区灾害响应和恢复具有积极的作用，特别是良好的社会规范，能够加速灾后恢复重建。态度行为理论表明有什么样的态度就会有什么样的行为，当旅游地社区在遇到重大突发危机事件以后，具有了一定的危机响应和应急的经验和能力，对社区参与的态度与行为产生一定的影响（Deery 等，2012）。正如社会交换理论表明满足一定的条件个体行为就能做出相应的改变，可以说当地社区的旅游支持度和危机响应的能力和社区参与态度行为之间存在着紧密关联（Nunkoo 和 Ramkissoon，2012）。相关学者主要从政府组织、当地社区、旅游企业、旅游者、NGOs 等旅游地利益相关者的角度，研究旅游地危机预防、响应和恢复等方面的主题（Waligo 等，2013）。其中综合自然灾害风险管理模式受到重视，指出鼓励和引导企业、社区和民众等多元的管理主体参与灾害风险管理。特别是当地社区成员是第一个应对危机的人，从情感依恋和社区生活看也是最直接的利益相关者，同时具备了应对自然灾害经验和能力（Cohen 等，2013；Amini Hosseini 等，2014）。当地社区和旅游企业赖以生存的旅游业，与社区生计攸关，以及迫切重建家园、情感依恋密切等原因，积极地建立社区危机应对小组，唤醒社区防灾减灾意识，可以说社区参与成为旅游地社区组织救灾的重要途径（Faulkner，2001；赵延东，2007；Cohen 等，2013）。也进一步促进了旅游地应急管理社区参与机制建设，开展社区睦邻组织运动，加大危机响应演练力度等，甚至在旅游参与过程中获得了更多的赋权，这也是灾后重建的聚光灯效应。旅游地社区危机响应能力和意识在某种程度上得到了加强，这对于旅游地再次应对可能发生的突发危机事件是有益的（Gu 和 Ryan，2008；Asgary 等，2012；Amini Hosseini 等，2014；Akamani 和 Hall，2015；Vallance

和 Carlton，2015；Lew 等，2016）。

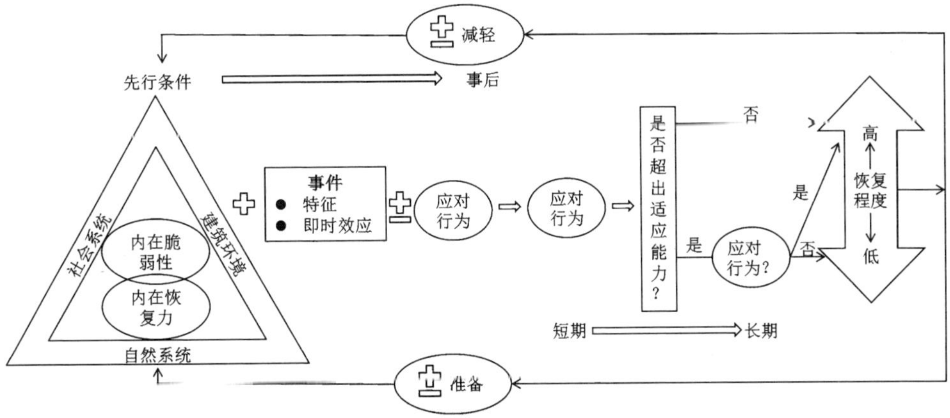

图 2-11　地方灾害恢复力模型

Alan 等（2016）基于社区旅游规划视角，构建了尺度、变化和恢复力框架（Scale，Change，and Resilience in tourism，SCR model），指出社区恢复力研究主要基于灾难和突发危机事件应对等突变式问题，没有对渐变式的事件和过程给予过多关注，因此构建了一个 2X2 的矩阵，来进行变化速率视角的社区恢复力测度和研究，并指出变化率受到时间、社会和地理尺度的差异影响。恢复力规划（Resilience Planning）逐渐作为可持续发展的一种替代范式，为快速变化中的社区发展和社会—生态转型提供了新的视角。郭永锐等（2015）详细述评了旅游社区恢复力的产生、发展和展望，指出随着突发事件频发和社会经济的急速转型，社区恢复力渐进成为社会经济系统可持续发展的新范式，并对旅游社区恢复力的理论框架、测度方法、管理体制等方面进行了述评（图 2-12）。

童星等（2012）在汶川大地震四周年纪念专题研究中，提出以情境差距概念为基础的灾害管理系统的分析思路，构建了以类型学为基础的组织灾害适应行为分析框架，并分为预案适应和组织自适应，探讨了中国灾害危机管理体系的升级战略。陈娅玲等（2011）基于人地关系和谐的视角解析区域旅游可持续发展，构建了基于旅游活动的社会—生态系统（Tourism society—ecological systems）概念框架，探索旅游生态系统和社会生态系统在内部和外部共同作用下的运行机制。赵勇为（2018）基于气候变化背景，依托旅游社区脆弱性和恢复力理论，构建脆弱性和恢复力指标评价体系，以郴州市板梁古村为例，揭示出案例地旅游社区恢复力处于脆弱状态，社区恢复力总体评价为中级。高彬（2017）以张家界市为案例，基于未确知测度方法，构建了旅游社区恢复力评价测度体系，研究表明本框架具有较好的测度力，丰富了旅游社区恢复力的量化测度研究视角。王群等（2017）以千岛湖为案例，采用统径分析方法定量测度了社区恢复力，研究发现政府治理是提升社区恢复力的主导力量，同时社区脆弱性、个体和政府应对能力对社区恢复力的影响关系比较复杂，特别是个体对社区恢复力产生效果一般。

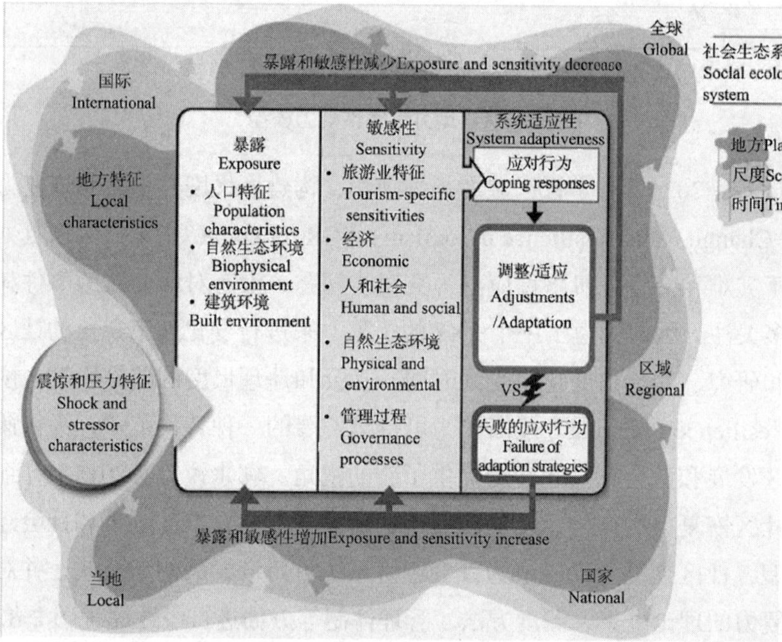

图 2-12　旅游目的社会生态系统

（郭永锐等，2015）

2.3.6 旅游社区影响感知研究

居民对旅游影响感知的理论解释主要从愤怒指数、社会承载理论、旅游依存度理论、社会交换理论和社会表征理论等方面。从规划的角度看，一项旅游发展计划或规划是否可行、实施可能性大小与旅游社区居民的态度密切相关。正如墨菲所言在旅游开发和规划不能与当地的意愿和能力相符的情况下，抵制和仇视的行动将会提高企业的成本，乃至毁坏旅游业的发展态势。20 世纪中叶以来，有关旅游社区居民影响感知的研究获得极大重视，主要集中与居民感知内容与维度、居民感知与态度差异影响的因素及其评价指标，以及相关检验模型和旅游影响态度类别等方面。感知方面主要涉及积极的和负面的，旅游经济、社会文化、生态环境等方面的影响感知，比如政府财政收入增加、生活成本增加、资源过度利用以及休闲游憩机会增加、文化交流和文化学习机会增加、社区基础设施水平提高、当地知名度提高、文化商品化、社区生活紧张等现象增加、外来人口入侵、治安水平降低、宁静生活氛围被破坏、居民之间信任度降低、自然环境改善、社区生态系统平衡维护、古建筑等历史遗产保护、基础设施建设促进、交通拥挤、和人口拥挤等方面。

杨凯凯（2008）基于结构方程模型，研究乡村旅游社区参与影响感知，结果表明获益越多则对经济、社会文化和自然环境正面影响感知则越强，同时间接提升了旅游社区居民的满意度。戴美琪（2007）研究表明旅游社区居民对旅游影响的具体内容在强度上存在着差异，比如旅游收入的感知比就业影响要强烈，对社区生态保护和生态意识的影响较为强烈。卢松等（2008）以世界遗产地西递和九寨沟为案例地，基于旅游社区居民影响感知视角，研究表明不同的类型的旅游社区和不同的发展阶段其在旅游经济影响感知、社会文化感知和对旅游发展的响应程度和支持程度都存在着差异。贾衍菊等（2015）基于长期跟踪山东省荣成市胶东渔村的旅游社区居民旅游影响感知和态度，揭示了随着时间推移社区居民对旅游发展的影响感知较为积极，同时随着利益分配的冲突、产品老化、市场竞争加剧等负面因素也影响了旅游社区参与意愿行为之间出现了差异。左冰（2013）基于对中国乡村旅游发展的观察，把宏观制度研究与微观行为分析结合起来，研究表明旅游收益分配不平衡的制度性原因在于国家政治、经济和法律制度的设计偏重于增长，不能很好地维护个人和社会的正当利益，特别是分配正义的实现需要建立一个能给予共容利益最大决策权的政治体制和经济机制。刘静艳等（2014）基于结构方程模型，以广东省鼎湖山旅游社区居民为例，研究表明旅游经济收益通过旅游影响正面感知影响居民的环保意向，且负面的旅游影响感知产生负面的环保意向影响。卢小丽（2012）以大连三个生态旅游社区为案例地，基于居民影响感知视角，揭示了生态旅游正面感知对旅游发展态度和社区参与行为具有积极影响，且社区居民生态旅游发展态度对社区参与行为具有正向作用。翁时秀等（2010）基于浙江楠溪江芙蓉村案例，从权利关系视角探索旅游社区参与影响感知，结果表明当前村民基本处于无政治状态以及村民利益相脱节的境况下，由此形成权利关系造成的旅游社区参与的结构性障碍，这是旅游社区参与的一大症结。

吴丽敏（2015）文化古镇旅游地居民情感包括积极情感与消极情感两个层面，其中地方依恋感、旅游发展满意感、社区归属感、生活幸福感属于积极情感，厌恶感、剥夺感、排斥感属于消极情感，积极情感与消极情感呈负相关关系。龚伟（2014）乡村旅游社区社会空间的演化是在权威、精英和普通村民互动机制作用下的路径依赖演化过程。王敏娴（2004）提出了乡村旅游对旅游社区影响的经济、生活品质、群体价值和社会关系四种类型，并构建了中国乡村旅游社区参与影响的机制框架，主要包括乡村社区旅游开发前、开发中和开发后的引导机制、决策咨询机制、利益保障机制和监控机制及其作用和影响关系。尹立杰等（2012）以安徽天堂寨为案例地，基于地方感理论视角，构建了“地方感—发展期望—影响感知”理论模型，揭示了高地方感感知对乡村旅游发展寄予更高的期望，且社区旅游发展的程度是影响其感知和态度的重要决定因素。王纯阳等（2014）以村落遗产地福建土楼为案例地，基于旅游社区居民影响感知视角，构建了社区依恋、社区关注、社区参与、旅游影响感知体系和社区居民旅游发展态度的框架模型，研究表明经济、社会文化和环境获益感知对旅游发展态度具有正向作用，社区参与通过经济、社会文化和环境获益感知对态度产生正向作用。尹寿兵等（2013）以世界遗产地黄山风景区毗邻社区汤口镇为案例地，基于旅游地社区居民影响感知和态度视角，研究表明旅游地社区居民对旅游发展期望、旅游发展带来的经济、生活环境和社会文化等影响感知存在着差异，且与距离核心景区的区位、社区旅游发展介入程度相关联。

英国国际发展机构（UK's Department for International Development，DFID）提出了可持续生计框架的DFID 模型（DIFD，2000）。可持续生计框架（Sustainable Livelihood Framework，SLF）的核心是增强区域尺度的可持续性和

恢复力，目标是促进灾害风险减轻、增强恢复力、减轻贫困。可持续框架非常清晰明了地反映了基于危机响应视角下的旅游地社区参与影响感知（图 2-13）。

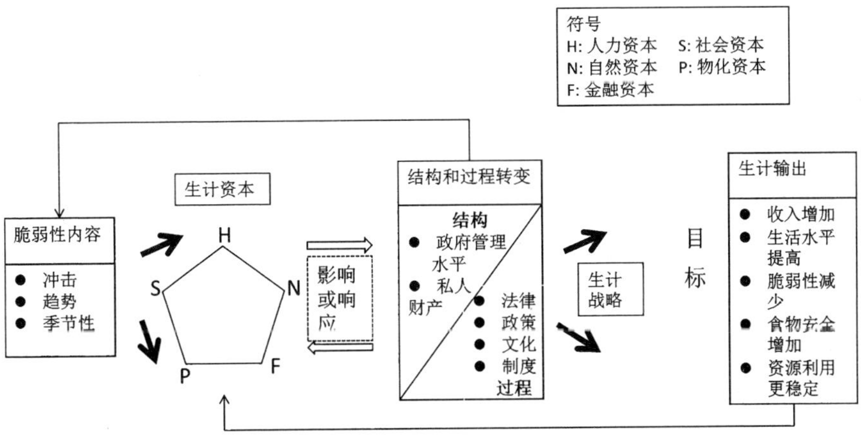

图 2-13 可持续生计框架（Sustainable Livelihood Framework，SLF）

国外有较多关于社区居民旅游发展态度影响因素的研究。与社区居民相关的许多因素，如社区参与度、社区依恋、社区感知价值（包括收益与成本）等，都可能是影响社区居民支持旅游发展的重要因素（Lee，2013）。Gursoy 等（2010）通过分析社区居民对大众旅游和非大众旅游的不同态度，认为社区对旅游的支持受到社区关注水平、社区依恋、生态中心价值、旅游资源利用基础、当地经济发展状况、旅游影响感知等多因素的影响。Stylidis 等（2014）指出社区居民的地方形象通过影响居民对旅游经济影响、社会文化影响和环境影响的感知，进而对其支持旅游态度产生影响。Nunkoo 和 Gursoy（2012）从认同的视角出发，认为基于资源的职业认同（resource-based occupational identity）、环境认同和性别认同对居民支持旅游发展的行为有显著的影响。Sinclair-Maragh（2016）基于认同理论，分析了性别、年龄、月收入、受教育水平、种族、居住时长等人口统计特征与支持旅游态度的关系，研究发现女性比男性更支持旅游发展，而且 18 岁至 25 岁的居民和黑种人更支持旅游。Woo 等（2015）则认为居民感知到的旅游发展价值对居民的物质和非物质生活满意度均有正向的影响，并促进其总体生活质量，而高水平的总体生活质量将正向影响居民的支持旅游态度。

旅游发展可以给当地社区带来社会、经济和自然等方面的积极影响，但旅游发展的负面影响也不可避免地伴随着积极影响存在。由于社区居民并非完全同质的群体，因此不同居民对旅游发展可能持有不同的态度。Doxey（1975）的“愤怒指数”模型被认为是最经典的反映社区居民对旅游发展的不同态度的模型之一。该模型认为，居民对旅游发展的态度可能先后经历陶醉、冷漠、恼怒、对抗及后续五个阶段。Doğan（1989）指出居民对旅游的态度可能包括以下几种类型，即反对（resistance）、回避（retreat）、有条件维护（boundary maintenance）、主动支持（revitalization）和接受（adoption）。Fredline et al.（2000）通过聚类分析将对旅游发展持不同态度的居民分为五类，分别为：矛盾支持者（ambivalent supporter）、憎恨者（hater）、现实主义者（realist）、热爱者（lover）和顾虑者（concerned for a reason）。Presenza 等（2013）对意大利的一个滨海目的地居民进行研究，通过聚类分析将居民划分为四种类型，即积极主动者（activists）、无期待者（disenchanted）、支持者（favorers）和反对者（opposers），其中“无期待者”指即使旅游发展被认为是社区发展的好机会，他们仍对此怀疑态度的人。韩国圣等（2012）以安徽天堂寨为案例地，基于旅游社区居民影响感知视角，研究表明社区居民按照旅游影响感知可以分为盲目乐观派、社区经济挂帅派、谨慎支持派和悲观反对派四大类，主要影响因素是居住时间、职业和年龄等，同时还证实了社会分层理论在旅游社区在存在。

2.3.7 危机响应与社区参与态度行为研究

游业作为一项敏感脆弱的服务产业，抵御灾害风险的能力相对其他产业较弱，易受到突发危机事件的影响。近年来全球旅游业遭受了包括恐怖袭击、政治不稳定、经济衰退、生态安全威胁和自然灾害等方面的侵扰乃至重创，导致人口、社会经济、产业发展和基础设施等重大损失（Mair 等，2016；Guo 等，2018）。世界旅游组织旅游业危机管理指南指出所谓危机，对于旅游业来说，就是指那些能够动摇游客对旅游目的地的信心，并且影响旅游目的地正常运营的突发事件。特别是地震和海啸等突发危机事件给旅游地带来了重大损失：游客数量急剧减少，旅游景点遭到破坏，旅游设施遭受损坏，旅游地社区生计难以为继等，特别是给当地社区造成重大的财产和情感伤害（Huang 和 Min，2002；Tsai 和 Chen，2011；Yang 等，2011；Rittichainuwat，2013）。灾害可能破坏旅游开发的自然环境和资源条件，破坏服务设施和市场秩序，危害旅游从业者和旅游消费者（Ritchie，2004；Gawith，2013；Tsao 和 Ni，2015），可以说灾害已经成为制约世界旅游业和旅游地社区可持续发展的重要因素之一（Yang 等，2011；Rittichainuwat，2013）。

如何防范和响应旅游地的突发危机事件，保障旅游业的可持续发展，成为旅游地危机管理和旅游地社区生计可持续发展的重要研究内容（Lee，2013；Amini Hosseini 等，2014）。但如果从旅游业发展角度来看，突发危机事件也许是一把“双刃剑”，如霍林所说灾后阶段既是该地区最脆弱的时期，也是地方发展的最佳时期（Holling，1986）。汉语中“危机”一词，包含着“危”和“机”，不仅代表能可能的危险境界，同时也意味着可能的大量机会，如同中国贤哲老子所阐释“祸兮福之所倚，福兮祸之所伏”的哲理一样。旅游地突发危机事件带来了旅游地知名度提高、政府援助和相关旅游发展支撑条件大为改善等“契机”，如自然灾害造就了一些新的旅游景观，灾后重建拥入了一些新的旅游企业，启动了新的旅游项目，使得灾后重建工作顺利快速推进，一定程度上促进了当地社会经济发展速度超越了震前水平（Hystad 和 Keller，2008；Hallegatte 和 Dumas，2009）。面对灾害趋利避害，如何应对和防范此类突发危机事件，降低损失提升效益，相关学者从旅游地利益相关者的角度进行了研究，其中社区参与成为研究的重点和热点（Gu 等，2008；Amini Hosseini 等，2014；Akamani 等，2015）。当地社区作为旅游业发展的中坚力量，是旅游地社会经济发展、文化传承、生态保护和旅游可持续发展的参与者和守护者。当突发危机事件侵扰到旅游地，破坏了旅游业的正常运营，当地社区比其他利益相关者拥有更大的责任和担当，运用其社区资源和个人社会资本更好的化解危机，利用契机，以期促进旅游地社区和旅游业快速恢复。相关学者主要从社区恢复力（Biggs 等，2012；郭永锐等，2015；Bec 等，2016；Lew 等，2016；郭永锐等，2018），社区参与获益（Li，2006；Simpson，2008；Nunkoo 等，2011；李宜聪等，2014），地方依恋（Gu 等，2008；Lewicka，2008），社区依恋（R 等，1992；O' Brien 等，1994；McCool 和 Martin，2016），社区生计

（Lee，2013），社会资本（Sebele，2010），危机响应（Mazzocchi 和 Montini，2001）和危机管理（Faulkner，2001）等视角研究了旅游地社区参与的影响关系。相关学者强调社会资本和社区恢复力在应对危机进行灾后恢复等方面的作用，从情感依恋和社区生计上来说，社区参与是危机响应和社区恢复的关键因素，因为当地社区具有一定的社会资本，以及经历过突发危机事件后，具备了一定的应对灾害的经验和能力（赵延东，2007；Cohen 等，2013；Amini Hosseini 等，2014；Vallance 等，2015）。关于社区参与的研究主要集中在社区参与模式，社区增权，社区去权，社区参与支持度和地方依恋等方面，主要依托社会承载理论、社会交换理论、地方认同理论和旅游地生命周期理论等。从目前的文献综述来看，基于危机响应的视角以社区恢复力理论和社区参与理论研究较少，这正是本研究的出发点和重点。

态度是心理学中的一个非常重要的概念，它常常被认为是影响行为的主要因素，对行为的预测具有很好的作用，Baron 等（1988）的“ABC 模型”将态度分成三个方面：情感（affective）、行为（behavior）和认知（cognitive）。这里所说的行为并不是指实际的行动，而是指一种活动或行为的心理倾向，即行为意图。张红涛等对态度和行为的关系进行了相关述评，指出态度和行为关系存在的几种模式，一是直接相关关系，二是态度和行为通过其他中介，共同作用于行为，三是态度的不同构成对行为起不同的作用关系（张红涛和王二平，2007）。阮文奇等（2017）“态度—行为”理论应用于地方依恋与社区营造研究的思维视角。卢小丽（2012）居民旅游影响感知、态度与参与行为研究。运用该模型的基本观点，研究了生态旅游区居民正面和负面旅游影响感知、旅游态度和社区参与行为之间的关系；唐晓云（2015）基于古村落旅游社区居民感知视角，以广西龙脊平安寨为案例地，研究表明居民文化认同感越强其旅行社会文化影响感知越正向或负向，且其参与程度越高，其社会文化影响正面感知越强。

计划行为理论是由多属性态度理论（Theory of Multiattribute attitude）与理性行为理论（Theory of Reasoned Action）（图 2-14）。对行为意志控制往往受到许多其他的因素所干扰，而大大地降低了理性行为理论中对个人行所结合发展出来的，由于理性行为理论假设行为的发生，能够由个人的意志所控制个人行为的解释力。因此，便将理性行为理论加以延伸，增加了一项对自我“行为控制认知”（Perceived Behavior Control）的新概念，提出了计划行为理论。在计划行为理论中行为直接受到行为意愿（behavioral intentions）的影响，而行为意愿又为态度（attitudes）、主观规范（subjective norm）和感知行为控制（perceived behavioral control）所决定。态度是个人对行为积极或消极的评价；主观规范是个体从事某种行为的社会压力；感知行为控制是个体实施某种行为所感受到的压力——困难或容易（Ajzen，1991；Ajzen 和 Fishbein，1977）。计划行为理论被广泛应用于旅游学、社会学等研究领域。

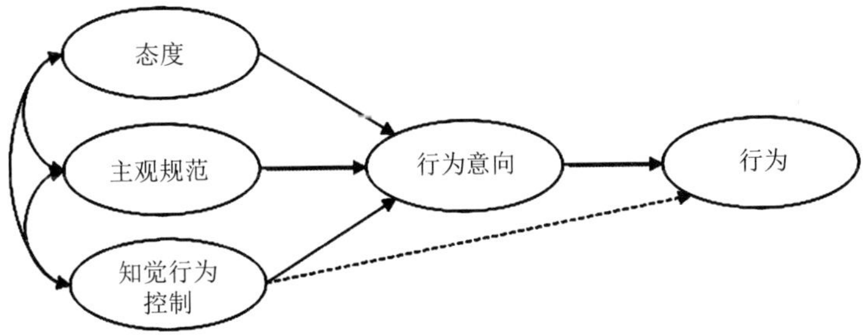

图 2–14　计划行为理论框架示意

这些研究均进一步验证了 Abler 的感知、态度、行为模型的有效性。在地理学研究领域，Abler（1975）所构建的描述文化接触的态度和行为关系模型受到广泛认同，该模型常常被用来分析居民感知、态度和行为之间的关系。值得提出的是，Abler 的模型不仅考虑了通常的态度与行为之间的关系，还将个人因素和居民感知纳入模型，这可以更深入地理解居民态度与行为的关系（图 2–15）。

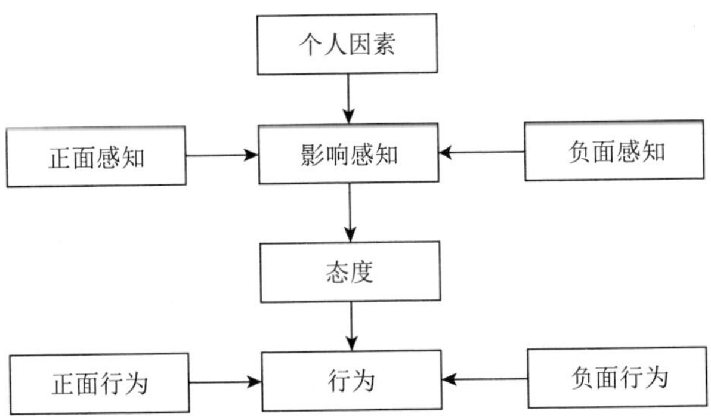

图 2–15　Abler 的感知—态度—行为模型

吴敏丽（2015）指出文化古镇旅游地居民情感包括积极情感与消极情感两个层面，其中地方依恋感、旅游发展满意感、社区归属感、生活幸福感属于积极情感，厌恶感、剥夺感、排斥感属于消极情感，积极情感与消极情感呈负相关关系，文化古镇旅游地居民的行为意向量表主要包括旅游参与行为、旅游支持行为和资源保护行为等方面。苏勤等基于西递、周庄和九华山案例地，从旅游地社区居民态度与行为的角度对中国旅游地社区居民进行了类型划分，具体分为矛盾的支持者、理性的支持者、冷漠的支持者和热情的支持者，其中居住时间、家庭旅游收入占比、文化程度是重要的影响因素（苏勤和林炳耀，2004）。褚玉杰等（2016）基于西安市汤峪镇为案例地，采用参与式制图（Participatory Mapping）和访谈方法探索旅游社区不同群体的态度差异及其冲突倾向的空间特征，研究结果表明旅游开发态度存在着空间差异，且潜在冲突点的形成是多种因素共同作用的结果，特别是不同旅游参与群体的涉入程度有很大关系。李燕琴以中俄边境村落室韦为例，从旅游扶贫的视角探索旅游社区居民态度的差异，研究表明不同的居民在旅游经济影响感知、社会和文化等旅游影响感知方面存在着差异（李燕琴，2011）。陆林以皖南旅游区为案例地，基于旅游地居民态度和影响感知视角，从一个侧面揭示了发展旅游业对旅游地影响的性质和影响程度（陆林，1996）。

2.4 相关研究启示

通过对文献计量分析和相关主题文献述评以及对相关理论的认知，发现在研究视角、研究内容、研究方法、研究尺度、研究理论等方面得到了一些启示和本研究的切入点：

一是研究视角方面，国内外的旅游社区参与研究，多从社区参与影响感知、社区参与赋权、社区参与模式等视角，基于危机管理视角的相对较少；旅游危机管理的相关研究，多从利益相关者、突发危机事件的客源地市场影响和目的地的整体影响、旅游危机管理框架、应急方案及其流程等角度，基于目的地社区参与视角的研究相对较少。将旅游社区参与和旅游危机响应相结合的视角相对较少，这是本研究的重点和切入点。

二是研究内容方面，关于旅游社区参与的研究，多集中旅游产业发展对旅游社区的积极和消极影响、社区参与者和非参与者的态度行为变化、社区参与的管理和决策参与程度、社区参与的模式路径等方面，较少关注旅游地危机响应情境下的旅游社区等各个方面的内容。而在旅游危机管理研究内容方面，偏重旅游危机管理框架和具体方案，旅游危机管理内在机制的研究关注较少；在研究对象上偏重市场和政府以及企业等，对旅游社区、个人等关注较少。旅游危机管理和旅游社区参与，在某种程度上形成了一些“割裂”，这样不利于相关研究主题和内容的拓展，不利于理论价值探索对现实的指导。基于此，本研究重点关注危机响应情境下，旅游地社区参与和危机响应的作用关系、影响因素和运行机制。

三是研究尺度方面，国内外的相关研究在时间尺度上，旅游危机管理方面多是事后即时性研究，事前和事中的研究偏少，且极少进行长时间历时性的研究；关于旅游地社区参与研究的时间尺度上，多是“事中”研究，即旅游社区参与的开始之前和旅游社区参与的高潮之后的关注的较少。在空间尺度方面，旅游危机管理多关注国际、国家以及大区域的省市级别等区域，而对聚焦到小尺度的社区、村镇相对较少。基于此，本研究基于突发危机事件之后的、旅游社区这个小空间尺度方面。

四是研究方法方面，国内外关于旅游危机管理和旅游社区参与的研究主要采用定性研究，定量研究偏少，多采用描述性研究，实证性研究较少，同时在定量研究方面多采用单一的数理统计方法和技术方法进行研究。基于此，本研究一方面采用田野考察、现场访谈、二手资料解析等定性的研究技术和方法，另一方面采用具有验证性的结构方程模型和具有预测性的偏最小平方法进行定量研究，以期更好地探索危机响应视角下的旅游社区参与机制。

实证研究篇

第 3 章　研究设计与数据来源

3.1　研究假设与模型构建

基于对旅游危机管理、旅游社区参与、旅游社区依恋、旅游社区恢复力、旅游影响感知和社区参与以及危机响应态度行为意向的研究述评，依托旅游危机管理理论、社区参与理论、地方感理论、恢复力理论和态度行为理论，本研究提出了社区参与获益、社区依恋、社区恢复力、社区参与态度、危机响应态度和社区参与意向六大研究潜变量，并据此提出了研究假设路径，构建了研究概念模型。

3.1.1 社区参与获益假设路径

旅游社区参与获益是指在旅游地社区旅游产业发展过程中在旅游经济收入、旅游工作机会、旅游职业技能培训、旅游发展决策和管理参与等方面获得益处，按照社会交换理论的观点，旅游社区参与获益增加能够改变或者促进社区参与者的态度，如改善旅游社区参与态度和危机响应态度等方面。一方面，全球自然灾害对旅游业产生最深远的影响，如地震和海啸给旅游目的地造成巨大损失（Huang 和 Min，2002），游客数量急剧下降（Rittichainuwat，2013），旅游地吸引力和相关设施损毁等（Tsai 和 Chen，2011），社区生计受到威胁（Yang 等，2011）。另一方面，这些突发危机事件也带来了一些契机，比如目的地知名度的提高和关注度的提升（Hallegatte 和 Dumas，2009），自然灾害也创造了一些新的旅游景点和地貌景观（Miller，2008），灾后重建引进了一些新的旅游企业（Asgary 等，2012），上马了一些新的旅游项目（Lennon 和 Foley，2016）等方面。社区积极参与灾后危机应对的效率和效果在很大程度上取决于应对能力、社会资本的质量和数量，以及社区支持（Tosun，2000）。在危机应对和旅游社区恢复过程中，当地社区不仅获得了物质，经济和政策支持，还赢得了社区参与支持旅游发展决策，旅游管理和就业机会。这些因素对社区参与和危机应对产生了积极影响。从社会交换理论的角度来看，当地社区的利益越高，社区参与支持越大，可以进一步促进当地社区的社区参与，提高满意度和支持力度（Nunkoo 和 Ramkissoon，2011；Ward 和 Berno，2011）。基于此，我们提出如下假设：

假设 H1：社区参与获益对社区参与态度具有显著的正向作用。

假设 H2：社区参与获益对危机响应态度具有显著的正向作用。

3.1.2 社区依恋假设路径

社区依恋是指旅游社区居民对当地社区产生的情感性和功能性的依恋，主要包括关心本地发展、习惯了本地生活以及对本地有深厚的感情等方面。一般来说这种情节的强弱对社区参与者的态度和突发危机事件响应的态度产生积极的影响。威廉姆斯认为当地的依恋包括地方认同和地方依赖，地方依赖是人与地之间的功能性依恋，而地方认同是一种情感依恋（R，E 和 W，1992）。与地方的连续感需要与自我效能相辅相成，这是一种相信自己应对和应对不断变化的环境的能力的感觉。相关学者进一步研究了地方依恋的理论框架及其在城市防灾和社区情感中的作用（Gu 和 Ryan，2008；Guo 等，2018；Lewicka，2008）。社区意识促进了灾后社区响应的参与，并增加了社区支持网络对社区压力源的应对和利用（Bachrach 和 Zautra，1985）。社区依恋是一种地方依恋，指居民参与社区并融入社区的程度和方式，反映了社区居民的根本原因及其对社区的归属感（Lo 和 Jim，2015）。社区依恋是一个由情绪，认知和行为意图组成的多方面心理过程（Kyle 等，2004）。社区依恋在社区参与、社区支持和危机应对方面具有重要的情感功能（Gu 和 Ryan，2008）。社区依恋是通过是否是一个理想的和满意的居住地点，与其他人有很多共同点并感觉他们是否适合这个社区来衡量的（Kyle 等，2010）。社区依恋受到居住的长度，影响个人的福祉或生活质量（O' Brien 等，1994），这与已建立的血缘关系，友谊和熟人网络的密度有关，包括在家感觉、疏离遗憾、对社区感兴趣（Flaherty 和 Brown，2010）。旅游社区依恋促进了当地社区参与旅游开发的积极性，加强了对当地旅游资源的保护，维护了地方文化的主动性，促进了当地社区和旅游业的可持续发展（Buta 等，2014；Kim 等，2013；Xu 等，2009）。社区依恋有利于解决旅游发展过程中的矛盾，有利于当地社区积极应对突如其来的危机事件，特别是应对灾难性事件。由于外部条件的限制，首次出现的主导力量是社区的自助，在减少生命财产损失，保护当地文化习俗和生态环境方面发挥着至关重要的作用（Cope 等，2013；Lee，2013；Vallance 和 Sally Carlton，2014）。社区依恋对旅游业发展的态度，强烈依赖的受访者认为旅游业的积极因素高于一般受访者（McCool 和 Martin，1994）。基于此，我们提出如下假设：

假设 H3：社区依恋对社区参与态度具有显著的正向作用。

假设 H4：社区依恋对社区危机响应态度具有显著的正向作用。

3.1.3 社区恢复力假设路径

社区恢复力是指旅游社区所具有的应对外界扰动特别是突发危机事件等方面的能力，主要包括处置旅游危机事件的能力、应对风险变化的能力以及个人在经历过相关事件后所具有的经验及其相关能力等方面，一般来说社区恢复力有助于旅游社区参与中遇到的各种突发事件，改变乃至提升社区参与者对旅游社区参与态度和危机响应态度，能够对旅游社区参与意向产生积极的影响。如何预防和应对旅游目的地突发性危机事件，确保旅游业的可持续发展，成为旅游危机管理和旅游业健康发展的重要研究内容（Amini Hosseini 等，2014；Guo 等，2018；Lee，2013；Ritchie，2004；Tsai 和 Chen，2011）。相关学者主要从政府组织，当地社区，旅游企业，游客，非政府组织和旅游目的地的其他利益相关者的角度研究旅游目的地的预防，响应和恢复主题（Anderson，2006；Hystad 和 Keller，2008；Waligo 等，2013）。作为旅游业发展的支柱，当地社区是旅游目的地社会经济发展、文化遗产、生态保护和旅游可持续发展的参与者和守护者（Cretney，2016；Vallance 和 Sally Carlton，2014）。积极的社区参与危机应对非常重要，具有激活灾难响应的能力和资源，被称为第一响应者。虽然突发危机事件入侵旅游目的地并破坏旅游业的正常运作，但当地社区比其他利益相关者承担更大的责任。利用他们的社区资源和社会资本可以更好地解决危机并利用机会。特别是当地社区复原力促进了旅游社区的发展以及从危机和挑战中迅速恢复（Ainuddin 和 Routray，2012；Gallopín，2006；Maldonado 和

Moreno-Sánchez，2014；Norris 等，2008）。另外，旅游社区经历的重大突发事件具有应对危机的相关经验和能力，具有一定的社会资本和社区适应能力。可以说，旅游社区已经成为突发危机事件应对和管理的重要参与力量和第一反应梯队（Bonanno，2004）。基于社区的方法，建立在现有的当地知识和经验以及当地居民的资源，具有应对和适应性的能力（Allen，2006）。应对能力是人们或组织利用现有资源，技能和机会来应对可能导致灾难的不利后果的手段，适应能力是通过学习、适应和转变实现调整的安排和过程（Marshall 和 Marshall，2007；Parsons 等，2016）。当地对灾害的反应，包括应对能力、适应能力和社区恢复力，特别是社会支持、社会参与和社会学习等经验和能力（Ainuddin 和 Routray，2012；Bec 等，2015；Cutter 等，2008；Maldonado 等，2014）。可以说，获得危机应对能力可能对社区参与产生积极影响，当地社区的适应能力可能会影响旅游目的地的意向和态度。基于此，我们提出如下假设：

假设 H5：社区恢复力对社区参与态度具有显著的正向作用。

假设 H6：社区恢复力对社区危机响应态度具有显著的正向作用。

3.1.4 社区参与危机响应行为意向假设路径

旅游社区参与态度是指社区参与者对旅游业发展所持有的看法和意向，主要表现为是否关心本地旅游业发展、能否为旅游业发展建言献策等方面。旅游社区危机响应态度是指社区参与者对危机的认识以及处置响应的看法和行为意向。按照态度行为理论，态度会对行为产生作用，有什么样的态度就可能产生对应的行为意向，据此旅游社区参与态度和危机响应态度可能对旅游社区参与意向产生作用。社区参与是指社区在政策、发展、规划、管理和监督等旅游发展过程中的意见和需求，并将其视为发展参与的主体（Chengcai 等，2012；Tosun，2006）。社区参与促进了旅游业发展过程中的社区依恋，有效缓解了发展过程中出现的矛盾，保护了该地区的生态环境和社会文化传统，促进了旅游目的地的健康持续发展（Li，2006；Sebele，2010；Zuo，2012）。随着社区参与研究的深入，相关学者运用社会负荷能力理论、情感团结理论、社会认同理论和社会交换理论等理论模型进行更系统的研究（Lawson 等，1998）。旅游生命周期理论表明，社区参与的程度，模式和作用在旅游发展的不同阶段是不同的，当社区遭遇骚乱和突发危机事件的破坏时，社区参与的作用就更加明显（Butler，1980；Diedrich 和 García-Buades，2009；Tosun，2005）。当地社区拥有更多的社会资本，可以考虑当地的需求和利益，更充分利用当地资源和潜在能力，弥补社区危机预防中的薄弱环节（Cutter 等，2008；Danar 和 Pushpalal，2014）。当地社区形成的独特的社区依恋感可以更有利于保护当地的旅游资源、文化传统和生态环境（Eachus，2014）。作为热情好客的一个功能，旅游社区及其在危险地区的旅游业应该为游客提供帮助和准备，因为游客不熟悉当地，需要更多的帮助（Murphy 和 Bayley，1989）。自己的生活或生计特别容易受到危害的社区成员更有可能在相关的备灾计划中进行合作（Paton，2001）。Smith 的研究验证了社会资本，地方意义和感知恢复力之间的关系（Smith 等，2012）。根据社区恢复力理论，在外部扰动的情况下，社区系统将朝着社区复苏的方向发展，可以有效应对突发危机事件，减少危害和损失（Akamani 和 Hall，2015；Cope 等，2013）。Vallance 以 2011 年新西兰地震为例，研究社区对突发危机事件的反应，指出该社区是“第一个做出回应，最后离开的人（First responses，Last leave）”（Vallance 等，2014）。当地社区自我组织的努力有效地准备危机并确保快速反应和更快恢复，强调非正式的重要性，并建议在新的情况下利用以前的灾难经验（Thornley 等，2015）。态度行为理论表明，态度可以影响意向行为（Ajzen，2002）。当旅游社区遇到危机事件时，它具有一定的危机应对经验和能力，对社区参与的态度和行为有一定的影响（Deery 等，2012），就像社会交换理论表明个人行为可以改变如满足某些条件一样（Ward 和 Berno，2011）。可以说，当地社区的旅游支持，危机应对能力和社区参与态度行为之间存在着密切的关系（Nunkoo 和 Ramkissoon，2012）。针对本研究的研究视角和科学问题，以及相关理论与主题的研究述评，提出如下研究假设：

假设 H7：社区参与态度对社区参与意向具有显著的正向作用。

假设 H8：社区危机响应态度对社区参与意向具有显著的正向作用。

3.1.5 研究概念框架模型构建

基于危机响应视角下，依托社区参与理论和态度行为理论以及社会交换理论和社区恢复力理论，提出基于旅游地社区居民、旅游从业者及其重要利益相关者感知的旅游地社区参与研究概念框架（图 3-1）：

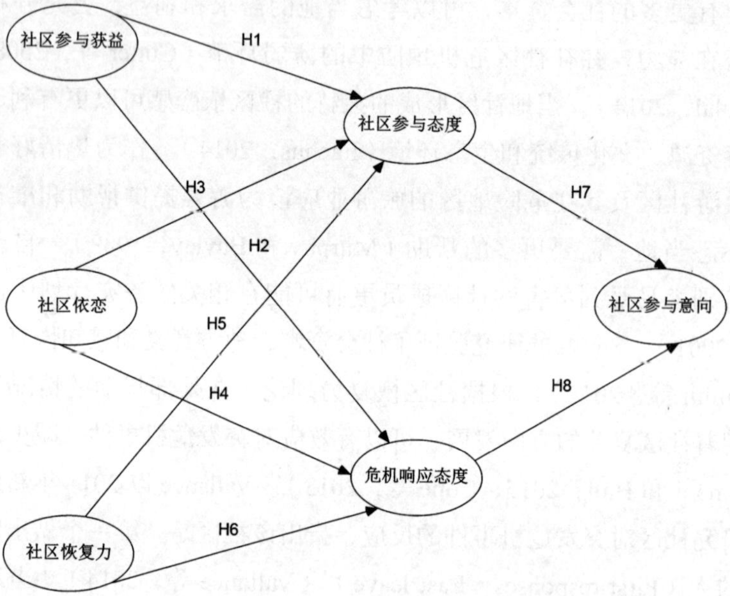

图 3-1　基于危机响应的旅游社区参与概念模型

3.2　案例地选择与地震影响分析

3.2.1 汶川大地震影响

3.2.1.1 汶川大地震概况

中国四川省汶川县于北京时间 2018 年 5 月 12 日 14 时 28 分 04 秒发生了里氏震级 8.0Ms 的大地震。根据中国国家地震局的数据，其矩震级达到 8.3Mw。属于构造地震，震源深度 14 千米，持续时间约 2 分钟。震中位于阿坝藏族羌族自治州汶川县映秀镇与漩口镇交界处，东经 103°42'，北纬 31°01'，极震区烈度达到Ⅹ～Ⅺ度（图 3-2）。地震波及大半个中国以及亚洲多个国家和地区，除新疆、黑龙江、吉林外，全国范围有感。

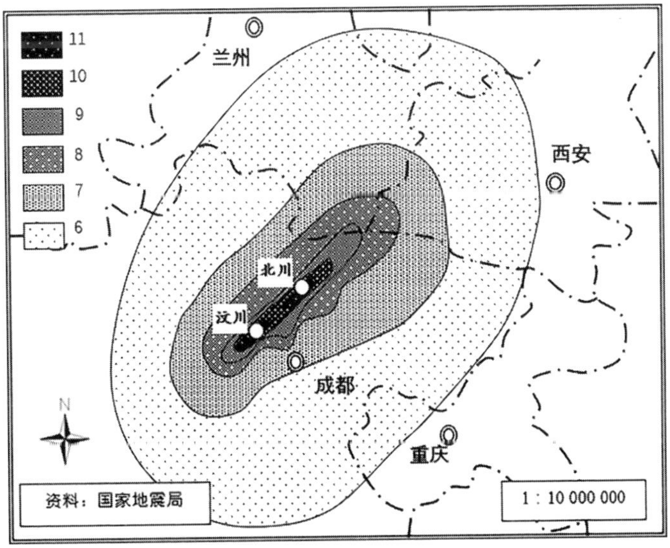

图 3–2　汶川大地震烈度（≥6）分布

汶川地震严重破坏地区超过 10 万平方千米，其中极重灾区共 10 个县（市），较重灾区共 41 个县（市）和一般灾区共 186 个县（市）。截至 2008 年 9 月 18 日 12 时，汶川地震共造成 69227 人死亡，17923 人失踪。这是中华人民共和国成立以来破坏力最大的地震，也是唐山大地震后伤亡最严重的一次地震。紧急转移安置 1514.684 万人，累计受灾人数 4554.7565 万人。有地震记载以来，震中附近 200 千米范围内发生过 8 次 7 级以上地震，最大的是 1933 年四川茂汶北迭溪 7.5 级地震，极震区为四川茂汶北迭溪，烈度达到Ⅹ，加速度达 123.3~159.5Gal。

汶川大地震之后，还形成了系列次生灾害。比如余震不断，这些年来发生了雅安地震、九寨沟地震、舟曲地震等。又如地震后形成的大堰塞湖，严重危及人民的生命财产安全。同时地震对房屋、基建桥梁、道路交通、文物古迹、工业发展，以及旅游业的发展和人们的生计等造成了重大损失。

3.2.1.2 汶川大地震的社会经济影响

汶川大地震造成了严重的人民生命财产和社会经济空前巨大损失，涉及震中四川省以及波及的周边地区。特别是对四川省造成了重大的破坏，以及对极重灾区毁灭性的损毁。汶川地震直接造成四川经济损失近 5000 亿元，尤其是作为全省经济重心的成德绵经济带在此次震灾中受到较大影响，可以说四川工业遭受重创。汶川地震造成的直接经济损失 8452 亿元人民币。四川损失最严重，占到总损失的 91.3%。在财产损失中，房屋以及道路等基础设施损失很大，占总损失的 70% 以上。汶川地震对四川省文物造成一定影响，受损文物约占全省文物五分之一。绵阳市 8 处国家级重点文物保护单位有 5 处严重受损，30 个省级文保单位 24 个受损。都江堰 40 余处古建筑中，有 95% 在这次地震中受损。阿坝州 80% 到 90% 的藏羌碉楼受损，桃坪羌寨局部垮塌。汶川地震给人们的生活生计造成了很大困难，以及生理和心理造成了重大创伤，也加强了人们的抗震和防灾意识，同时为了唤起全国人民的抗灾防灾意识，国务院批准自 2009 年起每年的 5 月 12 日为全国“防灾减灾日”。

3.2.1.3 汶川大地震对旅游业的影响

旅游业属高敏感性产业，自然灾害的发生对旅游业的发展具有极大的破坏性。自然灾害可能摧毁旅游业赖以发展的自然环境和资源条件，破坏旅游产业的产能设施和市场秩序，伤害旅游业的从业人员和旅游消费者，从而对旅游业造成全方位的破坏（邵琪伟，2012）。汶川大地震及地震带来的滑坡、泥石流、堰塞湖、崩塌等大量次生灾害对四川旅游业造成了重大影响，大量的旅游资源、旅游基础设施和服务设施遭受毁灭性破坏（表 3-1）。据统计地震对四川旅游业造成的直接损失总值为 465.92 亿元，地震当年四川省入境旅游人次同比下降 59%（四川汶川地震恢复重建编写组，2011）。

汶川大地震直接影响到旅游大省四川省的旅游产业，以及重庆、甘肃、陕西、云南和贵州等地的旅游业也受到不同程度的影响。一方面对相关的旅游景点造成重大损害，另一方面国人心情沉痛，出游欲望受挫，取消短期旅游计划等，特别是一些以四川为主要客源市场的地区受到很大影响，以及汶川大地震造成的灾区短时间内交通中断、住宿业等受损等重大影响。特别是对四川省的旅游业造成强烈的冲击，同时也影响了全国的旅游市场。汶川地震导致旅游大省四川省的发展士气受到重大打击，瞬间跌入冰点。

从全国旅游市场的角度看，主要客源市场集中于长三角、珠三角和京津冀等经济较为发达的地区，而且四川省的国内旅游人数和国内旅游收入分别占全国的 6.21 % 和 5 %（2007 年），西部地区四川、重庆、贵州、云南、陕西、甘肃的国内旅游人数和旅游收入分别占到全国的 17.46 % 和 13.40 %（2007 年）（魏小安和曾博伟，2008），所以就地震因素而言，可能对全国的国内旅游造成的影响没有想象中的大，但短期内汶川地震对全国旅游业的影响依然巨大。

表 3-1　四川地震灾害旅游业直接损失统计（2008 年 5 月 12 日—6 月 10 日）

地区	景区	宾馆饭店	旅游局	接待设施	旅行社	总计损失
成都	1228880.67	209462.04	100.00	302.78	12.00	1438757.49
德阳	444286.00	124922.00	768.00	28013.00	289.00	598278.00
绵阳	463694.14	119339.92	2380.00	18357.89	375.74	604147.69
广元	269651.00	14455.25	1585.56	15510.53	31.44	301233.78
雅安	14116.00	5889.60	未知	399.40	95.00	20500.00
阿坝	946079.74	490285.68	6515.50	224301.08	3346.00	1670528.00
自贡	96.00	32.00	未知	36.37	未知	164.37
遂宁	357.00	136.00	未知	20.87	3.88	517.75
内江	1768.40	246.50	10.00	未知	未知	2024.90
乐山	3706.90	588.40	22.90	629.12	未知	4947.32
南充	4227.93	85.00	183.00	215.00	18.00	4728.93
宜宾	354.54	58.10	124.45	未知	未知	537.09
广安	451.00	80.00	未知	8.08	未知	539.08
达州	511.59	211.40	36.00	未知	未知	758.99
巴中	2850.10	362.40	0.45	10.00	未知	3222.95
眉山	3020.00	2120.00	4.00	886.58	10.00	6040.58
资阳	977.00	455.87	未知	0.01	未知	1432.88
甘孜	314.85	8.00	未知	73.00	未知	395.85
凉山	未知	未知	39.28	420.00	未知	459.28
合计	3385342.86	968738.16	11769.14	289183.71	4181.06	4659214.93

注：源于《四川地震灾害旅游业损失评估初步报告》，截至 2008 年 6 月 10 日，单位：万元。

3.2.2 大九寨环线区域概况及其地震影响

3.2.2.1 四川省及旅游业概况

四川省位于中国西南地区内陆，界于北纬 26°03′~34°19′，东经 97°21′~108°12′ 之间，总面积 48.6 万平方千米。四川省地貌东西差异大，地形复杂多样，位于中国大陆地势三大阶梯中的第一级青藏高原和第二级长江中下游平原的过渡地带，高低悬殊，地势呈西高东低的特点，由山地、丘陵、平原盆地和高原构成。四川省分属三大气候，分别为四川盆地中亚热带湿润气候，川西南山地亚热带半湿润气候，川西北高山高原高寒气候。截至 2018 年年底，四川省下辖 18 个省辖市，3 个自治州，17 个县级市，108 个县，4 个自治县，54 个市辖区。2018 年，四川省常住人口达到 8341 万人，全省实现地区生产总值（GDP）40678.13 亿元。四川为多民族聚居地，有 56 个民族。四川是全国唯一的羌族聚居区、最大的彝族聚居区和全国第二大藏区。

表 3–2 四川省旅游业收入与 GDP 占比

年份	地区生产总值（亿元）	旅游业总收入（亿元）	相当于 GDP%
2001	4293.49	314.00	7.31
2002	4725.01	380.20	8.05
2003	5333.09	420.80	7.89
2004	6379.63	566.23	8.88
2005	7385.11	721.26	9.77
2006	8637.81	979.57	11.34
2007	10505.30	1217.31	11.59
2008	12506.25	1091.52	8.73
2009	14151.30	1472.48	10.41
2010	16898.60	1886.09	11.16
2011	21026.70	2449.15	11.65
2012	23849.80	3280.25	13.75
2013	26260.70	3877.40	14.77

续表

年份	地区生产总值（亿元）	旅游业总收入（亿元）	相当于 GDP%
2014	28536.66	4891.00	17.14
2015	30103.10	6210.50	20.63
2016	32680.50	7705.54	23.58
2017	36980.20	8923.10	24.13
2018	40678.13	10112.75	24.86

四川有世界遗产 6 处，居全国第二位。包括九寨沟、黄龙、四川大熊猫栖息地 3 处世界自然遗产，峨眉山—乐山大佛世界文化与自然双重遗产 1 处，青城山—都江堰世界文化遗产 1 处，东风堰世界灌溉工程遗产 1 处。九寨、卧龙、黄龙、稻城亚丁被列入世界《人与生物圈保护网络》的保护区。四川省拥有 565 家国家 A 级景区（截至 2018 年 12 月 28 日），其中 12 家 5A 级景区，243 家 4A 级景区，185 家 3A 级景区，121 家 2A 级景区。四川拥有国家级风景名胜区 18 处（2017 年 5 月），四川全省自然保护区 169 个，面积 8.3 万平方千米，占全省土地面积的 17.2%。四川地质构造复杂、地质地貌景观丰富，已发现地质遗迹 220 余处，有兴文和自贡 2 处世界地质公园，国家地质公园 14 处，国家水利风景区 16 处。四川有国家历史文化名城 8 个，中国优秀旅游城市 21 座。全国重点文物保护单位 230 处，国家级非物质文化遗产名录 139 项。2017 年年末四川共有博物馆 252 个，全国重点文物保护单位 230 处，列入中国传统村落名录的传统村落 225 个。国家级非物质文化遗产名录 139 项。

四川是文化资源和生态旅游资源大省，近年来四川省旅游业发展相当迅速。2018 年四川全省实现旅游总收入 10112.75 亿元，这是四川省旅游产业首次突破“万亿大关”，标志着四川旅游正式迈入“万亿级”产业集群（表 3–2）。其中，接待国内旅游人数 7.02 亿人次，同比增长 4.9%；实现国内旅游收入 10012.72 亿元，同比增长 13.5%；实现旅游外汇收入 15.12 亿美元，同比增长 4.5%。据统计 2012 年至 2018 年四川接待入境游客量从 227.3 万次上升为 369.82 万人次，同比增长 10%。旅游外汇收入方面，7 年间年均复合增长率为 12.6%（表 3–3）。

表 3–3　四川省旅游国内外游客数量和旅游收入（1996—2018 年）

年份	旅游总收入（亿元）	国内游客（万人次）	国内旅游收入（亿元）	入镜游客（万人次）	外汇收入（万美元）
1996	104.8	3838	99	17.94	7022.16
1997	112.6	3955	106	27.13	7895.35
1998	125.9	4418	119	29.06	8367.24
1999	222.1	5020	214	37.34	9722
2000	258	5401	248	46.2	12187
2001	314	6335	300	57.48	16579
2002	380	7218	364	66.72	20015
2003	421	8403	408	45.09	14959
2004	566	11426	542	96.62	28885
2005	721.26	13163.99	695.67	106.28	31595
2006	979.57	16580.95	947.95	140.18	39523
2007	1217.31	18569.69	1179.9	170.87	51243
2008	1091.52	17456	1077.33	69.95	15388
2009	1472.48	21922.14	1452.77	84.99	28856
2010	1886.09	27141.3	1862.03	104.93	35409
2011	2449.15	34977.82	2410.57	163.97	59383
2012	3280.25	44000	3229.8	227.3	80000
2013	3877.4	49000	3830	209.6	76000
2014	4891	54000	4838.3	240.2	86000
2015	6210.5	59000	6137.6	273.2	118000
2016	7705.54	63000	7600.5	308.8	158000
2017	8923.1	67000	8825.4	336.2	145000
2018	10113	70200	10012.72	369.82	151200

3.2.2.2 大九寨环线概况及地震影响

四川自然风光雄奇秀美，巴蜀文华积淀深厚，民族风情多姿多彩。旅游资源具有数量多、类型全、分布广和品位高的特点。四川省高速公路、高铁和航空、水路较为发达，旅游接待住宿业较为完备，四川美食，巴蜀文化，和良好的休闲氛围，为全省旅游业的发展奠定了坚实的基础。其中大九寨沟旅游环线是四川省的一条黄金旅游线路，占据四川省旅游业的半壁江山，具有很高的知名度和市场认可度。2012 年大九寨旅游环线区域内共接待游客近两亿人次，占四川全省接待游客量的 44.2%，实现旅游总收入 1519 亿元，占全省旅游总收入的 46.3%。

大九寨环线位于川北，以九寨沟和黄龙为核心，串联了成都—德阳—绵阳—江油—平武—九寨沟—松潘—茂县—汶川—成都，沿线涉及成都、阿坝、德阳、绵阳、广元 5 个市州。大九寨沟环线旅游资源质量高、品类丰富：包括九寨沟、黄龙、青城山—都江堰、三星堆、金沙遗址，以及藏羌民族的瑰丽文化宝藏、蜀道三国文化、红军长征史诗、天府乡村田园风情等（图 3–3）。

图 3–3　九寨沟、新北川县和老北川县地震遗址公园

汶川地震对四川省及其大九寨环线区域造成重大影响，从 2008 年旅游收入占比 GDP 将至 8.7% 可见一斑。以及 2008 年四川省国内旅游总收入、国内旅游总人数和国际游客和旅游外汇收入显示，地震对四川省和大九寨环线区域旅游产业造成严重影响，致使 2008 年当年和后续 3 年其旅游产业各项指标表现依然乏力，这也充分表明旅游业作为应对重大突发危机事件较为脆弱的产业，对于地震这样的重大灾害是没有免疫力的。

3.2.2.3 九寨沟概况及其汶川地震影响

九寨沟位于阿坝藏族羌族自治州九寨沟县漳扎镇境内，地处青藏高原、川西高原、山地向四川盆地过渡地带，南距成都市 300 多千米，是一条纵深 50 余千米的山沟谷地，总面积 64297 公顷。因沟内有树正寨、荷叶寨、则查洼寨等九个藏族村寨坐落在这片高山湖泊群中而得名。九寨沟是世界自然遗产、国家重点风景名胜区、国家5A级旅游景区、世界生物圈保护区网络。九寨沟是中国第一个以保护自然风景为主要目的的自然保护区，主要保护对象是以大熊猫、金丝猴等珍稀动物及其自然生态环境。“九寨归来不看水”，是对九寨沟景色真实的诠释。翠海、叠瀑、彩林、雪峰、藏情、蓝冰，被称为“六绝”。神奇的九寨，被世人誉为“童话世界”，号称“水景之王”。

受2008年5月12日汶川大地震影响，部分景区有损毁，但程度不大。由于进入九寨沟的道路受阻等原因，九寨沟旅游业受到很大影响，其中游客数量和旅游人次受到重大影响，旅游业进入低迷和灾后恢复期（图3-4）。

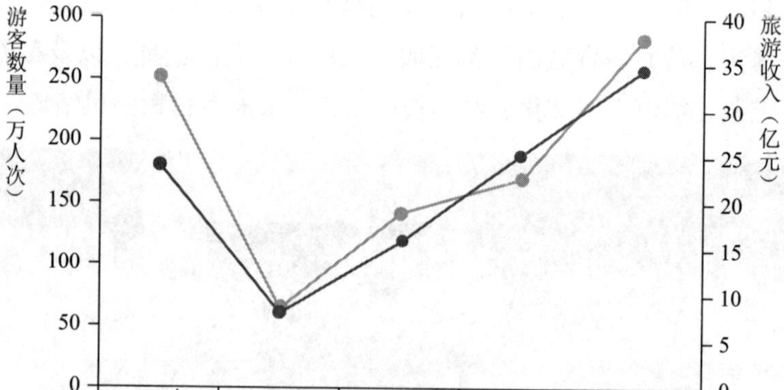

	2007年	2008年	2009年	2010年	2011年
游客数量（万人次）	252.18	64.29	142.05	169.8	283.2
旅游收入（亿元）	24.03	8.05	15.82	25.27	34.41

图3-4　受地震影响2007—2011年九寨沟旅游业

2017年8月8日21时19分46秒九寨沟县发生7.0级地震。截至2017年8月13日20时，地震造成25人死亡，6人失联，176492人（包含游客）受灾。截至2017年8月13日零时，共造成经济损失约1.1446亿元。此次地震引发的破坏较大，地震之后还发生了泥石流和山体滑坡等。随着时间的推移，这些被破坏景观会逐步修复与更新，地质运动也可以促使新的景观形成。比如，受地震影响，诺日朗瀑布产生了破坏，经人工干预后瀑布基本恢复如初，地震导致九寨沟的火花海湖泊消失，但同时又产生了一个新的瀑布——双龙海瀑布。受地震影响，九寨沟于2017年8月9日起停止接待游客。2018年3月8日起，九寨沟景区部分景观将恢复开放。截至 2019 年 5 月 10 日，景区仍然处于闭园恢复重建状态。总体上看，8.8 九寨沟地震对九寨沟的影响超过“5 · 12”汶川地震对九寨沟的影响，这对于旅游业发达的九寨沟来说是一个巨大的损失和打击。

3.2.2.4 青城山概况及其汶川地震影响

青城山，世界文化遗产、全国重点文物保护单位、国家重点风景名胜区、国家 5A 级旅游景区、全球道教天师道圣地，中国四大道教名山之一，五大仙山之一，中国道教发祥地之一，成都十景之一。景区面积 200 平方千米，最高峰老君阁海拔 1260 米，青城山分为前山和后山，群峰环绕起伏、林木葱茏幽翠，享有“青城天下幽”的美誉。全山林木青翠，四季常青，诸峰环峙，状若城郭，故名青城山。丹梯千级，曲径通幽，以幽静取胜。景区内外，天师洞和圆明宫幽静是青城山的一大特色。

汶川地震造成青城山正大门崩塌和青城山后山景区损毁严重，导致关闭。根据青城山　都江堰风景区管理局对地震灾损情况的统计整理以及通过卫星图片解译，地震灾害造成 3 个一级景区损失初步估计约 144734.52 万元。其中：都江堰景区损失 52511.28 万元，其中各类功能的古建筑损失约 32779 万元；青城前山损失 29731.53 万元，其中文物及古建筑损失约 15545 万元；青城后山损失约 62491.71 万元（表 3-4）。

表 3-4　青城山—都江堰旅游收入和接待情况

年份 \ 名称	青城山前山		青城山后山		都江堰		青城山—都江堰
	接待人次（万人次）	门票收入（万元）	接待人次（万人次）	门票收入（万元）	接待人次（万人次）	门票收入（万元）	接待人次（万人次）
2000	43.03	1204.50	26.51	437.36	71.50	3494.40	141.04
2001	56.41	1628.72	30.56	435.28	95.87	4480.17	182.84
2002	63.17	1780.62	34.33	504.11	104.48	4853.36	201.98
2003	42.99	1697.67	28.33	431.14	88.16	3936.00	159.48
2004	56.95	2750.66	36.27	552.77	125.00	6016.98	218.22
2005	62.30	2894.82	40.63	559.68	125.38	6148.94	228.31

续表

名称 年份	青城山前山		青城山后山		都江堰		青城山—都江堰
	接待人次（万人次）	门票收入（万元）	接待人次（万人次）	门票收入（万元）	接待人次（万人次）	门票收入（万元）	接待人次（万人次）
2006	88.20	4474.84	62.20	734.33	166.20	8514.08	316.60
2007	89.20	4962.56	62.81	772.47	219.61	10650.30	371.62
2008	34.38	2042.39	16.40	220.54	94.70	3784.78	145.48
2009	114.07	2698.23	未知	未知	193.77	4088.65	307.84
2010	103.85	6694.35	66.50	未知	210.32	10467.36	380.67
2011	129.78	8335.20	35.69	601.67	273.73	15127.70	439.20
2012	146.09	9342.73	83.09	1380.80	282.70	16355.48	511.88
2013	101.93	6556.26	80.76	1372.25	261.70	12689.54	444.39

3.2.2.5 北川羌族自治县概况及其汶川地震影响

北川羌族自治县位于四川盆地西北部。面积 2867.83 平方千米，是中国唯一的羌族自治县。2016 年总人口 24 万人（其中羌族 8.5 万人，占全县总人口的 36%），实现地区生产总值 43.89 亿元。北川县素有“中国大禹文化之乡”和“中国羌绣之乡”等称号。北川羌族自治县为汶川大地震中受灾最严重的区域之一，治所曲山镇因大地震被夷为平地。国务院常务会议审查通过北川新县城选址，定于安县安昌镇以东大约 2 千米处。为了重整县域经济，大力发展旅游业，建设北川羌城旅游区。北川羌城旅游区由中国羌城永昌、“5·12”特大地震纪念馆、北川新县城景观轴和吉娜羌寨等高品质旅游景点组成。

北川旅游接待人数和综合收入年均增长 25%，2018 年全县接待游客 768 万人次，实现旅游综合收入 63.6 亿元，分别是震前的 12 倍和 15 倍；旅游及相关产业税收占本地税收达 20% 以上，旅游从业人数达到 2.6 万人，占从业人数比重达 16.7%，农民旅游收入占人均纯收入比重 35%，文旅产业已成为北川群众增收的富民产业、县域经济发展的重要支柱（图 3-5）。北川连续 4 年获评“全省县域经济发展先进县”，连续 2 年蝉联全省少数民族县“前十强”，获评“全省县域经济发展模范县”。北川县先后荣获全国卫生县城、全国人居环境范例奖、国家园林县城、首批全国防震减灾示范县、四川省旅游标准化示范县、四川省旅游强县、四川省乡村旅游强县、“四川省首批国家级森林氧吧”、四川省园林城市等 30 多项殊荣。

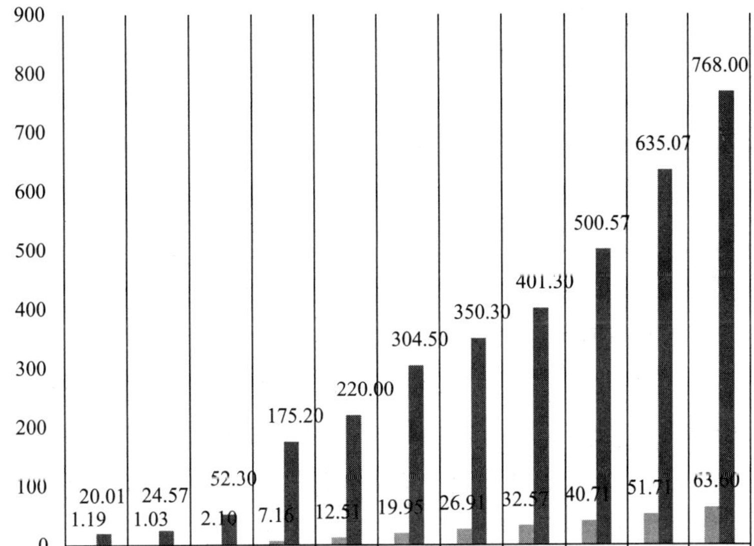

	2008年	2009年	2010年	2011年	2012年	2013年	2014年	2015年	2016年	2017年	2018年
■旅游收入（亿元）	1.19	1.03	2.10	7.16	12.51	19.95	26.91	32.57	40.71	51.71	63.60
■旅游人次（万人次）	20.01	24.57	52.30	175.20	220.00	304.50	350.30	401.30	500.57	635.07	768.00

图 3-5　北川县 2008—2018 年旅游概况

3.2.3 灾后恢复重建和对口支援情况分析

3.2.3.1 中央政府主导对口支援方案

为举全国之力，加快地震灾区灾后恢复重建，并使各地的对口支援工作有序开展，国务院于 2008 年 6 月 11 日印发了《汶川地震灾后恢复重建对口支援方案》。确立支援方为广东、江苏、上海、山东、浙江、北京、辽宁、河南等东部和中部地区共 19 个省市，确立受援方为四川省北川县、汶川县、青川县、绵竹市、什邡市、都江堰市等 18 个县（市），以及甘肃省、陕西省受灾严重地区作为受援方。各支援省市每年按照本省市上年地方财政收入的 1% 来安排对口支援实物工作量（刘铁，2010）。

3.2.3.2 四川省实施恢复重建规划

汶川地震给四川人民群众生命财产和经济社会发展造成了巨大损失。面对艰巨繁重的灾后恢复重建任务，兄弟省区市及社会各界倾力支援、倾情相助，全省人民特别是灾区人民自力更生、艰苦奋斗。从 2008 年 10 月到 2010 年 9 月，纳入国家重建规划的 29700 个重建项目已开工 99.3%、完工 85.2%，概算总投资 8613 亿元已完成 7365.9 亿元、占 85.6%，圆满完成中央“三年重建任务两年基本完成”的目标。受灾群众住进了新房，公共服务设施全面上档升级，重建城镇初展新姿，基础设施根本性改善，产业发展优化升级，防灾减灾能力显著提高。灾区从废墟上站立，展示出在灾难后重生、在重建中跨越的生动图景。

3.2.3.3 获得社会各界捐赠和支持

汶川地震之后，灾区获得了来自国内外的各界人士的捐赠和支持。截至 2008 年 11 月 25 日共接收国内外社会各界捐赠款物 654 亿元；截至 11 月 5 日，全国 4550 万名党员共交纳“特殊党费”97 亿元。另据估算，全国多个非公募基金会和在华国际组织自筹自支款物约 10 亿元。综上全国已为汶川地震灾区募集款物 762 亿元，超过了 1996—2007 年全国接收的救灾捐赠款物的总和，打破了中国捐赠史上的纪录。志愿者服务价值 165 亿元：据四川省抗震救灾指挥中心估计，来自全国和省内的志愿者队伍总量在 300 万人以上。据卫计委统计，全国为灾区献血价值估计超过 10 亿元。同时相关城市和单位还接受了震后儿童的康复及其入学等问题。

3.2.3.4 旅游业作为提振器和排头兵

汶川特大地震对四川旅游产业造成了重大损失，都江堰、卧龙、九环线受到重创，一些极重灾区的主要景区受到严重破坏甚至毁灭性破坏，旅游市场基本处于全面歇业状态，旅游业成为震后全省唯一全面停营的产业。但是原国家旅游局召开汶川地震灾后旅游业重建规划工作会议，制订了《汶川地震灾后旅游业重建规划工作方案》，立即开展了形式多样的旅游促销活动。加快灾区旅游先导产业的培育和发展，把重大旅游项目规划与交通基础设施、城市建设、新农村建设等统筹考虑，积极恢复旅游市场信心，发挥旅游业聚集人流商气、拉动内需、解决就业的综合功能，努力促进全省旅游经济的整体复苏和恢复振兴，旅游先导产业实施取得了一定成效。

3.2.4 案例地选择适恰性分析总结

汶川 8.0 级大地震造成极其惨重的损失，特别是震中四川省受灾最为严重，造成了重大生命财产损失，作为支柱产业的旅游业也受到重创。震后中央政府集全国之力实施了三年对口援建政策，极大地提升和改善了震后的困难局面，同时也获得了来自国内外的相关援助和支持。但四川省的旅游业损失惨重，通往九寨沟、青城山等世界遗产的道路被封锁，景区和旅游设施遭到破坏，直接导致景区关闭，游客人数大幅下降。本研究选择的大九寨环线区域的九寨沟、青城山是世界遗产地和国家 5A 级景区，旅游业发展成熟，社区参与力度较大，其中青城山受到的地震影响比较严重，九寨沟景区主要受到了道路封锁等影响。北川县是震后在政府的支持下，依托国家地震遗迹博物馆、老北川地震遗址和新北川县城等发展旅游业[①]。案例地主要社区生计以旅游业为主，危机响应和社区参与具有一定的主观能动性，选择本案例地具有一定的代表性和适切性（图 3–6，表 3–5）。

图 3–6　大九寨沟旅游环线区域概貌

表 3–5　大九寨沟旅游环线区域概况

	九寨沟	青城山	新北川
文化、民族构成	藏族为主，藏文化，多数信仰藏传佛教	汉族为主，道教文化影响，小部分信仰道教	羌族为主，羌文化，自然崇拜和祖先崇拜

① 案例地相关信息和数据来自九寨沟管理局、青城山—都江堰管理局、北川羌族自治县人民政府以及四川省人民政府与中国地震局等官方网站。

续表

	九寨沟	青城山	新北川
旅游地荣誉	世界自然遗产 国家 5A 级旅游景区	世界文化遗产 国家 5A 级旅游景区	国家 5A 级旅游景区（2013 年）；爱国主义教育基地（地震遗址，2010 年）
旅游资源	自然 + 藏文化	道教文化 + 自然	人文 + 羌族文化 + 爱国主义
发展阶段	成熟阶段	稳定阶段	快速发展阶段
旅游市场（2012 年）	363 万人次，年均增长 15%，旅游收入 10 亿余元	都江堰—青城山景区 410 万人次	北川接待游客突破 250 万人次，实现旅游总收入 11 亿元，同比增长 56.3%
“5·12”汶川地震受灾情况	一般影响区，主要是受到道路影响	重灾区。景区受到一定影响，景区损毁	极重灾区。老县城废弃，县城重建
“5·12”汶川地震对旅游业影响情况	总体不大，道路疏通后，很快能恢复到之前状态	一般，景区影响不大，地震后，旅游业反而比以前会好点	旅游业发展机会好，但代价极其惨重。带来机会多于对原本旅游业的影响
旅游地社区参与情况	本地企业以及从业人员占有相当比例，以及对本地神山圣水的笃信，总体上参与旅游业较为积极	本地社区是旅游业发展的主要参与者，具有较高的参与热情	新发展的旅游业，是本地的主要生计来源，参与热情较高。但是过多的外来企业和外来资本，对本地旅游社区参与造成一定的影响

3.3 问卷和访谈设计与数据采集

3.3.1 调查问卷研制

问卷共包含两部分。第一部分由社区人口统计学特征和旅游业参与情况，主要包括性别、年龄、月收入、客源地、职业、教育程度、旅游社区参与情况等。第二部分由测量模型量表构成，题项主要来自文献综述和对案例地实际情况的预调研综合修订研制（研究团队对大九寨环线区域相关案例地有近 20 年的研究经历，并发表了相关系列的文章。在汶川地震发生的 5 月 12 日前还进行了三周的实地调研和考察，并在汶川地震后的 2009 年 8 月、2012 年 8 月、2014 年 5 月和 10 月进行了相关主题系列调研，这些给予本研究的调研设计和研究主题提供了大量有价值的信息和有力支撑）。第二部分由社区参与获益感知 5 个测量题项（Simpson，2008；许振晓等，2009）、社区恢复力 3 个测量题项（Cutter 等，2008；Marshall 和 Marshall，2007；Walker 等，2004）、社区依恋 5 个测量题项（Lewicka，2008；Nicholas 等，2009；O' Brien 等，1994）和社区参与态度 4 个测量题项，危机响应态度 3 个测量题项，和社区参与行为意向（Hung 等，2010；Sebele，2010a；Tosun，2006）4 个测量题项等总计 6 个维度 24 个测量题项构成（表 3-6）。问卷指标量测采用李克特（Likert）五分量表法，用 1~5 表示问卷参与者对每一个测量指标的认可程度（1= 很不同意，2= 不同意，3= 不确定，4= 表示同意，5= 非常同意）。

表 3-6　旅游地社区参与概念模型维度和测量题项

概念模型维度	测量题项
社区参与获益 Community participation benefit	X1 我进入旅游业工作的机会增加了
	X2 我参与旅游职业技能培训的机会增加了
	X3 我参与景区公司管理的机会增加了
	X4 我参与旅游发展决策的机会增加了
	X5 我从旅游业获得的收入提高了
社区依恋 Community attachment	X6 我关心本地的发展
	X7 我已习惯了在这生活
	X8 我愿意在这里长久生活
	X9 我对这里有很深的感情
	X10 我对这里的感觉比其他地方都好
社区恢复力 Community resilience	X11 我处置旅游危机事件的能力提高了
	X12 我应对风险变化的能力提高了
	X13 我抗险救灾的适应能力提高了
社区参与态度 Community participation attitude	Y1 我更加积极地为旅游业发展建言献策
	Y2 我更加积极地动员邻里亲朋参与旅游业
	Y3 我更加关心本地旅游业的发展
	Y4 我为参与旅游业建设家乡而感到骄傲

续表

概念模型维度	测量题项
危机响应态度 Crisis response attitude	Y5 我珍惜保护当地旅游资源的意愿增强了
	Y6 我恢复保护震后自然环境的意愿增强了
	Y7 我抢救保护传承地方文化的意愿增强了
社区参与意向 Community participation intention	Y8 我参与旅游发展决策的意向增强了
	Y9 我从事旅游相关行业的意向增强了
	Y10 我与游客深入交流的意向增强了
	Y11 我满足游客需求的意向增强了

3.3.2 调查问卷样本数据采集

样本数据采集在四川省大九寨沟环线区县进行。调研小组由 8 位参与问卷设计讨论和问卷发放培训的硕士、博士研究生组成，小组成员对本研究主题较为熟悉，便于在问卷发放过程中对相关问题进行准确的解释，提高问卷效率和问卷质量。本问卷发放主要对象为九寨沟、青城山和新北川三大旅游地中受旅游业发展影响较大的或者本身就是从事旅游业的社区居民以及其他旅游从业者和在本地的与旅游事业关联的利益相关者。

为了表达测量内容是于地震之前相比的，在问卷标题里和在发放过程中进行了“于地震前相比”的强调。问卷发放于 2012 年 8 月 11—15 日，九寨沟风景区的诺日朗中心、树正寨和沟口的漳扎镇（发放 170 份，有效 162 份，有效率 95.3%），8 月 6—9 日于青城山前山青城山镇和后山泰安古镇（发放 170 份，有效 165 份，有效率 97.1%），8 月 17—20 日于新北川县城旅游商业街、吉娜羌寨以及老北川游客中心任家坪镇（发放 250 份，有效 229 份，有效率 91.6%）。调研组依据半随机抽样方法（semi-random），总计发放调查问卷 590 份，回收 565 份，回收率 96.4%。剔除填写不认真、不完整的问卷，有效问卷 556 份，有效率 94.0%，问卷有效率较高，质量较好（表 3-7）。

表 3–7　样本数据采集情况简表

项目	2012 年 8 月	发放地点	发放问卷	回收问卷	有效问卷	有效率
			590	565	556	94.0%
九寨沟	11—15 日	沟口漳扎镇，诺日朗游客中心，景区内树正寨等	170	165	162	95.3%
青城山	6—9 日	青城山前山青城山镇，后山泰安古镇及其青城山附近	170	167	165	97.1%
北川县	17—20 日	北川县城商业街，吉娜羌寨，地震遗址纪念馆，任家坪镇等	250	233	229	91.6%

发放问卷的同时任由被试者将对本研究主题的直接想法写在问卷上，以便被调研者更好地表达自己的见解。在调研的过程中，我们对相关社区居民和旅游从业者以及政府官员等进行了相关访谈，记录了主要观点。还进行了拍照和田野调查等，并针对每天调研遇到的问题和获得新思路新观点进行调研小组会议讨论，做了相关记录，以便更加充实本研究主题以及弥补问卷数据信息呈现的不足。

调研小组还向政府旅游单位、规划单位和相关事业单位和企业单位，索取了有关震后恢复重建规划、旅游发展规划、社区参与活动方案、相关民生诉求、相关企业优惠和支持方案等相关方面的系列材料和文件，以便对案例地和本研究主题有个更加立体的全方面的了解，以期更好地解析本研究主题。

3.3.3 访谈调研大纲设计

本调研访谈主要采用关键事件技术（Critical Incident Technique，CIT）方法，在心理学、人力资源管理学等领域中的应用较为广泛（毕楠等，2017；侯丽敏等，2015；谢礼珊等，2009；杨瑞，2017）。该方法搜集关键的事件并进行语义分析，由此对更深入的基本问题做出解释。在应用层面，关键事件技术法需要结合访谈和问卷调查的形式以避免事件分析中的偏颇，可以使用该方法识别不同工作环境下影响工作绩效的关键性因素（Breunig 和 Christoffersen，2016；Callan，1998；Durand，2016；Gelderman 等，2016；Hofmeister 等，

2018）。特别是结合研究团队对案例地多年的研究，以及前期的预调研，综合设计了本次访谈提纲。我们在调研过程中一方面引导被访者对访谈提纲上主要问题的回答，另一方面也鼓励被访者对访谈提纲之外的问题发表见解，这样能更好地有助于对案例地的理解和透视。

3.3.4 访谈调研实施过程

基于项目组前期调研的基础和 2012 年 8 月调研中本研究主题的基础上，依托本单位和九寨沟、青城山—都江堰和北川县等相关的合作，开具访谈介绍信，提前预约被访谈人，说明来意和访谈主题。2014 年 10 月由 8 位参与本研究调研讨论的项目组成员具体实施访谈，两人一组或多人一组，当面说明访谈事项，并把访谈题目供被访谈人阅览和思考。说明访谈时候我们会做录音，以便后期整理使用。访谈过程中不涉及个人隐私，且访谈材料仅用于科学研究，并在研究使用中尽量匿名，隐去相关个人信息。

在访谈的过程中，记录相关主要要点，以及访谈者的表情意向和心理活动。实施访谈的过程中，还就本提纲上之前没有的问题，但在被访者的启发下出现的新问题，进行追踪访谈。并向访谈者索取了相关主题的文件资料等，以便和访谈内容呼应，并强化对相关主题的认识深度和广度。为了日后联系，记录了访谈者的其他联系方式等，并向访谈者赠送相关礼品以表示感谢。

最终经过 8 位访谈者 16 天的工作，和九寨沟县与都江堰市的 28 位被访者的支持，基于危机响应视角的旅游社区及其主要利益相关者的访谈取得成功，表 3-8 呈现了相关访谈信息。

表 3-8　九寨沟县和青城山—都江堰旅游社区利益相关者访谈简表

编号	访谈时间	被访谈人单位	职业职务	性别	年龄	民族	现居住地
NO.1	10 月 8 日	九寨沟《藏谜》大剧院				藏族	阿坝州
NO.2	10 月 9 日	九寨沟景管局营销处				羌族	九寨沟漳扎镇
NO.3	10 月 9 日	九寨宋城旅游区市场部				羌族	汶川县威州镇
NO.4	10 月 10 日	九寨沟县旅游局				回族	九寨沟县永乐镇

续表

编号	访谈时间	被访谈人单位	职业职务	性别	年龄	民族	现居住地
NO.5	10 月 10 日	九寨沟县文体局				羌族	九寨沟县
NO.6	10 月 10 日	九寨沟县规划局				汉族	九寨沟县
NO.7	10 月 11 日	九寨沟景管局信息预警中心				汉族	九寨沟县
NO.8	10 月 11 日	九寨沟县漳成都假日旅行社				汉族	成都市
NO.9	10 月 11 日	九寨沟漳扎镇海天旅行社				汉族	九寨沟县
NO.10	10 月 11 日	九寨沟漳扎镇假日旅行社				汉族	成都金牛区
NO.11	10 月 12 日	九寨沟沟口蒲公英酒店				汉族	九寨沟县漳扎镇
NO.12	10 月 12 日	九寨沟沟口客栈				汉族	成都市
NO.13	10 月 13 日	九寨沟景管局规划处				汉族	九寨沟漳扎镇
NO.14	10 月 13 日	九寨沟漳扎镇重庆奇火锅店				汉族	九寨沟漳扎镇
NO.15	10 月 12 日	九寨沟树正寨旅游商品店				羌族	茂县
NO.16	10 月 20 日	都江堰市遗产管理办公室				汉族	都江堰市
NO.17	10 月 20 日	都江堰市遗产办				汉族	都江堰市
NO.18	10 月 20 日	青都景区资源管理处				汉族	都江堰市
NO.19	10 月 21 日	都江堰景区西街往事				汉族	都江堰灌口镇
NO.20	10 月 21 日	都江堰灌口镇纯棉专卖店				汉族	都江堰灌口镇
NO.21	10 月 21 日	都江堰西街消防站				汉族	都江堰灌口镇
NO.22	10 月 21 日	都江堰灌口镇旅游区				汉族	都江堰灌口镇
NO.23	10 月 22 日	青城山后山景管处办公室				汉族	青城山后山
NO.24	10 月 22 日	青城山后山泰安古寺管理所				汉族	都江堰
NO.25	10 月 22 日	青城山后山金骊索道公司				汉族	成都市
NO.26	10 月 23 日	青城山后山游客中心				汉族	都江堰市幸福镇
NO.27	10 月 23 日	青城山前山景区管理处				汉族	都江堰市
NO.28	10 月 23 日	青城山前山景区管理处				汉族	都江堰市

注：考虑到学术伦理，我们对被访谈人的职业职务、性别和年龄等个人信息进行了隐匿。

3.4 研究方法选择与简介

3.4.1 相关统计分析与SPSS简介

相关统计分析有助于挖掘不同变量之间的关联性关系，是应用在数据分析领域中的基本方法。数学方法和计量分析工具的有效而恰当的应用能够增强研究内容的严谨性和论证过程的规范性，有助于验证理论预期与经验实践的相关程度和因果联系。本研究采用 SPSS（Statistic Package for the Social Science）统计分析软件作为主要分析工具进行数据的均值、独立 T 检验、缺失值和异常值处理、正态性检验等相关统计分析。SPSS 具有强大的数据统计分析功能，在社会科学类研究中得到了广泛应用。

3.4.2 结构方程模型（SEM）简介

本研究采用结构方程模型进行验证性分析，并以 SPSS18.0 统计软件处理样本数据，运用结构方程模型（Structural Equation Modeling，SEM）和假设验证分析（Confirmatory Factor Analysis，CFA）。结构方程模型是基于变量的协方差矩阵来分析变量之间关系的一种统计方法，是多元数据分析的重要工具，常用于验证性因子分析、高阶因子分析和路径分析等，其在社会科学等方面拥有较广泛的应用（Baumgartner 和 Homburg，1996；Davidov 等，2012；Fornell 和 Larcker，1981；Josiam 等，2015；温忠麟等，2004）。在使用结构方程模型验证时，首先要对样本进行信度和效度分析，其次要检验模型参数是否有违反估计假设现象，以及对样本进行正态性检验（表 3-9）。本研究采用 AMOS 17.0 软件进行结构方程测量模型和概念模型的检验。

表 3-9　结构方程模型适配度的评价指标及其评价标准

适配指标	准则	适用情形	检验内容
基本适配指标	1）没有负的误差变异量； 2）所有误差变异达到显著水平； 3）因素负荷量介于 0.5~0.95； 4）没有很大的标准误。		模型是否违反估计

续表

<table>
<tr><th colspan="2">适配指标</th><th>准则</th><th>适用情形</th><th>检验内容</th></tr>
<tr><td rowspan="13">整体模型适配度指标</td><td rowspan="5">绝对适配度指标</td><td>卡方值 P >0.5</td><td rowspan="2">说明模型解释力</td><td rowspan="13">模型外在质量</td></tr>
<tr><td>GFI>0.9</td></tr>
<tr><td>CMIN/DF< 3.0</td><td>不受模型复杂度影响</td></tr>
<tr><td>RMSEA< 0.08</td><td>不受样本数模型复杂度影响</td></tr>
<tr><td>NCP 越接近 0 越好</td><td>假设模型距离中央卡方的程度</td></tr>
<tr><td rowspan="5">增值适配度指标</td><td>NFI>0.90</td><td rowspan="4">模型较虚无模型的改善程度</td></tr>
<tr><td>RFI >0.90</td></tr>
<tr><td>IFI > 0.90</td></tr>
<tr><td>CFI> 0.90</td></tr>
<tr><td>TLI > 0.90</td><td>不受模型复杂度影响</td></tr>
<tr><td rowspan="3">简约适配度指标</td><td>PNFI >0 .50</td><td>比较不同自由度的模型</td></tr>
<tr><td>PGFI > 0.50</td><td>判断模型的精简程度</td></tr>
<tr><td>CN > 200</td><td>所需要的最低样本大小估计</td></tr>
<tr><td colspan="2">模型内在结构适配度指标</td><td colspan="2">所估计的参数均达显著水平；指标变量个别题项的信度 R^2>0.50；潜在变量的组合信度大于 0.6；潜在变量的平均方差抽取量大于 0.5。</td><td>模型内在质量即各测量模型的信效度</td></tr>
</table>

注:（吴明隆，2010）

3.4.3 偏最小平方法（PLS-SEM）简介

偏最小平方法（Partial Least Squares，PLS）是一种较为新型的多元统计数据分析方法。该方法由 S.Wold 和 C.Albano 等人与 1983 年率先提出并在化工领域得到应用。偏最小平方法集成了多元线性回归分析、典型相关分析和主成分分析方法，相比于普通最小二乘（Ordinary Least Square，OLS）回归方法，偏最小平方法样本量需求较少，适用于解释变量较多而样本数较少的模型之中，对观测数据的拟合和预测具有更高的精确度、稳定性和实用性（Do Valle 和 Assaker，2015；Zhang 等，2016）。本研究中采用 SmartPLS 3 软件进行数据处理和分析预测。

同时可以看出结构方程模型（SEM）和偏最小平方法（PLS），具有各自的特征和差异，表 3-10 对其进行了对比分析，以便在本研究的使用更加明晰和合理准确。

表 3-10　PLS 与 SEM 的特色

	SEM	PLS
目标	参数估计导向	预测导向
运算方法	共变异数为基础	变异数为基础
潜在变数	潜在变数估计时使用所有的观察变数	每个潜在变数是观察变数的线性组合
潜在变数与观察变数的关系	只能用反映型指标	反映型或形成型指标均可
推论	参数估计最佳化	预测能力最大化
模型复杂度	小或中度复杂，通常不超过 100 个 MVs	可以很复杂，如 100LVs，1000MVs
样本需求	最小要求为 100 以上，建议 300~500 个样本	最小要求为 30~100 个样本
数据分布	符合多元正态	具有弹性（无母数）
缺失值	最大似然估计法	NIPALS 演算
模型辨识	一般 LV 需 3 个以上的 MVs	只要是递回路径就可以

3.5　本章小结

首先，本章主要提出了旅游地社区参与的测量变量和研究假设，构建了研究概念框架，研制了问卷和访谈提纲。

其次，对案例地的地震影响情况、社会经济发展情况和旅游产业发展状况以及旅游地社区参与和危机响应等情况进行了介绍。

再次，在此基础上介绍了调查问卷的实施发放和样本数据采集情况，采集有效问卷 556 份；介绍了访谈的相关情况，在九寨沟和青城山共访谈 28 位旅游地社区参与利益相关者。

最后，介绍了本研究要用到的相关统计分析等数量方法，包括独立样本 t 检验、结构方程模型（SEM）与 AMOS 软件、最小偏二阶法（PLS-SEM）和 SmartPLS 软件，以及定性访谈使用的关键事件技术法（CIT）。

综上，本章为实证研究的重要准备阶段，为本书的核心章节第四、五、六章奠定了基础。

第 4 章　危机响应视角下旅游地社区参与概况分析

4.1　数据统计处理

4.1.1 处理调查样本缺失值和异常值

样本中的缺失值主要是由被试者漏填以及在问卷录入过程中漏掉等情况造成的。如果不进行处理会丢失问卷的相关信息，影响数据的统计和数理分析。为此我们选择采用在一般研究中使用较多的均值填补法，具体操作是在 SPSS18.0 中选择替换缺失值即可。

异常值是指被试者对测量题项理解错误以及问卷录入过程中产生的。针对被试者的理解错误，我们根据问卷题项中前后题项的关系等尽量理解和还原被试者的本意。对于在录入过程中产生的遗产值，一方面统计查找，另一方面对照原始问卷测量题项进行处理。

4.1.2 调研访谈材料转录整理

对于 2014 年 10 月在九寨沟和青城山—都江堰等地的访谈，根据访谈录音和访谈时的笔记，结合访谈时被访谈者的心理活动和语义表达等，主要由参与访谈的人员综合翻录成文字，并在翻录后进行了相关讨论，以便更加准确地反应被试者的本意。并对不明晰的相关方言进行网络查询和推敲，最终对在九寨沟和青城山—都江堰的 28 位访谈记录进行整理，形成了约 4.5 万字的文字材料。

对于 2012 年 8 月份在北川县的相关旅游社区参与者的问卷后的关于社区参与情况及其在区域重建过程中旅游发挥的作用，以及地震遗址旅游等的看法，对 63 位参与者留言进行了摘录和编辑，形成旅游社区参与和旅游对震后恢复重建的意见数据库。

4.1.3 调研过程中资料整理

对于在调研前，调研中和调研后形成的灾情民意，特别是与地震相关的，与旅游发展相关的，与社区参与相关的文件资料、规划材料、统计年鉴、民生民政、地方经济、社会发展、文化民俗、价值观念、生产生活、企业发展、政府政策、应急预案、旅游发展态势等相关系列材料形成了分门别类的资料库，以便更好地把握案例地的相关情况，更加准确的把握本研究主题。

4.2 人口统计学特征分析

4.2.1 总样本人口统计学特征分析

样本中男性占比 39.9%，女性占比 60.1%，这与案例地从事旅游服务商贸人员女性居多有关系。年龄以 20~40 岁（65.5%）的青壮年为主。民族构成上以汉族占比 61.9%，藏族 19.8%，羌族 15.3% 为主，符合三大案例的人口民族结构特征。职业构成上，旅游服务商贸人员（46.3%）为主，工人、农民（14.0%）和公职、管理人员（10.1%）次之。被试者文化教育方面，初中、高中（71.7%）为主，这与案例地的整体文化教育相吻合。月均收入以 1000~2500 元（58.1%）为主；旅游收入占家庭总收入的比例以 20%~60% 为主（45.2%），旅游收入比例大于 60% 的占到 26.5%，表明所采集样本旅游业参与程度较高或与旅游业关联程度较大，对于汶川地震等突发危机事件的响应和社区参与关切度高（表 4-1）。

三大案例地旅游收入占比各有差异，其中新北川有 60% 的调查者依赖旅游业，这与北川县震后恢复过程中主推旅游业大发展相吻合（图 4-1）。

问卷中“您感觉 2008 年地震这样的突发性自然灾害对旅游业的影响一般要持续______年才能恢复。”用于测度主观感知地震对旅游业的影响多久才能恢复。结果表明九寨沟平均主观感知年限为 3.9 年和青城山为 4.5 年，表明这两地已基本恢复；新北川县为 5.4 年，表明主观上看北川县还没有从地震的影响中恢复过来，这与北川县是极重灾区的事实相契合，由于老县城遭到毁灭性破坏，在新县城进行的重建，以及老百姓的生活和生计等需要较长的恢复时间（2012 年 8 月份调研，此时距地震发生已经 4.3 年）。

表 4–1　总体样本人口学统计特征

特征		%	特征		%
性别	男	39.9	月均收入（元）	<1000	22.9
	女	60.1		1001~2500	58.1
民族	汉族	61.9		2501~4000	10.8
	藏族	19.8		4001~6500	4.8
	羌族	15.3		>6501	3.4
	其他少数民族	3.0	职业	公务、管理人员	10.1
年龄	<20	15.6		服务、商贸人员	46.3
	21~30	36.0		工人、农民	14.0
	31~40	29.5		学生	7.9
	41~50	15.4		其他	21.7
	>50	3.5	教育	小学及以下	9.0
旅游收入占家庭总收入				初中	37.6
				高中	34.1
				大专及以上	19.3
		总比	九寨沟	青城山	新北川
	<20%	28.3	33.6	37.0	14.3
	20%~40%	22.6	24.4	20.7	22.6
	40%~60%	22.6	15.1	15.6	36.9
	60%~80%	12.8	9.2	12.6	16.7
	80%~100%	13.7	17.6	14.1	9.5
主观感知恢复年限			3.9 年	4.5 年	5.4 年

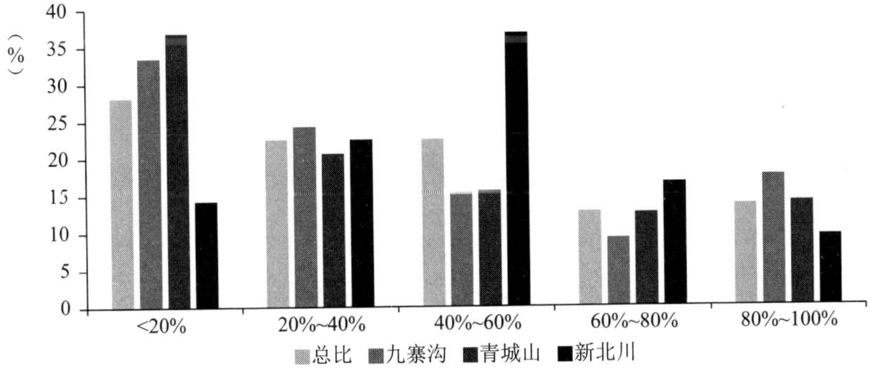

图 4-1　九寨沟、青城山和新北川旅游收入占家庭总收入

三大案例地地震影响的程度、旅游业发展的状况以及原有的社会经济水平和文化民族宗教信仰等方面的差异，我们对三大案例地进行了分别统计，并做相关纵横向比较分析，以期更加准确全面地掌握案例地社区参与人员的人口学特征和旅游业参与情况。

4.2.2 九寨沟人口统计学特征分析

九寨沟样本中女性比例较大，占比六成以上，这主要与九寨沟景区及其周边旅游商贸和旅游住宿以及旅游表演较为丰富，且从业者多为女性相关联。在民族构成方面，藏族比例高达近六成（57.1%），充分表明九寨沟藏民较多，也可以从侧面理解九寨沟在当地被奉为神山圣水。年龄构成上主要是青壮年占比八成以上，说明本地和外来年轻人从事旅游业较多，而不是外出打工从事了其他行业。居民在本地生活年限构成上八成以上是土生土长的本地人，也有少量的外来人口。在宗教信仰上，近一半的人信仰藏传佛教，这与本地的藏族人口构成相符合。在职业构成上，近一半的人从事旅游商贸和服务业，说明旅游业就业是本地重要的就业途径。近七成人员月均收入集中在 1000~2500 元这一档，也表明虽然旅游比较发达，其月均收入与中部，特别是东南沿海还存在着一定的差距，其中 87.5% 的人从事旅游业，而且近七成旅游收入占家庭总收入的 20% 以上及更高比例，表明旅游业在当地社会经济中的重要地位。

在受教育方面，近四成人处于初中及小学文化水平以上，还有一些文盲；高中及其以上学历占比近六成，据悉这部分人中外来人口比例较高，说明九寨沟的受教育水平普遍不高。汶川地震的主观感知恢复年限方面显示为3.9年，表明九寨沟旅游业，已经基本从汶川大地震的影响中走出来，无论在心理层面还是从旅游业绩表现层面来看（表4-2）。

4.2.3 青城山人口统计学特征分析

青城山样本中男女比例相当。在民族构成方面，基本上是汉族。年龄构成上主要是青壮年占比七成以上。居民在本地生活年限构成上六成以上是土生土长的本人，也有少量的外来人口。在宗教信仰上，九成以上无宗教信仰，有小部分人员信仰道教和佛教，这与青城山是道教名山有很大关系。在职业构成上，三成以上的人从事旅游商贸和服务业，说明旅游业就业是本地重要的就业途径，近两成人从事农业，综合说明旅游业在本地占比最大，但还不是其最为重要的产业。近七成人员月均收入不足2500元，也表明虽然旅游比较发达，其月均收入与中部，特别是东南沿海还存在着一定的差距。其中70%的人从事旅游业，而且近六成旅游收入占家庭总收入的20%以上及更高比例。在受教育方面，高中及其以上学历占比近八成。汶川地震的主观感知恢复年限方面显示为4.5年，表明青城山旅游业基本从汶川大地震的影响中走出来，无论在心理层面还是从旅游业绩表现层面来看（表4-3）。

4.2.4 北川县人口统计学特征分析

北川县样本中女性比例较高（66.1%），这与旅游业中职业女性较多相关，也与课题组实际调研中的掌握的实际情况相关。在民族构成方面，汉族占比五成以上，羌族占比42.8%，这与北川县是羌族聚集地的实际情况相吻合。年龄构成上主要是青壮年占比七成以上，40~50岁的人员占比23.6%，表明地震后失地失业的农民可能也加入了旅游行业。居民在本地生活年限构成上八成以上是土生土长的本人，也有少量的外来人口。近九成当地居民和游客有互动和接触，表明当地旅游社区正在融入旅游业大发展之中。在受教育方面，初中和高中占比近八成。汶川地震的主观感知恢复年限方面显示为5.4年，表明北川县旅游业还没有从汶川大地震的创伤中走出来，特别是人们的心理上和实际旅游业发展情况及其个人生活就业等情况还没有从大地震的巨大影响中走出来（表4-4）。

表 4–2　九寨沟旅游地社区人口统计学及旅游参与特征

特征		%	特征		%
性别	男	36.5	月均收入（元）	< 1000	11.3
	女	63.5		1000~2500	67.5
民族	汉族	33.1		2501~4000	11.9
	藏族	57.1		4001~6500	6.0
	其他少数民族	8.8		6501~10000	2.6
年龄构成	<20	14.1		> 10000	0.7
	21~30	45.0	职业	公务员	4.5
	31~40	28.6		企事业管理人员	9.6
	41~50	12.3		专业 / 文教技术人员	3.2
	>50	0.0		服务销售商贸人员	46.8
生活年限	<10	16.0		工人	4.5
	10~20	18.0		农民	10.3
	21~30	36.5		学生	7.1
	31~40	19.2		其他职业	14.1
	>40	10.3	教育	小学及以下	9.3
是否从事旅游业	是	87.5		初中	34.4
	否	12.5		高中	31.1
旅游收入占家庭总收入	<20%	33.6		大专及以上	25.2
	20%~40%	24.4	人口迁移信息	当地土生土长	76.1
	40%~60%	15.1		随父母迁移过来	1.3
	60%~80%	9.2		婚姻迁移过来	5.0
	80%~100%	17.6		工作生意迁移	13.8
宗教信仰	无宗教信仰或没填	48.1		短期务工	1.3
	佛教	49.4		来此学习培训	0.6
	红教	0.6		其他	1.9
	基督教	0.6	震后主观感知恢复年限		3.9 年
	伊斯兰教	1.2			

表 4–3　青城山旅游地社区人口统计学及旅游参与特征

特征		%	特征		%
性别	男	49.3	月均收入（元）	＜1000	19.2
	女	50.7		1000~2500	45.5
民族	汉族	96.4		2501~4000	19.9
	其他少数民族	3.6		4001~6500	8.3
年龄构成	<20	14.0		6501-10000	4.5
	21~30	31.1		＞10000	2.6
	31~40	25.8	职业	公务员	0.6
	41~50	11.4		企事业管理人员	5.0
	>50	7.3		专业 / 文教技术人员	1.9
生活年限	<10	25.8		服务销售商贸人员	32.5
	10~20	15.1		工人	1.9
	21~30	20.7		农民	18.1
	31~40	16.4		学生	7.6
	>40	22.0		其他职业	10.6
是否从事旅游业	是	70.3	教育	小学及以下	7.5
	否	29.7		初中	34.0
旅游收入占家庭总收入	<20%	37.0		高中	42.1
	20%~40%	20.7		大专及以上	16.4
	40%~60%	15.6	人口迁移信息	当地土生土长	64.4
	60%~80%	12.6		随父母迁移过来	1.9
	80%~100%	14.1		婚姻迁移过来	11.3
宗教信仰	无宗教信仰	90.3		工作生意迁移	11.3
	道	3.0		短期务工	4.4
	佛	4.8		来此学习培训	2.5
	其他	1.9		其他	4.4
震后主观感知恢复年限					4.5 年

表 4–4　北川县旅游地社区人口统计学及旅游参与特征

特征		%
性别	男	33.9
	女	66.1
民族	汉族	54.1
	羌族	42.8
	其他少数民族	3.1
年龄	<20	15.0
	21~30	32.7
	31~40	29.5
	41~50	23.6
	>50	3.2
籍贯	北川出生	62.7
	非本地出生	37.3
居住年限	10 年以下	36.0
居住年限	11~20 年	18.2
	20 年以上	45.8
家庭收入	主要来自旅游业	28.1
	部分来自旅游业	21.9
	不来自旅游业	50.0
旅游收入占家庭总收入	<20%	14.3
	20%~40%	22.6
	40%~60%	36.9
	60%~80%	16.7
	80%~100%	9.5
和游客接触的情况	没有接触	12.4
	有一些接触	52.3
	很多接触	35.2

特征		%	
		震前	震后
月均收入（元）	<=500	30.9	12.2
	501~800	12.7	9.5
	801~1000	17.3	16.2
	1001~1200	13.6	23.9
	>1200	25.0	37.4
职业	无业	2.3	6.3
	农民	19.5	3.2
	工人	10.4	4.1
	旅游服务商贸人员	24.9	59.7
	企事业管理人员	1.4	0.9
	专业文教技术人员	4.1	2.7
职业	学生	21.7	5.9
	政府公职人员	1.8	1.8
	离退休人员	0.5	0.9
	其他	13.6	14.0
教育	小学及以下		10.3
	初中		44.4
	高中		29.1
	大专及以上		16.1
旅游发展受益感知	地方政府		43.4
	旅游企业		21.4
	当地居民		16.8
主观感知恢复年限		5.4 年	

在职业构成上，震前和震后有显著的变化。震前旅游商贸人员（24.9%）和农民（19.5%）、工人（10.4%）占比高，地震后旅游服务商贸人员占比陡增到59.7%，农民占比下降至3.2%，这与震后新北川大力发展旅游业以及大地震造成的失地农民增多是吻合的（图4-2）。

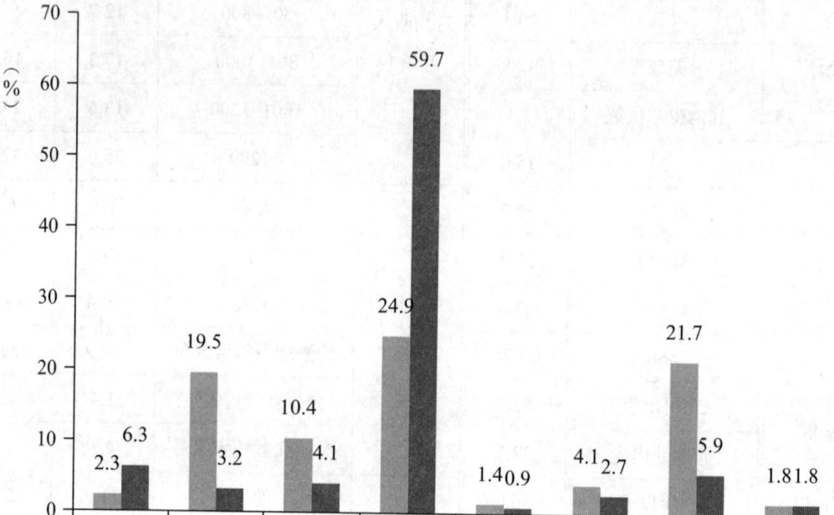

	无业	农民	工人	旅游服务商贸	企事业管理人员	专业文教技术人员	学生	政府公职人员
震前	2.3	19.5	10.4	24.9	1.4	4.1	21.7	1.8
震后	6.3	3.2	4.1	59.7	0.9	2.7	5.9	1.8

图4-2 北川县地震前后旅游社区人员职业变化对比（单位：%）

震前，30.9%的人员月均收入小于500元，25%的人员月均收入大于1200元；震后，37.4%的人员月均收入大于1200元，23.9%的人员月均收入在1000~1200元，说明地震后发展旅游产业给当地带来了一定的经济收益，且增长显著。特别是八成以上的被调研人员其旅游收入占比家庭总收入超过20%，说明新北川县旅游社区参与度较高（图4-3）。

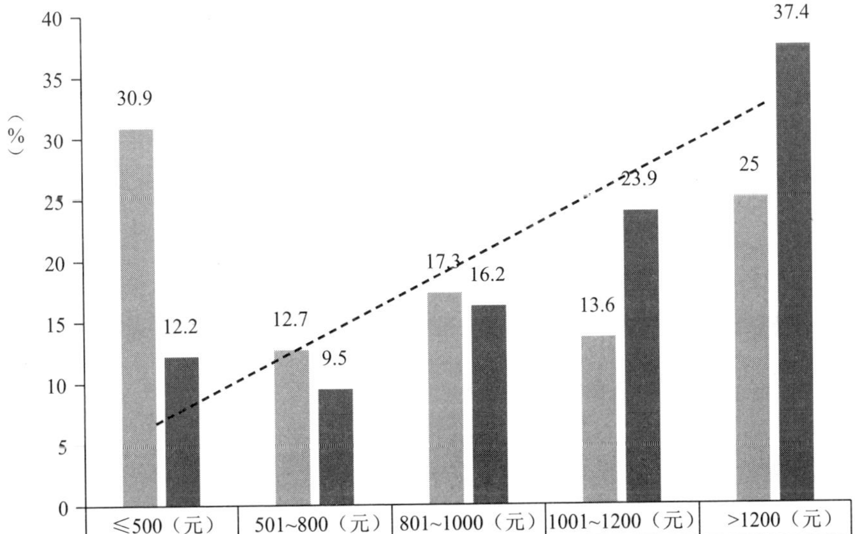

	≤500（元）	501~800（元）	801~1000（元）	1001~1200（元）	>1200（元）
震前	30.9	12.7	17.3	13.6	25
震后	12.2	9.5	16.2	23.9	37.4

震前　震后　线性 (震后)

图 4-3　北川县地震前后旅游社区人员月均收入变化对比（单位：%）

4.3　旅游地社区参与总体概况分析和比较

4.3.1 旅游社区参与总体概况分析

从大九寨沟环线旅游社区的三大案例地调研情况来看（556 份样本），张贴告示的方式是比例较高的旅游社区参与渠道之一，但是这种形式多是被动的告知，旅游社区参与程度较低，带有很强的行政强制色彩；签署相关文件这种最为正式的形式反而占比较低，特别是很大比例的旅游社区居民反应没有接到任何告知或通知，综合表明震后无论是新生的旅游地还是较为成熟的旅游地，其旅游社区参与不尽如人意，这与整体的中国旅游发展过程中社区参与的情况基本相一致，这是由国情、省情和社情决定的（图 4-4）。

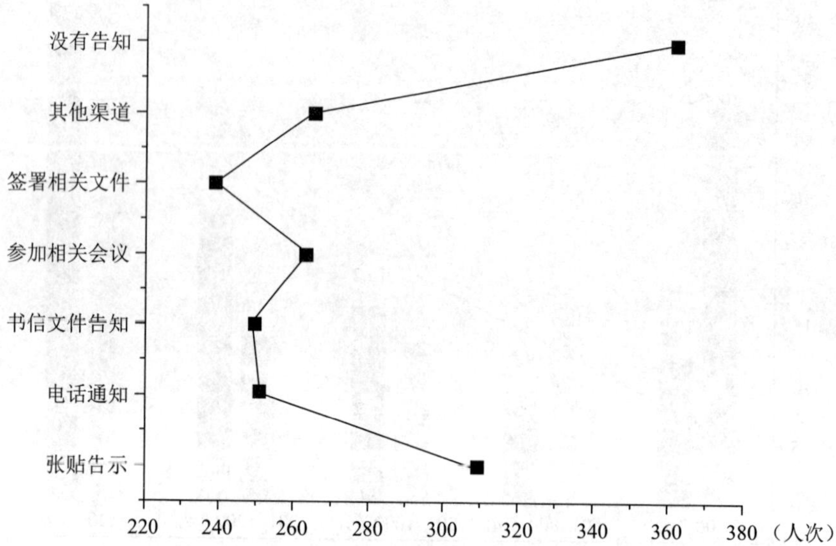

图 4-4　大九寨环线旅游社区参与渠道分析

大九寨沟环线区域旅游社区参与的相关诉求或者维权渠道，主要是通过最直接的村委会、旅游管理部门和社区组织等政府机构部门，有一部分到更高一级的政府行政部门进行投诉和维权，还有一部分通过网络发布以及形成组织团体进行利益诉求，受访者中还有不少表示未有采取任何行动，可能是由于诉求不强烈或者感觉即便采取相关行动也未必能起作用导致的（图 4-5）。

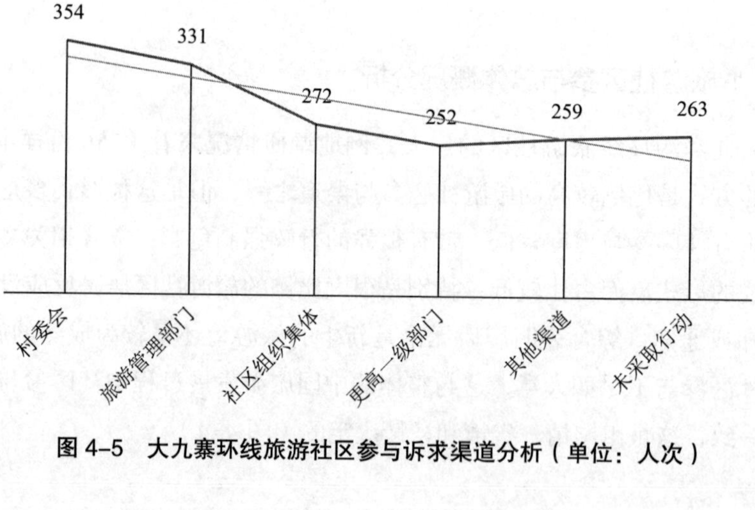

图 4-5　大九寨环线旅游社区参与诉求渠道分析（单位：人次）

在大九寨环线区域旅游社区参与发展过程中，普遍面临着资金短缺、贷款困难、政策支持不到位的困难。同时存在着个人缺乏经验、旅游市场不稳定和竞争激烈等不利因素，特别是经历汶川大地震后大家普遍对旅游地突发危机事件较为敏感（图 4–6）。

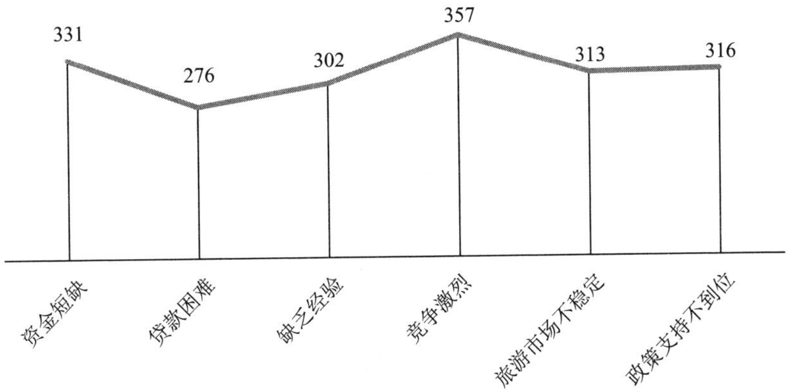

图 4–6　大九寨环线旅游社区参与面临的困难（单位：人次）

通过对大九寨环线区域三大案例地旅游社区参与各个测量题项的统计分析（图 4–7），发现旅游社区参与获益维度的 X1~X5 的均值普遍低于 3.5，表明被访者对震后旅游社区参与获益持反对态度，这是非常值得关注的地方。一方面可能确实是社区旅游产业发展过程中收益小获益少，或者是分配不公，分配不透明等原因造成的；另一方面，也许有可能是震后各类机构进行调研问卷的情况较多，在中国国情情境下，把分数压低，以期获得上面和政府的关注和各类政策支持。社区依恋维度和危机响应态度维度的均值普遍较高，这与被访者多是本地人相关联。社区恢复力的均值虽然在 3.5 以上，但也普遍较低，这可能与旅游地社区受到的相关危机管理和危机响应的培训较少，相关技能和心理建设缺乏有关。总体上看，旅游地社区参与态度和参与意向普遍较高，综合表明旅游业发达的大九寨环线区域社区旅游发展较好。

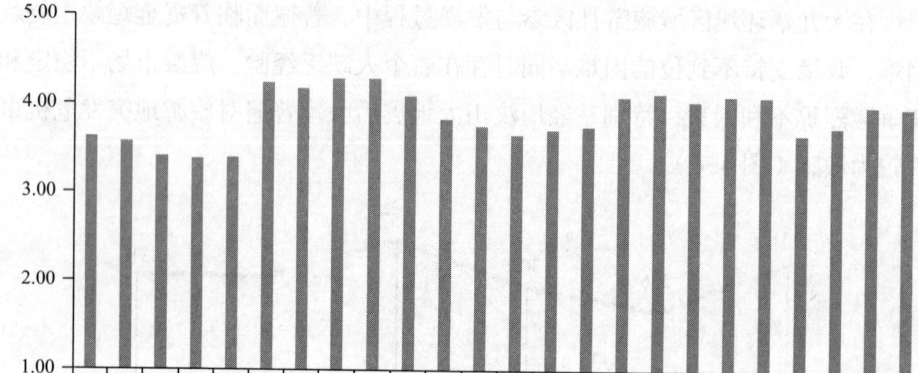

	X1	X2	X3	X4	X5	X6	X7	X8	X9	X10	X11	X12	X13	Y1	Y2	Y3	Y4	Y5	Y6	Y7	Y8	Y9	Y10	Y11
■均值	3.6	3.5	3.4	3.3	3.3	4.2	4.1	4.2	4.2	4.0	3.8	3.7	3.6	3.7	3.7	4.0	4.1	4.0	4.1	4.0	3.6	3.7	3.9	3.9

图 4-7　大九寨环线区域旅游社区参与各题测均值

4.3.2 九寨沟旅游社区参与情况分析

九寨沟在旅游地社区参与渠道方面，主要通过旅游管理部门和村委会与社区组织等主要方式，还有部分人员没有采取任何形式（图 4-8）。

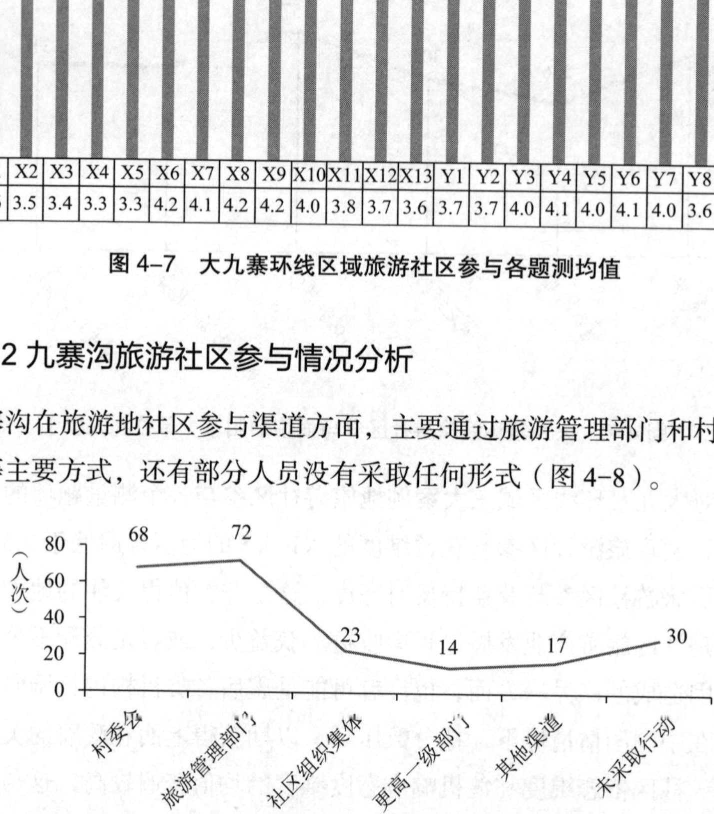

图 4-8　九寨沟旅游社区参与渠道

在旅游社区参与形式方面（图 4-9），张贴告示和参加相关旅游发展会议是重要的参与形式，其余还有电话通知以及文件告知等形式，而作为最重要参与形式的签署书面相关文件的机会更少，特别是相关被调研者反映其没有收到收到任何信息，综上表明九寨沟旅游社区参与的形式有限，特别是参与机会较少，参与程度较浅，这与比较成熟的世界遗产地旅游地留给社会的印象不相符合，说明旅游地社区参与还有很多工作要做，有很多路要走。

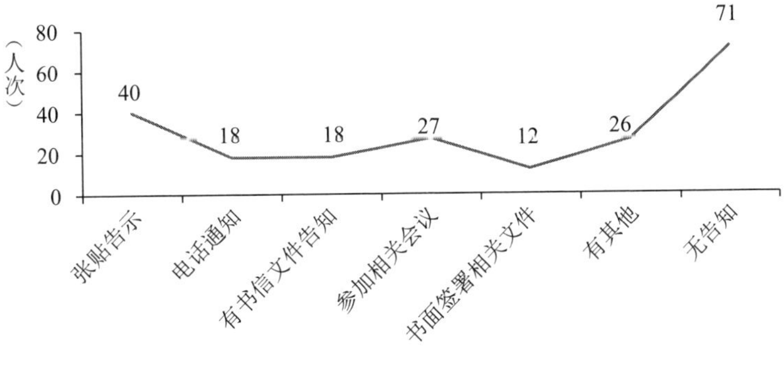

图 4–9　九寨沟旅游社区参与形式

在旅游社区参与和旅游业发展方面（图 4–10），主要面临着竞争激烈、资金短缺、政策支持不到位、市场不稳定和缺乏经验的相关困难。比如突发危机事件导致的市场不稳定，以及大量外来企业和外来人口带来的巨大的竞争压力等方面，比如《宋城千古情》进驻九寨沟以后，导致九寨沟原本 10 余家旅游演绎企业的入座率严重下滑，这对于本地的旅游社区参与造成了极大的心理压力和经济收入下滑的现实压力。

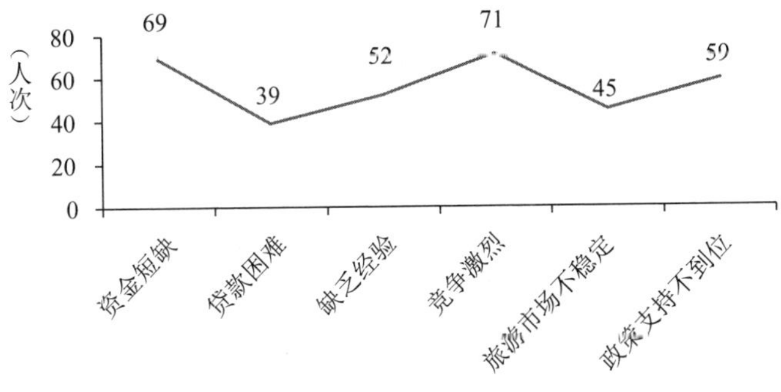

图 4–10　九寨沟社区参与面临的主要困难

九寨沟旅游社区参与方面相关资金来源主要依托个人家庭储蓄以及银行贷款、民间借款和其他渠道等（图 4–11）。旅游地社区主要期望获得更多的旅游项目和资金支持，以及相关旅游发展培训和基础设施的改善、税收优惠等方面。

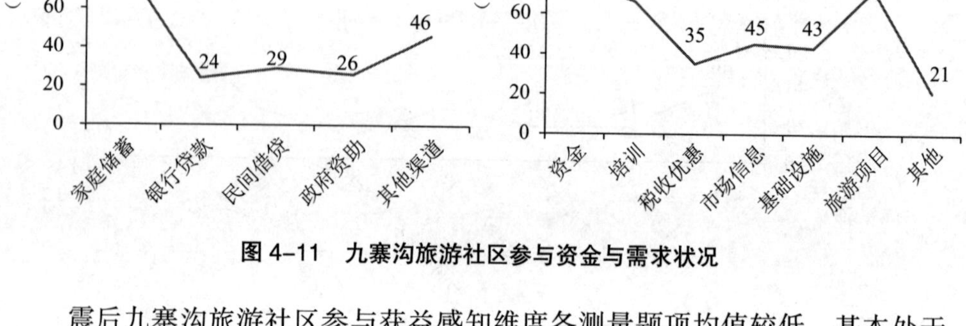

图 4-11　九寨沟旅游社区参与资金与需求状况

震后九寨沟旅游社区参与获益感知维度各测量题项均值较低，基本处于3.5 左右，表明被访者对社区获益普遍不满；社区依恋维度各测量题项均值最高，表明作为成熟的旅游地，旅游地社区对本地的情感较深；社区恢复力、社区参与态度、危机响应态度和旅游社区参与行为意向等维度的各测量题项的均值普遍较高，综合表明九寨沟旅游社区参与的感知普遍较高，这与实际调研和访谈中掌握的情况相吻合（图 4-12）。

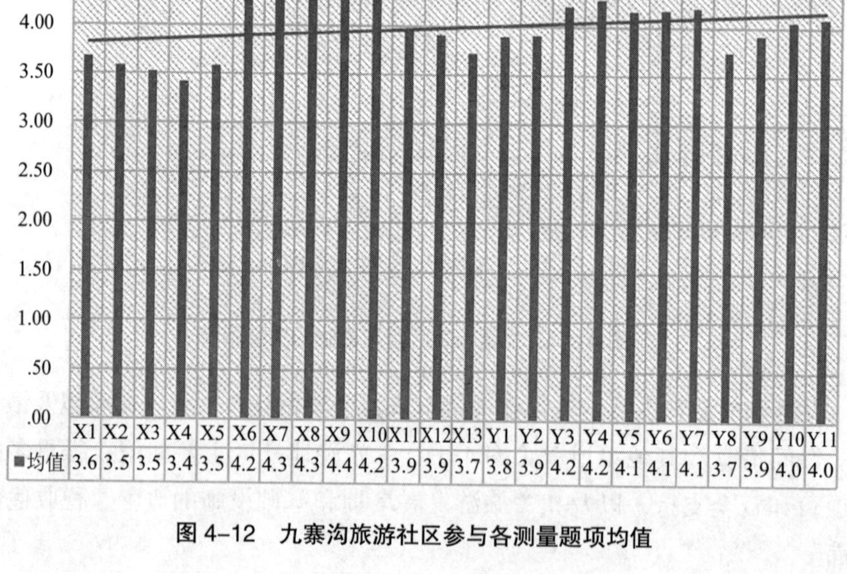

图 4-12　九寨沟旅游社区参与各测量题项均值

4.3.3 青城山旅游社区参与情况分析

青城山在旅游社区参与形式方面（图 4-13），张贴告示是重要的参与形式，其余还有电话通知、参加相关会议以及文件告知等形式，而作为最重要参与形式的签署书面相关文件的机会更少，特别是很大一部分相关被调研者反映其没有收到收到任何信息，综上表明青城山旅游社区参与的形式有限，特别是参与机会较少，参与程度较浅，这与比较成熟的世界遗产地旅游地留给社会的印象不相符合，说明旅游地社区参与是一项复杂的系统工程，还有很多工作要做。

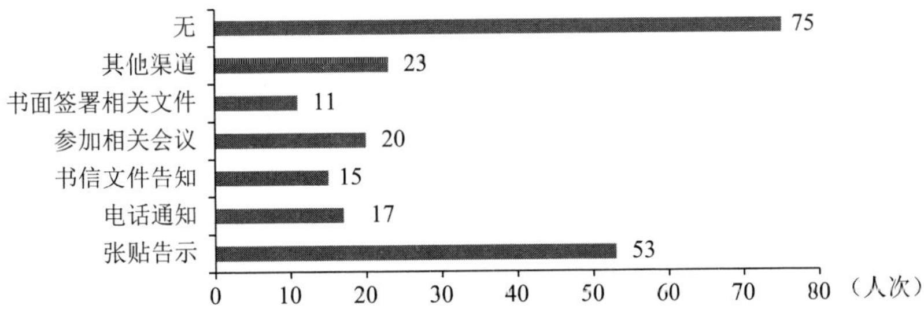

图 4-13　青城山旅游社区参与形式

在旅游地社区参与渠道方面（图 4-14），主要通过旅游管理部门和村委会与社区组织等主要方式，或者向更高一级行政管理部门进行利益诉求，还有部分人员没有采取任何形式，总体上看青城山的旅游社区利益诉求行动力较好，但还有不小的提升空间。

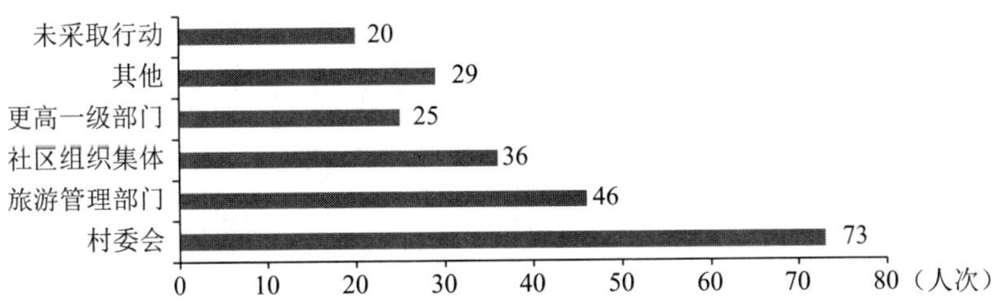

图 4-14　青城山旅游社区参与渠道

青城山旅游社区参与过程中，最主要的困难是竞争激烈、旅游市场不稳定、旅游发展资金短缺以及旅游发展政策支持不到位等方面，同时缺乏旅游发展经验也是一个重要困难（图 4-15）。

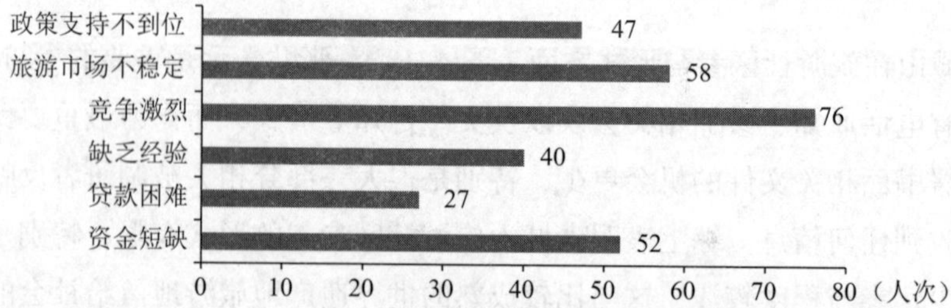

图 4-15　青城山旅游社区参与面临的困难

青城山旅游社区参与获益维度各测量题项均值较低，表明被访者对旅游获益不满意；社区依恋维度均值较高，表明被访者对本地的满意和情感依恋；其余各维度均值基本在 3.5~4.1，表明震后被访者对旅游社区参与基本是积极支持的态度（图 4-16）。

	X1	X2	X3	X4	X5	X6	X7	X8	X9	X10	X11	X12	X13	Y1	Y2	Y3	Y4	Y5	Y6	Y7	Y8	Y9	Y10	Y11
■均值	3.7	3.7	3.4	3.5	3.6	4.1	4.2	4.3	4.3	4.3	3.9	3.8	3.9	3.8	3.9	4.1	4.1	4.0	4.1	4.1	3.8	3.8	4.0	4.0

图 4-16　青城山旅游社区参与各测量题项均值

4.3.4 北川县旅游社区参与情况分析

北川县是在汶川大地震发生后，政府主导的大力发展旅游产业，进行震后重建的典型范例，这与九寨沟和青城山的情况有所不同。通过十余年的发展旅游收入和旅游人次由 2008 年的 1.19 亿元和 20 万人次分别增长到 2018 年的 63.6 亿元和 768 万人次，可以说实现了县域旅游产业的跨越式发展。但在发展的过程中也存在着相关问题，比如在旅游社区参与形式方面，主要通过张贴告示和参加会议的方式，而且比例不高，特别是作为最重要参与形式的签署书面文件的方式较少。在旅游社区参与权益维护方面，主要村委会和社区组织以及旅游管理部门等方式进行（图 4-17）。

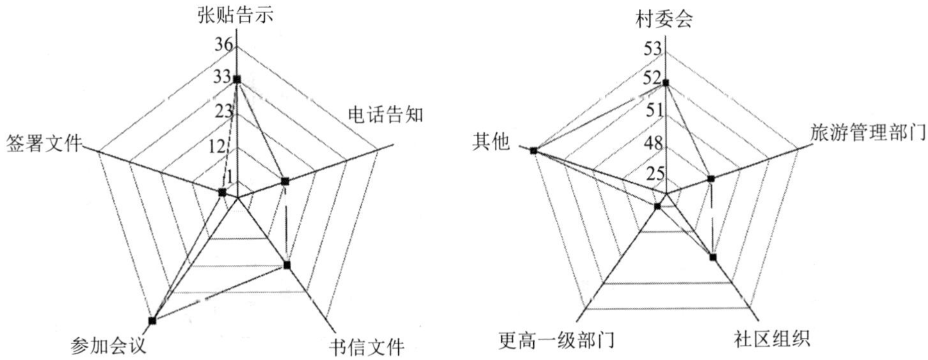

图 4-17 北川县社区参与知悉情况和利益诉求渠道（单位：人次）

北川县在旅游社区参与和发展过程中，主要面临着资金短缺、旅游市场不稳定和政策支持不到位等不利因素的影响，同时旅游市场竞争激烈和缺乏经验以及可能突发的危机事件也严重威胁着旅游产业的持续健康发展，给旅游社区生计和社会经济造成严重威胁（图 4-18）。

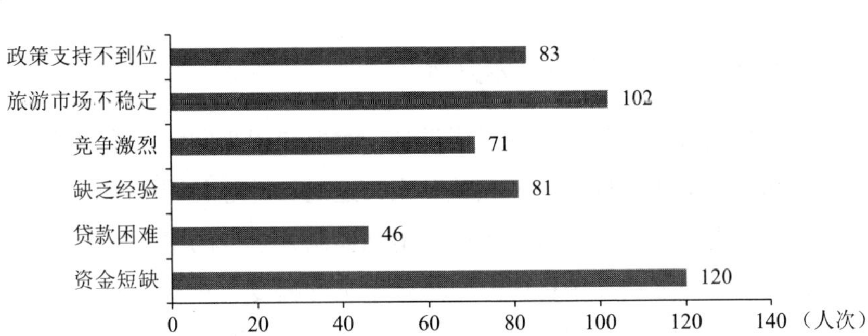

图 4-18 北川县社区参与旅游业发展面临的诉求反应

北川县在旅游发展过程中，还普遍存在着对旅游社区参与获益不满，在旅游社区获益维度的均值可以看出较低（X1~X5），特别是社区参与决策和管理方面被访者普遍强烈不满；在旅游社区恢复力维度均值也普遍较低，这可能与大地震后社区居民接受相关的技能培训较少以及大地震可能造成的一定心理阴影和影响有关，而且呈现出普遍旅游社区参与行为意向不高的态势（图 4-19）。

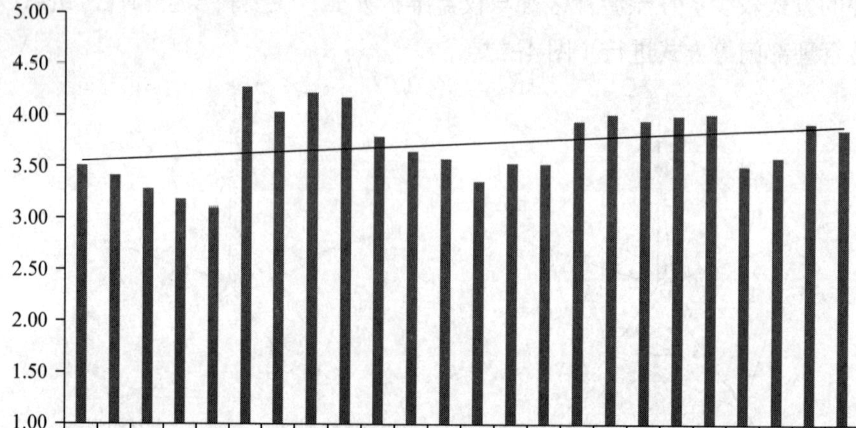

	X1	X2	X3	X4	X5	X6	X7	X8	X9	X10	X11	X12	X13	Y1	Y2	Y3	Y4	Y5	Y6	Y7	Y8	Y9	Y10	Y11
■均值	3.5	3.4	3.2	3.1	3.0	4.2	4.0	4.2	4.1	3.7	3.6	3.5	3.3	3.5	3.5	3.9	4.0	3.9	4.0	4.0	3.5	3.5	3.9	3.8

图 4-19　北川县旅游社区参与各题测均值

4.4　旅游地社区旅游利益相关者访谈分析

4.4.1 旅游社区参与影响总体分析

政府部门注重旅游地危机管理顶层设计，主要表现为制定了旅游地危机管理规划方案和突发危机事件响应的相关预案，这是旅游地各职能部门，特别是政府部门非常重视的工作，这也是中国国情和体制背景下的中国特色，有利于集中力量办大事。但是在旅游社区参与过程中某种程度上对相关利益分配、扶持政策制定等方面存在一定问题，社区居民反映意见普遍较大。旅游企业注重风险应对，并积极参与相关危机防范技能培训等，特别是最常见的安全消防培训学习等较多。但是也面临着市场竞争激烈，不注重旅游地居民的社区参与等发展不利因素。旅游从业者或者旅游收入占比较高的旅游居民对旅游发展获益普遍不满，但是相对社区依恋较高，总体上看旅游社区参与意向和危机响应态度较高。特别看重旅游社区发展过程中的民主参与和利益分配的公开透明（在表 4-5、表 4-6 和表 4-7 进行了相关访谈观点梳理和提炼）。

4.4.2 九寨沟旅游社区参与访谈透视

表 4-5　九寨沟 15 位旅游利益相关者访谈观点提炼

NO.1	2014 年 10 月 8 日，九寨沟沟口《藏谜》大剧院
A1 被访谈人，现居阿坝州，从事旅游业多年。	
地震对我们单位影响很大，2013 年国庆节九寨沟拥堵事件对我们影响不大，但对九寨沟管理局损失很大。 每年都会选派员工参与政府组织的消防和安保方面的培训。本单位的预案是自己做的，没有请专门的机构来做。 平时也会做一些针对地震泥石流等方面的应急预案和演练，但没有形成书面的材料。 从事旅游业中主要遇到的困难有突发危机事件的威胁、市场竞争激烈和旅游市场不稳定等方面。	
NO.2	2014 年 10 月 9 日，九寨沟景管局
A2 访谈人，现居九寨沟漳扎镇，从事旅游业 12 年，负责市场营销工作。	
最首要的是生命安全，其次是游客如何疏散，确保游客安全有序的撤离；排查景区景观的损坏程度。 制定了相应的应急预案，没有请专门的机构制定地震应急预案，但是请省地震局做了指导的。 政府都有预案，我们参照执行，并根据九寨沟的实际情况做了些修改。 第一是时间信息不对称，这可能是最大的困难，警示教育就是要常抓不懈 进一步加强处突的基础设施建设，不仅建筑质量要到位，还要相关设施设备要到位。	
NO.3	2014 年 10 月 9 日，九寨宋城旅游区市场营销部总经理
A3 被访谈人，从事旅游业 15 年，现居汶川县威州镇。	
景区里面经常搞突发事件应急安全的培训，包括消防、地震等，所有的员工都要参加，包括企业领导。 没有请专门的机构来做应急预案，都是由公司总部给我们定的达到什么样的标准，什么样的情况怎么处理等。 平时都要进行演练。最基本的包括怎么疏散怎么走，哪些地方是安全地带等这些都有。 和九寨沟管理局是战略合作单位，信息互通，包括每天的进沟人数，和相关情况等我们都是互通的。 从事旅游业中遇到的困难：突发危机事件威胁；旅游市场不稳定；员工流动性大。	

续表

<table>
<tr><td>NO.4</td><td>2014 年 10 月 10 日，九寨沟县旅游局</td></tr>
<tr><td colspan="2">A4 被访谈人，从事旅游业 8 年，现居九寨沟县永乐镇。</td></tr>
<tr><td colspan="2">地震对九寨沟的影响没有想象中的那么大，但是我们的损失也许比汶川还大。
地震之后九寨沟游客大幅减少，经济收入、社会收入、老百姓的收入下降了。
九寨沟获得了社会捐款，以及相关援建资金，但是感觉没有得到应有的比例。
地震以及相关的突发危机事件对九寨沟的影响很大，相关旅游企业开始离开九寨沟。
从事旅游业中遇到的困难：资金短缺；突发危机事件威胁；经营经验不足；旅游市场不稳定；政策支持不到位。</td></tr>
<tr><td>NO.5</td><td>2014 年 10 月 10 日，九寨沟县文体局</td></tr>
<tr><td colspan="2">A5 被访谈人，从事旅游业 8 年，现居九寨沟县。</td></tr>
<tr><td colspan="2">每年都要组织做消防部门的培训和应急演练。安检部门每年都举办安全宣传月活动。
旅游执法部门都要实时通报天气，特别是最近泥石流频发，通过微信群来发布实时情况。
特别是在黄金周等时段。在节前首先让他们自查，然后再组织相关部门队伍检查。
发生突发事件，首先是安置游客。其次要及时解决他们的交通问题。</td></tr>
<tr><td>NO.6</td><td>2014 年 10 月 10 日，九寨沟县规划局</td></tr>
<tr><td colspan="2">A6 被访谈人，现居九寨沟县。</td></tr>
<tr><td colspan="2">规划安全应急预案工作中，第一要有避难疏散场所，第二生命线系统的打造；第三，应急的指挥系统。
保障交通供给等不瘫痪；平时要进行地震地质灾害的演习。
在沟口设置几个大型停车场，地震地质灾害的时候，也是疏散的场所。平时建设的这些设施，以备用
九寨沟景管局也有专门的旅游突发事件预警机制，一旦出问题就有人负责。
县旅游局也有专门的应急预案，因为要发展全域旅游，应该知晓把游客从哪里疏散出去等。
紧急应对状态要冷静，很冷静的人反而生存概率大，以便更好地面对突发危机事件。</td></tr>
<tr><td>NO.7</td><td>2014 年 10 月 11 日，九寨沟景管局</td></tr>
<tr><td colspan="2">A7 被访谈人，分管景区高峰客流预警，突发事件预警等方面。</td></tr>
<tr><td colspan="2">信息预警作用很大，能够实时信息播报，以便客流调节，以及给救援等带来更大的便利。
先进的设备，如无人机等，可以更好地处置相关突发危机事件。
消防演练等员工都会参加，但是游客行程紧，不会参与进来。
加强游客量控制，使用 App 等技术，能在景区高峰管理和应急事件时发挥积极的作用。</td></tr>
<tr><td>NO.8</td><td>2014 年 10 月 11 日，九寨沟县漳扎镇成都假日旅行社</td></tr>
<tr><td colspan="2">A8 被访谈人，从事旅游业 30 年，现居成都市，见证了九寨沟景区 30 年的发展变迁。</td></tr>
<tr><td colspan="2">制定了突发事件相关应急预案，包括导游的，供货商和承包商的，以及游客等方面的承诺书。
导游在处置突发危机事件中，起着至关重要的作用。
从事旅游业中遇到的困难有：市场竞争激烈；旅游市场不稳定；政策支持不到位。</td></tr>
</table>

续表

<table>
<tr><td>NO.9</td><td>2014 年 10 月 11 日，九寨沟漳扎镇海天旅行社</td></tr>
<tr><td colspan="2">A9 被访谈人，从事旅游业 15 年，现居九寨沟县，对九寨沟旅行社和旅游业发展有一定的见地。</td></tr>
<tr><td colspan="2">在地震中，政府，旅游企业或者导游的反应和表现都不错。
游客的分流很多都是通过旅行社来进行的，还有不少社会人士自发加入救援队伍。
只要九寨沟这个地方一出现天灾人祸，包括泥石流和大型的传染病等，九寨沟游客立马能从五万人降到几千人。
作为一种应急应对的话，经过多年工作以后，我们积累了些经验而已，不同的旅行社的反应是不一样的，包括导游。</td></tr>
<tr><td colspan="2">旅行社有一个简单的应急预案，旅游局也会有这方面的要求。事实上施行的过程中，基本都是口头相传。
从事旅游业中遇到的困难：市场竞争激烈；旅游市场不稳定；政策支持不到位。</td></tr>
<tr><td>NO.10</td><td>2014 年 10 月 11 日，九寨沟漳扎镇假日旅行社</td></tr>
<tr><td colspan="2">A10 被访谈人，从事旅游业 14 年。居住在成都金牛区，对九寨沟旅游业具有一定的见解。</td></tr>
<tr><td colspan="2">基本的应急培训教育都有，地震应急演练等方面是没有的。
地震泥石流灾害史，旅游部门和交通部门协调性不够。
政府部门的监管很重要，但是最终还是要适应市场，其实做旅游很难。
从事旅游业中遇到的困难：市场竞争激烈；旅游市场不稳定政策支持不到位。</td></tr>
<tr><td>NO.11</td><td>2014 年 10 月 12 日，九寨沟沟口蒲公英酒店</td></tr>
<tr><td colspan="2">A11 被访谈人，男，34 岁，汉族，大学学历，居住在九寨沟县漳扎镇。</td></tr>
<tr><td colspan="2">地震泥石流等对进出游客影响很大，对经营者的利益损害是比较大的。
政府牵头给游客地图或者一份九寨沟应急预案的宣传册，因为政府比较官方，更具有权威性。
希望大环境能来做些预防应对突发危机事件等方面的工作。要多给一些应急预案措施等，政府应该提供一些这方面的帮助。
针对自然灾害其实个体起到的作用是很小的，因为各方面调动资源和能力都是很小的，主要靠政府来组织这个事情。
提前预警非常关键。一般九寨沟出现连续降雨，在之前应该做出预测，我觉得这样做更权威一点，更能引起大家的重视。
从事旅游业中遇到的困难：资金短缺；市场竞争激烈；旅游市场不稳定。</td></tr>
<tr><td>NO.12</td><td>2014 年 10 月 12 日，九寨沟沟口客栈</td></tr>
<tr><td colspan="2">A12 被访谈人，从事旅游业 5 年，居住在成都市。</td></tr>
<tr><td colspan="2">应急响应最大的困难就是救援。我做了志愿者，还带了几个朋友参加。
经过了大量的改建和修缮。尽量不把之前灾难的那种状况再次呈现在人们眼前，以免激起人们伤心的往事。
政府应该加强防火和预警方面的一些工作。应该多做一些宣传培训。
首先要保证游客的安全，再保证自身的安全。
加强应急避难场所建设，提升应急措施水平，并做好应急通信工作，做好消防工作。
从事旅游业中遇到困难：突发危机事件威胁，旅游市场不稳定，政策支持不到位，员工流动性大，缺乏处置危机事件技能。</td></tr>
</table>

续表

NO.13	2014 年 10 月 13 日，九寨沟景管局
A13 被访谈人，从事旅游业 2 年，居住在漳扎镇，负责景区的规划工作及基建地质方面。	
地震泥石流等灾害给你们影响就是直接减少游客数量，这是第一点。 对大家造成一种很严重的心理影响，毕竟什么都是次要的，生命才是最重要的。 按照预案怎么疏散，怎么维持秩序都有。景区不但要面临这种突发性大事件，还有些小事件。	
救援游客是复杂的，网格式拉练搜救，公安、消防、交通都要出动。就算游客违反了旅游条例法律，我们也要救援。	
严格按照应急预案处理，预案上怎么来我们就怎么来。至于最后发生什么东西，我们也不好控制了。 利用现代技术，做好游客量控制，和游客位置定位工作。但是游客不怎么看，给预警带来一定困难。	
NO.14	2014 年 10 月 13 日，九寨沟漳扎镇《千古情》旁重庆奇火锅
A14 被访谈人，从事旅游业 15 年，居住在九寨沟漳扎镇。	
当然因为有利就有弊，它是一把双刃剑，利用好了可以有机遇，利用不好可能会伤到自己。 自然灾害是不能抗拒的，那么地震了，有一部分人家破人亡财产损失，损失惨重。 有一部分人，获得了好处，房子重建了，外面援建了。但谁也不想失去亲人。这个事情我觉得这些不是人能抗拒的。 给员工讲点地震知识，他们自己也会看些地震防灾知识。地震就几秒钟，管理者不能就跑了，要把损失减到最小。 主要是搞消防安全培训，并做好相关方面的演练。	
NO.15	2014 年 10 月 12 日，九寨沟景区内树正寨旅游商品店
A15 访谈人，从事旅游业 5 年，居住在茂县，经历地震前后九寨沟旅游业的变化和整个救援过程。	
影响非常大，那一年都没有什么生意，游客进不来。 政府没有补偿商户。这里的店铺都是当地藏民的，我们都是租的。房租有减免的，不要的。 大灾面前，人人都有惋惜怜悯之心嘛。政府不管这些事情，也没有调节，都是自发的自愿的大家自己协调的。 天灾面前人很渺小。基本所有的交通，道路都瘫痪了。政府救援，特别是军队也是几天后到达的。大家主要靠自救。 几乎没有参加应急培训，倒是有些消防安全的宣传。遇到地震等大灾难，主要靠自救靠经验。天灾来了挡也挡不住。	

注：考虑到学术伦理，我们对被访谈人的职业职务、性别和年龄等个人信息进行了隐匿。

4.4.3 青城山旅游社区参与访谈透视

表 4–6　青城山—都江堰 13 位旅游利益相关者访谈观点提炼

NO.16	2014 年 10 月 20 日，都江堰市遗产管理办
A16 被访谈人，现居都江堰市，负责遗产推介管理监督职能。	
震后 UNESCO，亚太中心，住建部等给了部分资金，不过有的是象征性的。 汶川地震，改变了广大旅游从业者的观念和态度，如坑蒙游客的情况减少了，因为他们可能是帮助我们的恩人。 如果没有地震，成都到青城山的高铁不可能修建的，周边建设也会落后很多，老百姓的生活条件和经济收入都没有现在好。	
NO.17	2014 年 10 月 20 日，都江堰市遗产办
A17 被访谈人，居都江堰。	
地震促进了社区参与，比如知名度提高，外来资金进来，相关专家支持，基建设施改善等，人们的观念也有了很好的改变。 做了应急安全预案或者规划，请安检部门和国土部门的专家进行了评审。演练员工，还有村民，还有道观里的道士。 地震青城山都江堰景区突出普遍价值没有大的影响。地震导致二王庙垮塌，青城山的 13 个道观没有受什么损坏。 地质灾害，次生灾害增多，小型的泥石流、垮塌等。 四川省出台了旅游景区 A++，A+ 突发危机事件评估两个标准。是针对旅游高峰期制定的旅游应急预案。 当地的百姓在汶川地震后，第一个反应就是景区要开门。青城山后山前山有一二百家农家乐，要维持生计。 震后四川搞了一个联建政策，可以贷款合作。整个都江堰在地震之后旅游是最先恢复的。当时主要为了鼓舞全市的气势。 景区租了摊点或者从事经营，我们景区采取了延长租期的办法，直到旅游业恢复。 景区有个管理范围，只能管景区里面，景区以外由老百姓来经营，也有其他企业，主要是本地人来经营。 震后，那一年卖了 9000 多万元的门票。上年是 1.6 亿元，减少了大部分。然后 2009—2013 年游客递增，恢复建设，增速大概 20%。	
NO.18	2014 年 10 月 20 日，青都景区
A18 被访谈人，现居都江堰市。	
根据实际情况制定总体预案，然后再收进去相关专题，比如说此类安全应急小册子及其相关专题等。 景区 LED 大屏幕都会显示是否拥挤，提醒游客拥挤的时候就不要过来了。 汶川地震恢复重建规划分解落实到各个部门，然后根据具体情况再来做方案，并执行下去。	

续表

<table>
<tr><td>NO.19</td><td>2014 年 10 月 21 日，都江堰景区西街往事</td></tr>
<tr><td colspan="2">A19 被访谈人，居住在都江堰灌口镇，负责西街往事特色餐饮的经营管理工作。</td></tr>
<tr><td colspan="2">地震对于都江堰可以说“因祸得福”吧。虽然有一些人离开了我们，可能给都江堰带来千百年以后的这种福气。
走的人一路走好，活着的人，我们希望活得更好。走了是没有办法的事情。
现在国外的朋友都挺多的，前几天我的院子还来了 20 多个国家的外国人。
外国人来看汶川地震之后中国怎么建设城市的，也有中国 2000 多年的源远流长的文化底蕴把他们吸引过来的。
这里的小商铺大部分都是外地人，整个西街，包括我就两三家本地人在经营，其他的全都是租给别人的。</td></tr>
<tr><td>NO.20</td><td>2014 年 10 月 21 日，都江堰灌口镇纯棉专卖店</td></tr>
<tr><td colspan="2">A20 被访谈人，从事旅游业 30 年。</td></tr>
<tr><td colspan="2">地震过后这个党执政者对地震救灾还是合格的，救灾措施是很得力的。
地震是不可抗拒的，地震带上的房子修好一点，道路桥梁修好一点，应急预案应急演练多搞一点，这是最重要的。</td></tr>
<tr><td colspan="2">地震避难设施、广场等都有，旅游的人很多不知道。</td></tr>
<tr><td>NO.21</td><td>2014 年 10 月 21 日，都江堰西街消防站</td></tr>
<tr><td colspan="2">A21 被访谈人，居住在都江堰灌口镇。</td></tr>
<tr><td colspan="2">消防演练一个季度一次。都江堰这边消防做的也比较好，总体上比较重视，突发事件的应急处理等方面政府看的也比较重。
旅游从业者会经常参加一些演习，一般是找几家单位负责人参与，主要培训比如应对突发事件的理念等。
地震对都江堰的基础设施和旅游业的发展带来促进作用，提前了不少。上海援建之后，基建也好了，经济上有很大提升。
震后都江堰或者四川的人都比较想得开吧，心态比较平衡。大灾大难都过了，生活还是要继续，该积极向上的就积极向上。</td></tr>
<tr><td>NO.22</td><td>2014 年 10 月 21 日，都江堰灌口镇纯棉专卖店</td></tr>
<tr><td colspan="2">A22 被访谈人，居住在都江堰灌口镇，见证了整个汶川地震的发生救援的全过程。</td></tr>
<tr><td colspan="2">政策好，枕头铺盖衣服雨伞毯子都给了。老人家看病等方面都有照顾的。大灾之下，安排的都挺好。房子抗震还不错。
房子有了，有住的了。危房都拆了。修了新房子。上海那边支援的我们，这里的好多学校和医院都是上海援建的。
总体是很满意的，都挺好的。感谢政府和社会援助。</td></tr>
</table>

续表

NO.23	2014 年 10 月 22 日，青城山后山景管处
A23 被访谈人，负责青城山后山景区的日常管理工作。	
地震过后，整个景区都有很大提升，好很多。 现在有六处地质灾害隐患点，目前有的已经治理。对不能治理的，我们采取专人监控。 泰安古镇本来就是青城山这边的村民建的，也是他们自己的房子。整个后山的援建重建都是有青城山政府来管理指挥的。 根据实际情况制定一个应急预案，在应急灾害的时候我们该怎么做，这有一个详细的流程。 每年在春季和冬季进行两次演练。通过演练来验证我们这个预案是否可行。在演练的过程中发现问题再进行整改。 演练包括整个青城山后山整个片区的管理，包括景区的管理，社区及其他相关部门及其宾馆餐馆山庄等。 制定了游客高峰期的游客数量监控分流预案，超额我们就开始对游客进行分流。 后山有四处避险点。发生特殊情况以后，我们会疏散当地的村民、游客和原住民一块儿到避险点去，转移到安全的地方。 面临灾害来临的时候可能没有以前那么惊慌了。包括平时家里的物质储备等都有明显的改观。	
NO.24	2014 年 10 月 22 日，青城山后山泰安古寺管理所
A24 被访谈人，从事旅游业 24 年，居都江堰，负责泰安古寺周边餐饮住宿的日常管理工作。	
对于灾后重建这块，当时是当地的村民村组、社区和政府打造的。打造完之后，我们景区才过来的。	
我们处上部门都有应急机制，包括交通的、突发事件的，还有山体滑坡的，还有遇到突发的灾难性事件的。 一般的情况下，遇到突发事件，保证自身安全，保证游客安全，然后再联合村民，疏导和转送游客。 他们不能解决掉的都来向我们汇报，因为他们有社区，我们是管理者，一般大小的事情都来找我们。 每年我们景区，还有他们社区以及政府都要组织进行相关的培训，包括滑坡、泥石流等方面。 平时还有相关知识手册的发放等。景区不像村组，平时的应急培训应急预案都比较细致化。 他们是村组培训，有各种协会。他们有他们的机构，主要有村里和社区来进行，不和我们景区这里一块的。 我们的培训都是管理局整体的培训，主要是工作人员，和下属部门的，还有村民的部分代表要参加我们这边的。 一般来说应急预案这几年提的很响，以前体系没有那么完善的时候，就没有现在这么完整，安全是专门有人管的。	
NO.25	2014 年 10 月 22 日，青城山后山金骊索道公司
A25 被访谈人，居住在成都市，负责青城山后山金骊索道的日常管理运营工作。	
应对突发危机事件最重要就是基础设施的建设，要考虑地震因素，该抗震的要抗震，该回避的因素要回避。 广大的旅游从业者他们的一个应急态度和防灾措施这种意识一时半会还没有引起足够的重视。 旅游从业者也会参加相关的培训，主动的人很少。 政府工作做得不够扎实，他不看这个企业经营中对消防的真正的关注。 提高服务质量的，但不直接涉及安全。毕竟不是最为必需的，有些标准还达不到那么高。 涉及安全要全部健全，在健全的情况下不断提高服务标准。在安全方面不能留隐患，我们能更好地不断提高安全系数。	

续表

<table>
<tr><td>NO.26</td><td>2014 年 10 月 23 日，青城山后山游客中心员工</td></tr>
<tr><td colspan="2">A26 被访谈人，居住在都江堰市幸福镇，负责游客咨询和相关旅游纪念品零售等。</td></tr>
<tr><td colspan="2">首先要保障游客的安全，这是第一位的。后山管理处会做些演练，火灾、泥石流和地震灾害之类的。
震后，促进了这边旅游业的发展，地震过后知名度就比以前更高了。吸引了很多游客到来。
做生意的都是本地人，外部承包的少。他们的生活和收入应该很好的。夏天避暑的人特别多，几乎爆满。
总体来说，对于我们都江堰人们或者做生意的受益是很大的，地震前后的都江堰市完全不一样了。
可以说发生了地震以后，都江堰的经济发展提前了几年，促进了当地的旅游业和餐饮业的发展。
要积极配合政府，大家都参与进来。交通、建设等方面都要配合政府的工作。
对于个人来说首先要做好自保的工作，要配合社区之类的工作，力要往一处使共同克服困难。</td></tr>
<tr><td>NO.27</td><td>2014 年 10 月 23 日，青城山前山景区管理处</td></tr>
<tr><td colspan="2">A27 被访谈人，居住在都江堰市，负责门票管理、游客咨询和景区运营日常工作等。</td></tr>
<tr><td colspan="2">在不损害自身安全的情况下，保护好国有资产。还有一个管理处做的总体应急预案。</td></tr>
<tr><td colspan="2">保护现场，积极疏导，马上通知应急办公室，组织救援、疏通、打通道路等方面，还有劝阻游客不进入景区等方面。</td></tr>
<tr><td colspan="2">请人培训，每年都是搞的，也会派员工轮换学习。地震、火灾和泥石流等方面都有的，都是一些有针对性的培训。
没有遇到灾害之前大家都没有什么印象。地震之后没有一个应急小组的话就很麻烦。有了应急小组之后，大家各司其职。
景区里都有地震监测点，后山前山都有。地震局每年都会来四五趟，来调取资料。不管是地质、水文，都要监测点。
大家的安全意识都加强了。比较注重房子质量建设，像承重、抗震等意识都加强了。
日常经营中，都要组织他们进行安全培训。每年还要技能培训，每年都在搞。
机遇肯定是有的。都江堰的机遇是很大，不管是国家的政策，还是社会的援建，对都江堰市的促进很大。
可能不止您说的经济提前五年，可能有十年。我们要珍惜这来之不易的变化，城市变好了，我们自身的素质也要提高。
社区他们也会组织应急安全的培训。应急避难演练等。</td></tr>
<tr><td>NO.28</td><td>2014 年 10 月 23 日，青城山前山景区管理处管理人员</td></tr>
<tr><td colspan="2">A28 被访谈人，居住在都江堰市，负责门票管理、游客咨询和景区运营日常工作等。</td></tr>
<tr><td colspan="2">景区处置突发危机事件大致的流程，首先有预警，如果出现问题，就开始疏散游客。
提前准备好的安置点，这就是避险点，都是通过实地调研来确定的，哪里比较开阔等，比较安全就会被选作避险点。
每年都会搞一些演习，特别是我们景区管理处每年都会搞一个应急演练。还有消防演练，每年都会搞。
2008 年汶川地震可以说给我们敲响了警钟，我们景区的应急安全预案现在都比较系统。</td></tr>
</table>

注：考虑到学术伦理，我们对被访谈人的职业职务、性别和年龄等个人信息进行了隐匿。

4.4.4 北川县旅游社区参与访谈透视

表 4–7　北川县旅游社区 63 位成员留言观点提炼

主要观点	相关表述
地震遗址发展旅游的看法	希望大家正面看待北川地震遗址旅游。 地震遗址可供参观但绝不应该收费。 地震遗址旅游有点对死者的不尊重，不够肃穆！ 希望北川政府带着感恩、回报等方面做旅游市场开发，愿游客带着对大自然的自然灾害敬畏，从而加入环保行列，从中感受到大爱北川。 应该对游客不收门票，车辆可以随便进入。 保护遗址，保护纯北川遗址，保护具有纯羌族特色的北川文化。 希望无论是当地居民还是游客和遗址里的工作人员在面对这些时，不是用一种旅游参观的心情而是用沉痛的怀念，用爱来拥抱地震遗址，严肃、安静。
旅游发展的支持态度	希望政府大力发展旅游，支持旅游发展。 希望大家搞好 5A 级旅游景区。 旅游景点太少，旅游淡季旺季游客相差太大，希望政府多支持当地商户发展。 我希望我们的街道更整齐，让游客更开心。 希望保护好北川地震遗址，规划好，发展好，管理好北川地震遗址旅游事业，让北川地震旅游事业带动北川经济发展。
旅游业中本地人就业的看法	政府没有安排工作。 当地旅游业不招本地人。
旅游发展过程中对政府行为的看法	政府在此过程中存在贪腐行为。 政府应当做好旅游营销工作。提高北川游客的人流，多招商，提高人气。 希望政府能把中央对地方老百姓的政策确实落到实处，旅游发展各行业搞好对外来人员的关怀。 博物馆不给周边居民带来经济效益，政府把游客全部带入博物馆。政府一不修路，二不管老百姓的安全和生活。 关于遗址旅游，老百姓非常支持，但北川县政府搞旅游太独断专行，从不征求老百姓的意见，而且旅游管理的方式方法存在严重问题。 应该多招商引资，政府部门办事应该多考虑当地居民把个人利益看得很重要。 政府全权管理，不应该给私人。 规划很好，金玉其外，败絮其中。

续表

主要观点	相关表述
旅游业发展对老百姓生计的看法	让老百姓有工作，有经济收入，能让老百姓过得幸福就满足了。 （希望）每家房子周围都可以做生意。 希望更多的人来北川，为我们羌绣做更多宣传。 人气不太旺，带动不了经济。 希望地震遗址建好后，农民生活安置问题要解决。 遗址旅游对我来说可有可无，对我们没有一点致富的机会，本来我们是一队，就为了旅游把我们一分为二，弄了十个队，土地被政府征用，生活费也一分钱都不拿。 旅游发展起来了，给老百姓多点实惠，经济上的实惠。 地震让我家受穷。
旅游业发展过程中呈现出的问题看法	旺季 2—5 月，淡季主要出去打工，夏季泥石流多，游客变少。 大部分都做相同的，竞争激烈，价格不统一。 多点吸引游客的活动，公共设备太少，如公厕不应收费，游客乘凉的地方几乎没有。 旅游景点太少，人口太少，可供游客娱乐的活动太少。 旅游人太少，经济部景气，政府投资和宣传力度不够，没有吸引顾客的地方（回头客）。 开发旅游市场，政府加大力度宣传，政策优惠，降低房租，让小商户先做活起来。
地方社会经济发展的看法	多引进外资，增加就业机会，带动地方发展。 加大北川旅游开发力度，打造几个精品，多推羌文化的东西，多找北川当地民间旅游项目。 现在的北川人烟稀少，经济萧条，居民 50% 以上是待岗人员，工厂太少，若有都是亏本企业。北川一条独街，没有什么特别有特色的东西。留住游客的脚步，希望政府部分能给我们解决就业难的问题，再多建一点厂矿。 增加除旅游业之外的人气。 交通不太方便。

4.5 本章小结

本章主要对调研样本数据的缺失值和异常值进行了处理，对访谈材料进行了文字转录，并对调研过程中搜集到各类材料和拍摄的系列照片进行了归纳和整理，以及对相关访谈观点进行了数理和凝练。

（1）基于大九寨沟环线区域旅游社区总样本的 556 份调查问卷，统计分析了人口统计学特征和九寨沟、青城山和北川县三大案例样本的具体人口统计学特征，总体上看女性比例较高，以青壮年为主，汉族占比六成以上，旅游服务商贸人员占比近五成，文化教育上以初中高中占比七成以上，近六成月均收入在 1000~2500 元，旅游收入占比家庭总收入较高，主观感知地震恢复年限基本在 3~5 年。分区域看，九寨沟和青城山总体表现旗鼓相当，而后起之秀旅游地北川县在地震前后旅游地社区参与相关情况表现出很大差异，充分表明大地震的巨大破坏和震后大力发展旅游产业的影响作用较为鲜明。

（2）基于关键事件访谈技术法的九寨沟与青城山 28 位访谈以及北川县 63 位留言辑录信息采集来看，政府部门注重旅游地危机管理顶层设计，表现为制定了旅游地危机管理规划方案和突发危机事件响应的相关预案，这是旅游地各职能部门，特别是政府部门非常重视的工作，但在旅游社区参与过程中某种程度上对相关利益分配、扶持政策制定等方面存在一定问题，社区居民反映意见普遍较大。旅游企业注重风险应对，并积极参与相关危机防范技能培训等，特别是最常见的安全消防培训学习等较多，但是也面临着市场竞争激烈，不注重旅游地居民的社区参与等发展不利因素。旅游从业者或者旅游收入比例较高的旅游居民对旅游发展获益普遍不满，但是相对社区依恋较高，总体上旅游社区参与意向和危机响应态度较高。特别注重旅游社区发展过程中的民主参与和利益分配的公开透明。

第5章　危机响应视角下旅游地社区参与模型分析

5.1　旅游地社区参与特征分析

从大九寨环线区域总样本各维度均值来看，社区参与获益维度均值最低，且小于3.5，表明对社区参与获益普遍持反对态度；从各区域来看，其中北川县的意见最大，这可能与在旅游业快速推进过程中，忽略了本地社区旅游发展过程中的沟通以及可能存在的参与机会的降低。社区依恋维度均值最高，且各区域都比较高，综合表明被访者对所在地具有较深的情感依恋，这可能与其大多是土生土长的本地人有关，加之地震之后经过重建，可能对自己的家乡更加依恋和对来之不易的恢复成果的珍惜。社区恢复力维度均值偏低，这可能与大地震之后，旅游地社区从业者和居民并没有获得其心理预期的各种危机响应和风险防范的培训与学习，特别是新建的北川县感知分值最低，说明了新成长的旅游目的地在各方面还不够成熟。社区参与态度维度均值较高，说明被访者对旅游社区参与较为积极；危机响应态度维度均值较高，表明经历过大地震获得的经验以及相关的培训等和对建设新家园过上新生活的心理期望，引导其对可能的旅游地社区突发危机事件具有较高的响应和处置热情。旅游社区参与行为意向维度均值较高，综合表明大九寨沟环线区域的旅游社区参与意向较高（表5-1）。

表5-1　旅游社区参总样本与个案各维度均值

	总样本	九寨沟	青城山	北川县
社区参与获益	3.47	3.55	3.63	3.30
社区依恋	4.22	4.32	4.26	4.10
社区恢复力	3.75	3.86	3.93	3.53
社区参与态度	3.94	4.00	4.01	3.76
危机响应态度	4.08	4.17	4.11	3.99
社区参与意向	3.85	3.95	3.93	3.73

从三大案例地分区域的角度来看，六大维度均值呈现出九寨沟 > 青城山 > 北川县的特征，这可能是因为一方面较为成熟的旅游地其旅游社区参与积极性较高，另一方面地震影响的角度看地震影响越大其旅游地社区参与意向就越低等因素造成的（图 5-1）。

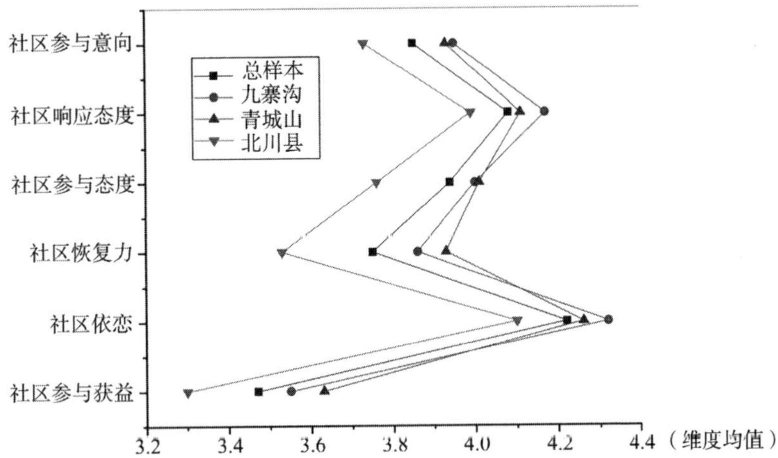

图 5-1　旅游社区参总样本与个案各维度均值比较

5.2　样本数据信度和效度分析

在 0.001 显著水平下，结果显示总体样本 Cronbach's α 值为 0.935，大于 0.9，表明样本的内部信度较好，各维度可靠性系数 Cronbach's α（0.763~0.888）大于 0.7，表明各维度信度尚可（表 5-2）。总体样本球形检验（Kaiser Meyer Olkin，KMO）值为 0.933，大于 0.9，说明样本的结构效度较佳；内容效度 KMO 值（0.647~0.866）大于 0.6，表明所设计的测量题项能代表所要测量的内容。各维度的平均方差析出量（Average Variance Extracted，AVE）值（0.514~0.689）大于 0.5，总体上表明观察变量能够测度其所属的潜在变量。组合信度（Composite Reliability，CR）值（0.777~0.887）大于 0.70，说明模型效度较好。总体上信度和效度的检验表明样本适合进行因子分析。

通过对模型的区别效度进行检验，结果表明没有达到理想水平，需要进行进一步的验证（表 5-3、表 5-4）。

表 5-2 信度和效度检验

维度	平均方差析出量 AVE	组合信度 CR	克朗巴哈系数 Cronbach's α	球形检验 KMO
社区参与获益	0.611	0.887	0.888	0.866
社区依恋	0.557	0.860	0.855	0.857
社区恢复力	0.540	0.777	0.746	0.647
社区参与态度	0.564	0.837	0.846	0.791
危机响应态度	0.689	0.869	0.862	0.707
社区参与意向	0.514	0.809	0.817	0.730
总样本			0.935	0.933

表 5-3 区别效度检验

维度	社区参与获益	社区依恋	社区恢复力	社区参与态度	危机响应态度	社区参与意向
社区参与获益	0.75					
社区依恋	0.39	0.73				
社区恢复力	0.24	0.63	0.78			
社区参与态度	0.39	0.69	0.55	0.83		
危机响应态度	0.49	0.85	0.61	0.62	0.75	
社区参与意向	0.47	0.81	0.60	0.77	0.88	0.72

注：主对角线是平均方差析出量 AVE 的平方根；在 0.05 水平下显著，对角线下方数值如果大于 0.7 或者大于平均方差析出量 AVE，建议进行进一步的检验。

表 5-4 区别效度卡方差值检验（Chi-square difference value testing）

潜在变量 Latent variables	χ2		Δχ2
	限定模型 The constrained model	开放模型 The unconstrained model	（df=1，p<0.001）
Cov（CR，CPA）	192.497（df=14）	99.802（df=13）	92.695
Cov（CR，CPI）	270.628（df=14）	157.897（df=13）	112.731
Cov（CRA，CPI）	334.737（df=14）	195.034（df=13）	139.703
Cov（CPA，CPI）	230.511（df=20）.	182.144（df=19）	48.367

注：CA，community attachment，社区依恋；CR，community resilience，社区恢复力；CRA，crisis response attitude，危机响应态度；CPA，community participation attitude，社区参与态度；CPI，community participation intention，社区参与意向。

为了更进一步地判断区别效度，采用了卡方差值检验方法（Bagozzi 和 Yi，1988）。在结构方程模型中具体操作步骤如下：设有两个构念 X 和 Y，建设相关路径，利用 AMOS 来检验这两个建构或者构念之间的区辨性，可在模型窗口建立一个开放模型（The unconstrained model）：方差设定为 1（V1=V2=1），但协方差未限制。再建立一个限制模型（The constrained model）：构念间的相关设 1（协方差和方差均限制为 1，亦即 V1=V2=CO=1）。假如这两个模型的卡方差异值未达到显著差异，即表示两个构念之间不具备区别效度，即无法拒绝 H0：Φ=1。此种区别效度的 SEM 分析，研究者一次只能进行一对构念的检验。这两个受限模型和非受限模型间的卡方差异值 $\Delta\chi^2$ 大于 3.85（df=1，$p<0.001$）即表示达显著水平（Ping，2005）。检验结果如表 5-4 所示，各配对维度卡方差值分别为 92.695，112.731，139.703 和 48.367，表明具有区别效度。同时为了检验共线性问题（multicollinearity），通过膨胀因子系数 variance inflation factor（VIF）检验方法来进行操作，检验结果表明，所有的 VIF 小于门槛值 10，表明本结构模型各维度不存在共线性问题（Gefen，Rigdon，and Straub，2011）。

综上检验表明，本样本和本模型结构的样本信度、组合信度和结构效度、内容效度、区分效度以及共线性等检测获得通过，表明了适合进行因子分析和结构模型的进一步运行和测度。

5.3　旅游社区参与测量模型验证分析

5.3.1 测量模型检验分析

为考察测量模型中各个潜变量之间的假设关系，对结构模型进行检验分析（表 5-5）。首先，对样本进行多元正太性检验，经检测观察变量偏度绝对值 0.434~1.207，小于门槛值 2.58；峰度绝对值 0.052~3.053，小于门槛值 8，由此样本数据可视为符合多元正太分布。其次，检验样本的共同方法偏差，其指的是因为同样的数据来源或评分者、同样的测量环境、项目语境以及项目本身特征所造成的预测变量与效标变量之间人为的共变。使用 Harman 单因素检验进行因子探索性分析，第一个因子累计贡献率为18.73%，表明共同方法偏差并不严重可以忽略不计（Podsakoff et al.，2003）。最后，在检验整体模型适配度指标时，Hair建议应先检验该模型参数是否有违反估计现象（Hair等，2002），可以从两个方面着手：有无负的误差方差存在；标准化参数系数是否大于等于1。根据测算，模型中误差方差的测量值在0.013~0.048，并无负的误差方差存在；标准化参数系数在0.614~0.891，皆未超过1，结果表明模型并未发生违反估计现象，可以进行整体模型拟合度的检验。采用极大似然法（ML）对理论模型进行参数估计，发现相关拟合指标没有达到理想数值，因此需要对模型做进一步修正（Nunkoo，Ramkissoon和Gursoy，2013）。

表5-5 测量题项均值、因素载荷、偏度和峰度

维度	测量题项	均值 Mean	标准差 S.D	因素载荷	偏度 skew	峰度 kurtosis	标准误 S.E	临界比率 C.R.	P
社区参与获益	X1 工作机会增加	3.62	0.920	0.730	−0.918	1.986	0.028	14.637	***
	X2 技能培训增加	3.56	0.933	0.825	−1.176	3.053	0.023	12.937	***
	X3 参与管理增加	3.40	1.004	0.859	−0.827	1.631	0.023	11.800	***
	X4 参与决策增加	3.37	1.009	0.776	−0.864	1.758	0.028	13.128	***
	X5 旅游收入提高	3.38	1.025	0.709	−0.593	0.903	0.033	14.339	***
社区依恋	X6 关心本地发展	4.25	0.684	0.528	−0.734	0.946	0.026	13.647	***
	X7 习惯这里生活	4.18	0.792	0.826	−.635	0.661	0.019	13.706	***
	X8 愿意长久生活	4.29	0.779	0.831	−1.075	2.046	0.016	11.527	***
	X9 这里感情很深	4.29	0.773	0.752	−0.901	1.559	0.017	11.800	***
	X10 这里感觉很好	4.09	0.902	0.753	−0.677	0.916	0.021	15.787	***
社区恢复力	X11 处置能力提高	3.83	0.833	0.821	−0.463	0.259	0.048	14.338	***
	X12 风险能力提高	3.76	0.821	0.755	−0.647	0.876	0.024	12.074	***
	X13 适应能力提高	3.65	1.055	0.614	−0.517	0.465	0.024	9.529	***
社区参与态度	Y1 旅游发展建言献策	3.78	0.876	0.727	−0.792	0.252	0.026	14.616	***
	Y2 动员亲朋发展旅游	3.76	0.836	0.814	−0.770	1.113	0.019	12.906	***
	Y3 关心本地旅游发展	4.089	0.774	0.726	−1.115	2.011	0.018	13.864	***
	Y4 参与旅游感到骄傲	4.13	0.803	0.732	−1.122	1.517	0.019	13.784	***

续表

维度	测量题项	均值 Mean	标准差 S.D	因素载荷	偏度 skew	峰度 kurtosis	标准误 S.E	临界比率 C.R.	P
危机响应态度	Y5 珍惜保护旅游资源	4.04	0.756	0.755	−1.207	2.162	0.026	14.371	***
	Y6 恢复保护自然环境	4.10	0.746	0.891	−0.887	0.503	0.024	13.851	***
	Y7 抢救传承地方文化	4.09	0.724	0.838	−0.561	−0.052	0.018	14.328	***
社区参与意向	Y8 旅游发展决策意向	3.67	0.865	0.719	−0.456	−0.083	0.019	13.798	***
	Y9 从事旅游行业意向	3.75	0.840	0.739	−0.434	−0.125	0.013	11.858	***
	Y10 与游客深交流意向	4.00	0.736	0.688	−0.615	0.259	0.013	8.899	***
	Y11 满足游客需求意向	3.98	0.784	0.721	−0.646	0.365	0.018	13.603	***

5.3.2 测量模型修正分析

根据 SEM 中测量模型中部分潜在变量可以关联，以及社区参与获益感知、社区依恋和社区恢复力理论上也存在一定联系，建立了三者之间的关联，在 0.001 显著水平上三者之间的相关系数为 0.235、0.394 和 0.634（表 5–6）。而且社区参与获益与社区恢复力之间的相关属于强相关，其相关系数为 0.634，正如社会交换理论所表明的，获得益处越大，其所产生的相关作用效果就越强。社区参与获益与社区依恋之间的作用效果偏低，这可能与社区参与获益维度的均值总体上处于不赞同的区间有关系（3.47，表示不赞同），可能对地方依恋的情节就较弱。

表 5–6 社区参与获益、社区依恋和社区恢复力相关显著性检验

			协方差	相关系数	S.E.	C.R.	P
社区参与获益	<-->	社区依恋	0.105	0.235	0.023	4.599	***
社区依恋	<-->	社区恢复力	0.173	0.394	0.027	6.387	***
社区参与获益	<-->	社区恢复力	0.271	0.634	0.034	8.079	***

备注：*** 表示在 0.001 水平上显著。

按照两两相关残差释放规则，根据 MI 值变化，一次释放一个，逐次释放观察，最终试验释放 X4 和 X5，Y3 和 Y4，Y10 和 Y11 的残差 e4 和 e5，e16

和 e17，e20 和 e21，而且三组正向相关，符合内在逻辑和常规意向（图 5-2）。

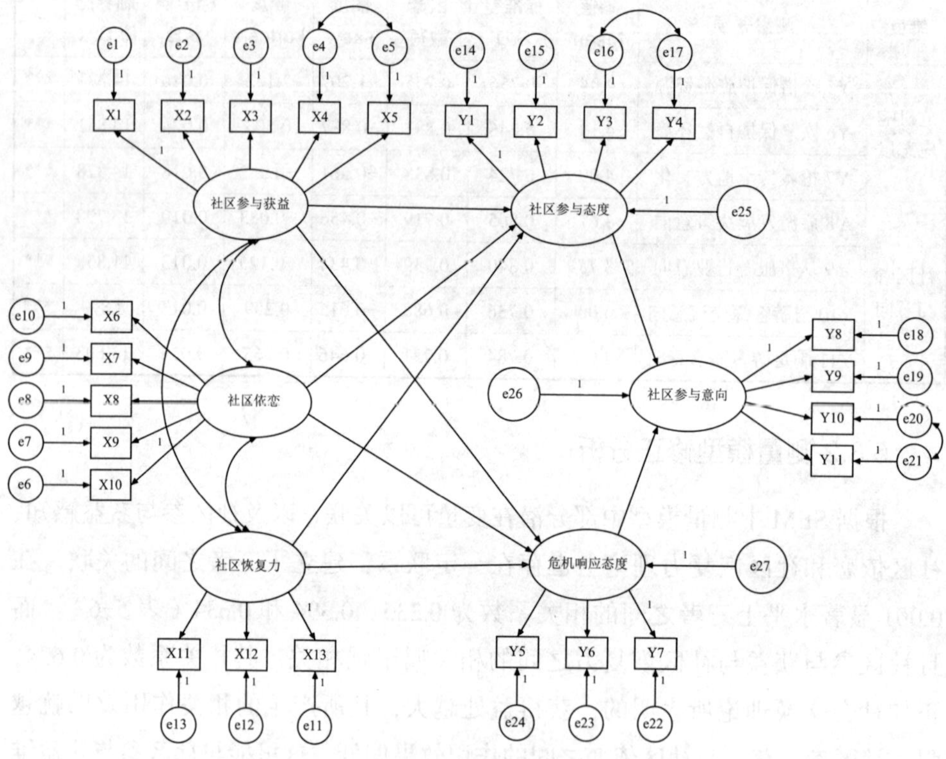

图 5-2　社区参与概念模型修正示意

修正后的结构模型拟合指标相对理想（卡方自由度比值 3.678，GFI=0.884，RMR=0.049，RMSEA=0.069，IFI=0.920，TLI=0.907，CFI=0.920，NFI=0.893，PGFI=0.701，PNFI=0.770，PCFI=0.793）（Mulaik 等，1989），其中拟合指标中除卡方自由度比值大于理想值 3 外，其余各项指标均达到理想值（表 5-7）。根据 Nunkoo 和吴明隆等研究，认为当样本量大于 500，卡方自由度比值的规定值小于 5，而不是通常情况下的 3，鉴于此卡方自由度比值 3.68 是可以接受的（Minglong，2010；Nunkoo，Ramkissoon 和 Gursoy，2013）。

表 5–7 适配拟合指标验证性检验

拟合指标	绝对适配指数 Absolute index					增值适配指数 Comparative index				简约适配指数 Parsimony index		
	CMIN/DF	GFI	RMR	AGFI	RMSEA	IFI	TLI	CFI	NFI	PGFI	PNFI	PCFI
门槛值	2~5	>0.90	<0.05	>0.90	<0.08	>0.90	>0.90	>0.90	>0.90	>0.50	>0.50	>0.50
概念模型	4.037	0.869	0.049	0.837	0.074	0.908	0.894	0.907	0.881	0.698	0.769	0.792
结构模型	3.678	0.884	0.049	0.853	0.069	0.920	0.907	0.920	0.893	0.701	0.770	0.793

5.4 旅游社区参与结构模型验证分析

5.4.1 结构模型验证分析

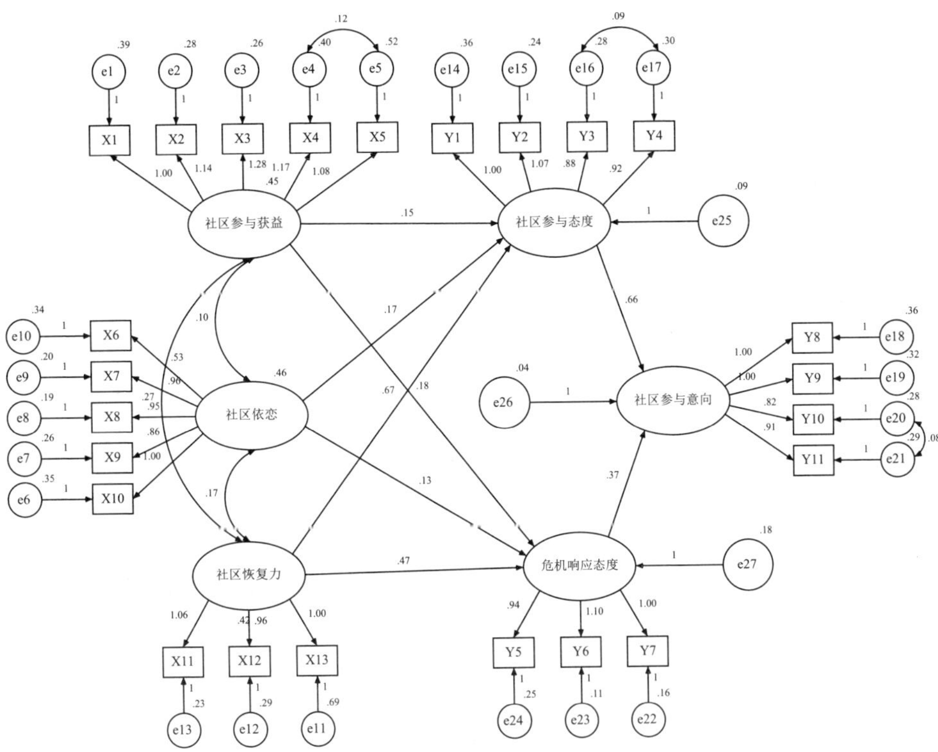

图 5–3 结构模型非标准化测度结果

根据对测量模型的适配指标的检测和相关修正，使用 AMOS17.0 对结构模型进行测度，非标准化运行结果如图 5-3。结果提供了足够的证据表明理论模型足以适合数据并且可以接受。图 5-4 给出了具有标准化系数和每个假设路径的显著性水平的结构模型的视觉表示。结果表明，社区效益、社区依恋和社区恢复力的路径系数具有统计显著性，与预期方向一致，对社区参与态度和危机响应态度有积极影响，特别是社区恢复力的路径系数大于其他，揭示社区应对旅游危机的能力对于战胜和适应困境具有重要作用，并且三个前因维度具有显著的相关性，表明利益、情感和能力相互促进和相互作用。社区参与态度和危机应对的路径系数具有统计显著性，对社区参与意愿产生积极影响，表明支持旅游开发和重建家园的当地社区是积极的。

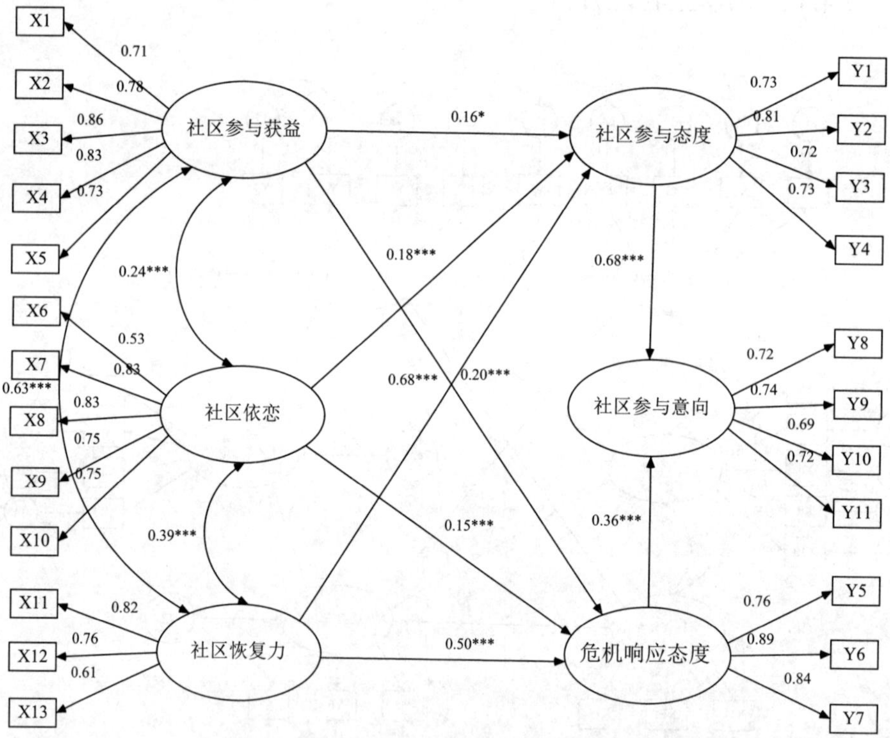

图 5-4　旅游社区参与结构模型测度标准化结果

5.4.2 结构模型假设检验结果分析与讨论

验证了研究假设，结果总结在表 5-8 中。结果表明所有假设都得到了支持。结果表明，旅游社区参与和危机应对态度对汶川地震后的社区参与行为产生了积极影响，证实了当地社区的态度积极主动，而不是消极和被动。

表 5-8　旅游社区参与相关假设检验结果

	假设			标准化路径系数	截距比率 C.R.	检验结果
H1	社区参与态度	←	社区参与获益	0.16*	2.97	支持
H2	危机响应态度	←	社区参与获益	0.20***	3.51	支持
H3	社区参与态度	←	社区依恋	0.18***	4.59	支持
H4	危机响应态度	←	社区依恋	0.15***	3.41	支持
H5	社区参与态度	←	社区恢复力	0.68***	9.81	支持
H6	危机响应态度	←	社区恢复力	0.50***	7.47	支持
H7	社区参与意向	←	社区参与态度	0.68***	11.25	支持
H8	社区参与意向	←	危机响应态度	0.36***	7.21	支持

备注：*** 表示在 0.001 水平上显著，* 表示在 0.01 水平上显著。

5.4.2.1 社区参与获益

H1 和 H2 假设检验结果表明，旅游地社区参与获益感知对社区参与态度和危机响应态度具有显著正向作用，这与相关研究的结论是一致的（Alegre 等，2010；Hanafiah 等，2013；Lee 和 Back，2006；Nunkoo 和 Ramkissoon，2012）。与震前相比，当地社区在旅游基础设施、收入、就业、技能培训和参加管理决策等方面有所提升。旅游业作为灾后恢复重建的排头兵和提振器，给满目疮痍的灾区带来了希望和活力。这些因素直接推动了当地社区更加积极主动地参与和支持当地旅游业的发展，更加珍视来之不易的旅游发展成就，这也进一步阐释了社会交换理论在旅游地社区参与过程中的重要意义（Alegre 等，2010；Lee 和 Back，2006；王咏等，2014；许振晓等，2009）。社区参与获益感知维度均值为3.47，按照Tosun建议的五等级李克特量表表征（均值在1.0~2.4表示反对；2.5~3.4表示中立；3.5~5.0表示赞同），表明当地社区及其旅游从业人员对参与旅游业的收益是认同的，但相对勉强（Tosun，2002）。另外，通过测算九寨沟、青城山和北川县对汶川地震恢复震前水平的时间评估分别为3.9年、4.5年和5.4年，表明地震造成的冲击已经基本恢复，但在获益感知维度观察变量中“参与景区、公司管理的机会增加了，参与旅游发展决策的机会增加了和旅游收入增加了”的均值约为3.4，表明当地社区在旅游业恢复和发展过程中对参与管理、决策和个人收益等方面还有不满意的地方和提升空间。这也许与在当时推进灾后快速重建与恢复以及政府全力强势推进旅游业大发展过程中，与当地社区沟通不够全面和透彻有关（比如当地有就旅游收入分成的上访情况出现），或者在某些旅游单位当地社区获得参与机会不高（比如部分外来旅游企业入驻不招收本地人），或者是政府集权管理模式下大家下意识地表明自己参与机会不高以便获得更好的参与机遇争取更多的发展资源（可能会获得政策支持或旅游业发展拨款）等原因有关。

5.4.2.2 社区依恋

支持H3和H4，表明社区依恋对危机应对和社区参与有积极影响。“社区依恋”维度的平均值为4.2，进一步表明当地社区和旅游从业者在经历突如其来的危机后获得了一定的支持和利益，并且具有更高的地方情节和应对危机的能力。在某种程度上，可以说它改善了对当地社区的情感依恋。旅游业与当地社区的主要生计息息相关，可以说，这种关注和情感依恋进一步促进了社区参与和危机应对，并验证了情绪和功能因素对灾后社区恢复和旅游危机应对的积极影响（Cutter等，2008；Gu和Ryan，2008；Lee等，2010；Lo和Jim，2015）。社区依恋的功能性和情感性作用相契合，也表明社区恢复力作为危机响应和社区参与的重要因素，对旅游地突发危机事件的应对和响应起到了积极的作用。表明社区依恋对社区参与行为意向具有积极影响。“社区依恋”维度均值为4.2，进一步表明了当地社区在经历了突发危机事件后，在获得了一定支持和利益，具备一定危机响应能力和社区依恋的情感等因素共同作用下，有利于提升当地社区危机响应的热情和参与旅游业的积极性。一方面旅游业关乎当地社区的主要生计，另一方面发展旅游业将会促进地方形象传播、文化民俗传承、自然生态保护等。可以说这种关切和情感依恋进一步促进了社区参与和危机响应，验证了社区依恋这种具有情感性和功能性的要素对灾后社区恢复和旅游地危机响应的积极作用（Cutter 等，2008；Gu 和 Ryan，2008；Smith 等，2012）。

5.4.2.3 社区恢复力

H5 和 H6 获得支持，表明社区恢复力对社区参与和危机应对产生了积极影响，特别是震后社区的危机应对能力得到了改善。与地震前相比，大多数旅游从业者和社区居民更关注危机应对，并具有一定的经验、能力和适应能力，以应对风险变化和救灾。这些变化促成了灾后危机应对和当地人旅游生计的快速恢复。灾后，各级政府和旅游企业加大了对危机应对和灾害管理的培训和演练力度。当地居民和旅游从业人员也更加重视防灾减灾。与此同时，当地社区拥有广泛的社区关系和社会资本，这有利于灾后恢复和重建。它进一步证明，在社区复苏期望和社区依恋复杂的推动下，对旅游业的发展具有一定的响应能力和支持。可以说，主观、客观地推动了旅游社区的主动性（Ainuddin 和 Routray，2012；Cohen 等，2013；Gallopín，2006；Nunkoo 和 Ramkissoon，2012）。与震前相比，广大旅游从业者和社区居民应对突发危机事件心态上更加从容了，并具备了一定的经验和能力，这些变化对灾后参与危机响应和快速恢复起到了促进作用。灾后各级政府和旅游企业加大了危机响应、灾害处置的培训和演练，社区居民和旅游从业者也更加重视灾害预防和处置。当地社区具有广泛的社区资本，对灾后恢复和重建具有一定的条件支撑，进一步表明了在社区恢复期望和社区依恋情结的驱动下，对旅游地突发危机事件具有了一定的响应度和支持力，更加珍惜本地的旅游资源、保护生态环境以及注重本地文化的传承和弘扬，可以说在主观和客观上促进了旅游社区参与的能动性（Cohen 等，2013；Ritchie，2004；Waligo 等，2013）。

5.4.2.4 社区参与和危机响应态度

支持 H7 和 H8，表明社区参与态度对社区参与行为意向有积极影响，与态度行为理论和社会交换理论相一致（Ajzen，2002；Alegre 等，2010；Vargas-Sánchez 等，2011；Ward 和 Berno，2011）。在危机应对的背景下，这种结构模型具有一定的合理性和代表性。它还表明，突然的危机应对和社区参与旅游目的地是一个综合的多元互动系统（Faulkner 等，2001；Sebele，2010；Simpson，2008）。

从总体效应的角度来看，社区参与效益、社区依恋和社区恢复力对社区参与意愿的价值分别为 0.18，0.18 和 0.64，表明当地社区适应力对社区参与意愿的影响更大。因此，在灾后恢复过程中，旅游目的地危机响应时应更加关注社区抵御能力的影响。总之，本研究提出的理论框架得到了验证，地震后社区参与和危机应对活动仍然是积极的。

5.5 旅游社区参与结构模型重要性—表现力映射分析

从 LV 绩效的表现来看社区参与获益最低，社区依恋最高。从构面总效应的角度看，社区参与获益最低，社区参与态度最高。分维度来看，其中社区恢复力对社区参与态度（0.476）和危机响应态度（0.315）具有较高的表现力；社区参与态度对社区参与意向为（0.489），表现较佳（表 5–9，图 5–5）。

表 5–9 旅游社区参与结构模型 LV 绩效和构面总效应

	LV 绩效	构面总效应
社区参与获益	61.698	0.172
社区依恋	78.956	0.194
社区恢复力	68.976	0.396
社区参与态度	71.241	0.515
危机响应态度	74.454	0.374
社区参与意向	71.548	

注：此处指构念标准化效应

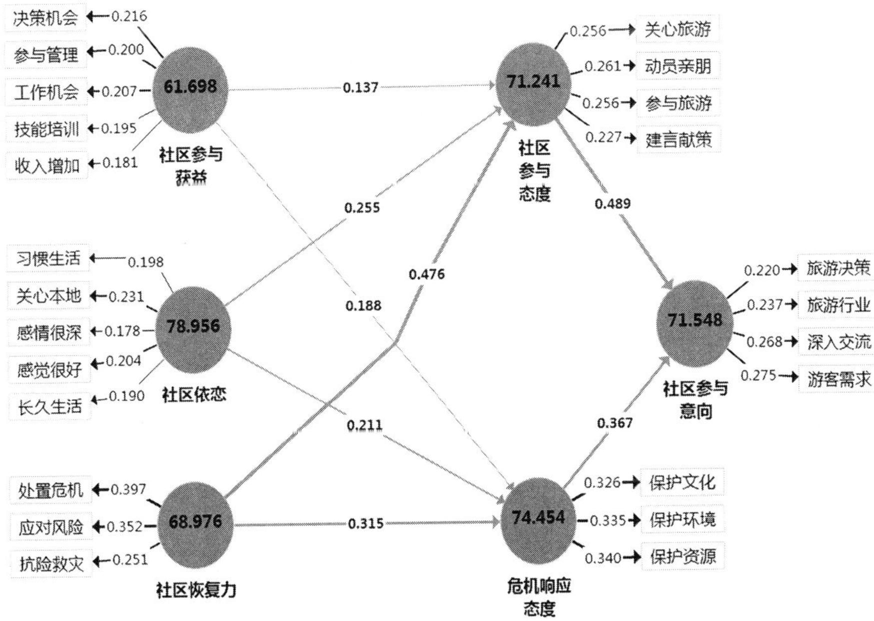

图 5-5　总样本重要性—表现力映射分析

5.6　人口统计学特征的感知差异分析

5.6.1 性别与旅游社区参与感知差异

通过对独立样本 t 检验发现男女在应对风险（X12）这一测量题项上存在着显著差异，其余各测量题项在本研究中没有表现出显著差异（表 5-10）。

表 5-10　不同性别在旅游社区参与感知的独立样本 t 检验

	方差方程的 Levene 检验		均值方程的 t 检验							
	F	Sig.	t	Sig.（双侧）	差分的 95% 置信区间					
					下限	上限	性别	N	均值	标准差
X1 工作机会	1.366	0.243	0.045	0.964	−0.1589	0.1664	男	201	3.595	0.9752
			0.044	0.965	−0.1628	0.1703	女	313	3.592	0.8755

续表

	方差方程的 Levene 检验		均值方程的 t 检验							
	F	Sig.	t	Sig.（双侧）	差分的 95% 置信区间 下限	上限	性别	N	均值	标准差
X2 技能培训	1.159	0.282	0.461	0.645	−0.1261	0.2035	男	201	3.567	0.9781
			0.452	0.651	−0.1295	0.2069	女	313	3.528	0.8947
X3 参与管理	0.674	0.412	0.191	0.848	−0.1595	0.1939	男	201	3.365	1.0207
			0.189	0.850	−0.1612	0.1956	女	313	3.347	0.9781
X4 决策机会	6.267	0.013	0.067	0.947	−0.1713	0.1833	男	201	3.329	1.0776
			0.065	0.948	−0.1766	0.1886	女	313	3.323	0.9445
X5 收入增加	1.409	0.236	1.722	0.086	−0.0223	0.3389	男	201	3.446	1.052
			1.701	0.090	−0.0246	0.3412	女	313	3.288	0.9937
X6 关心本地	1.177	0.278	1.587	0.113	−0.0238	0.2239	男	201	4.289	0.6974
			1.587	0.113	−0.0239	0.2240	女	313	4.188	0.6977
X7 习惯生活	0.085	0.771	0.958	0.338	−0.0727	0.2111	男	201	4.211	0.7784
			0.967	0.334	−0.0714	0.2099	女	313	4.141	0.8122
X8 长久生活	1.639	0.201	0.562	0.574	−0.0984	0.1773	男	201	4.318	0.8112
			0.553	0.580	−0.1007	0.1796	女	313	4.279	0.7526
X9 感情很深	0.006	0.936	0.907	0.365	−0.0741	0.2013	男	201	4.323	0.7416
			0.921	0.357	−0.0720	0.1992	女	313	4.260	0.7966
X10 感觉很好	0.160	0.690	−0.082	0.935	−0.1659	0.1526	男	201	4.086	0.8933
			−0.082	0.935	−0.1658	0.1525	女	313	4.093	0.8993
X11 处置危机	0.316	0.574	1.053	0.293	−0.0698	0.2311	男	201	3.865	0.8964
			1.031	0.303	−0.0731	0.2344	女	313	3.785	0.8138
X12 应对风险	1.562	0.212	2.588	0.010	0.0464	0.3389	男	201	3.849	0.8514
			2.557	0.011	0.0445	0.3408	女	313	3.657	0.8053
X13 抗险救灾	0.211	0.646	0.889	0.374	−0.1039	0.2756	男	201	3.662	1.0684
			0.889	0.374	−0.1040	0.2757	女	313	3.576	1.0685
Y1 建言献策	2.802	0.095	0.897	0.370	−0.0853	0.2286	男	201	3.744	0.9631
			0.868	0.386	−0.0906	0.2339	女	313	3.673	0.8295

续表

	方差方程的 Levene 检验		均值方程的 t 检验							
					差分的 95% 置信区间					
	F	Sig.	t	Sig.（双侧）	下限	上限	性别	N	均值	标准差
Y2 动员亲朋	0.519	0.472	1.552	0.121	−0.0312	0.2661	男	201	3.809	0.8436
			1.548	0.122	−0.0317	0.2666	女	313	3.691	0.8329
Y3 关心旅游	0.116	0.733	1.538	0.125	−0.0302	0.2477	男	201	4.144	0.7709
			1.546	0.123	−0.0295	0.2470	女	313	4.035	0.7898
Y4 参与旅游	0.191	0.662	−1.167	0.244	−0.2302	0.0586	男	201	4.061	0.8524
			−1.147	0.252	−0.2328	0.0613	女	313	4.147	0.787
Y5 保护资源	0.575	0.449	−0.248	0.804	−0.1527	0.1185	男	201	4.015	0.7647
			−0.248	0.805	−0.1529	0.1186	女	313	4.032	0.7631
Y6 保护环境	0.202	0.654	0.679	0.497	−0.0869	0.1787	男	201	4.119	0.7521
			0.678	0.498	−0.0872	0.1791	女	313	4.073	0.7453
Y7 保护文化	0.848	0.358	0.760	0.447	−0.0801	0.1812	男	201	4.115	0.6941
			0.776	0.438	−0.0775	0.1786	女	313	4.064	0.7611
Y8 旅游决策	1.665	0.198	0.017	0.986	−0.1503	0.1530	男	201	3.644	0.8939
			0.017	0.986	−0.1530	0.1556	女	313	3.643	0.827
Y9 旅游行业	0.884	0.348	0.311	0.756	−0.1251	0.1722	男	201	3.744	0.8832
			0.305	0.761	−0.1282	0.1752	女	313	3.721	0.8061
Y10 深入交流	0.632	0.427	−0.723	0.470	−0.1814	0.0838	男	201	3.954	0.7829
			−0.710	0.478	−0.1838	0.0862	女	313	4.003	0.7228
Y11 游客需求	0.862	0.354	0.052	0.958	−0.1363	0.1438	男	201	3.968	0.8302
			0.051	0.959	−0.1391	0.1466	女	313	3.964	0.7609

除了 Y10 与游客深入交流题项感知均值上女性高于男性外，男女在各测量题项均值上，总体上呈现出男性高于女性的特征（图 5-6）。

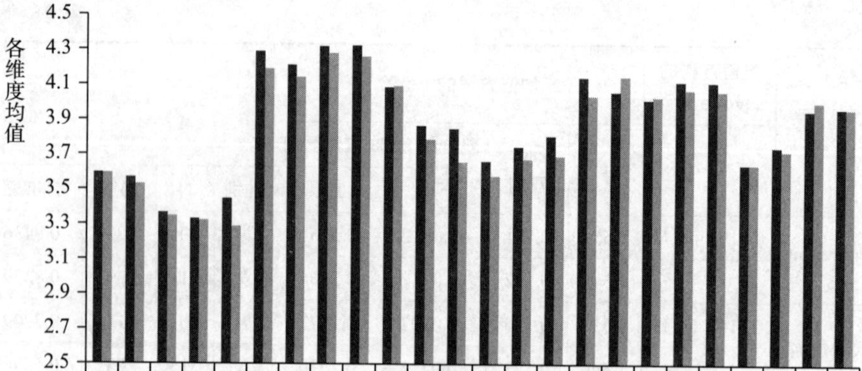

	X1	X2	X3	X4	X5	X6	X7	X8	X9	X10	X11	X12	X13	Y1	Y2	Y3	Y4	Y5	Y6	Y7	Y8	Y9	Y10	Y11
■男	3.6	3.6	3.4	3.3	3.4	4.3	4.2	4.3	4.3	4.1	3.9	3.8	3.7	3.7	3.8	4.1	4.1	4	4.1	4.1	3.6	3.7	4	4
■女	3.6	3.5	3.3	3.3	3.3	4.2	4.1	4.3	4.3	4.1	3.8	3.7	3.6	3.7	3.7	4	4.1	4	4.1	4.1	3.6	3.7	4	4

图 5-6　性别与旅游社区参与感知差异

5.6.2 年龄与旅游社区参与感知差异

总体上呈现出随着年龄的增长，被访者对旅游地社区参与各测量题项感知增高的特征（图 5-7）。

5.6.3 教育程度与旅游社区参与感知差异

文化教育程度上对旅游社区参与影响的感知差异，总体上呈现出初中高于高中和中专，大专及以上与初中持平态势，反而是小学及以下社区参与感知较高（图 5-8）。

5.6.4 职业与旅游社区参与感知差异

在不同职业对旅游参与各测量题项感知上呈现出旅游服务商贸人员、企事业人员以及农民感知较高，同时这三类人员也是在本调研中占比较高，且受旅游发展影响较大，具有一定的代表性（图 5-9）。

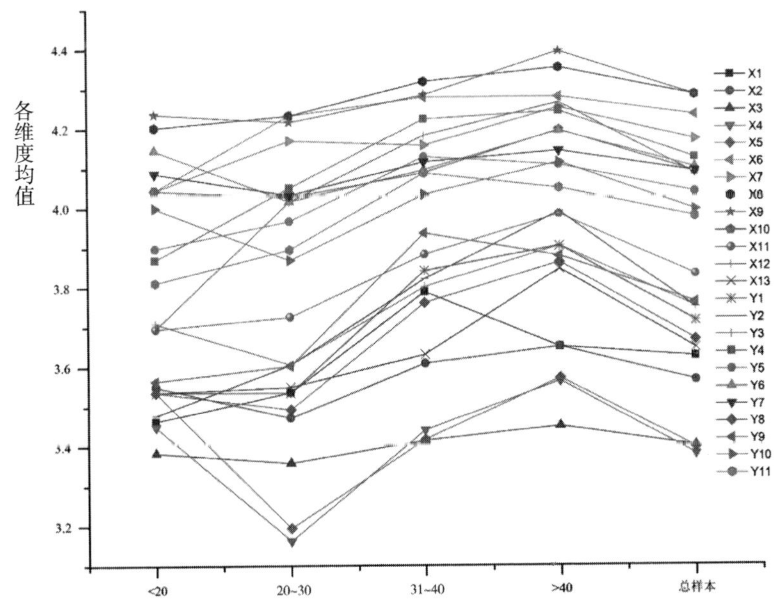

图 5-7　年龄与旅游社区参与感知差异

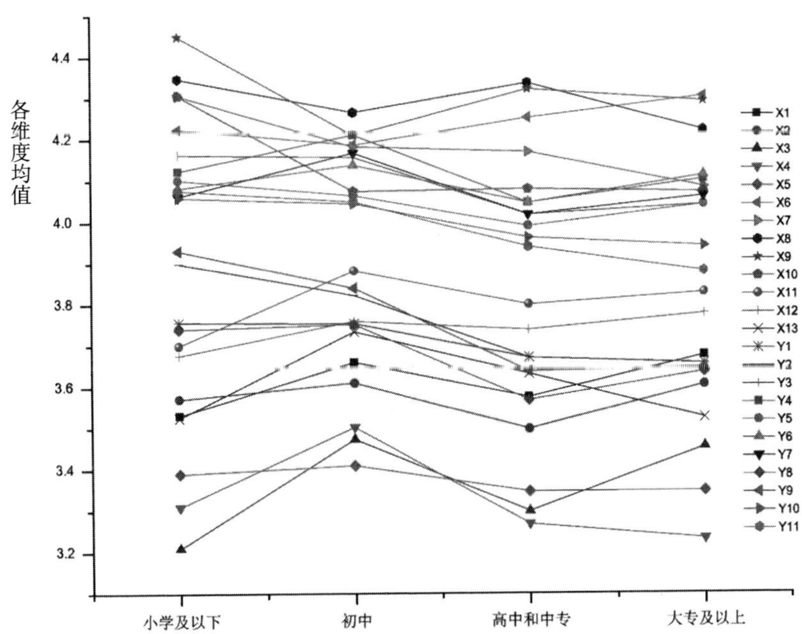

图 5-8　教育程度与旅游社区参与感知差异

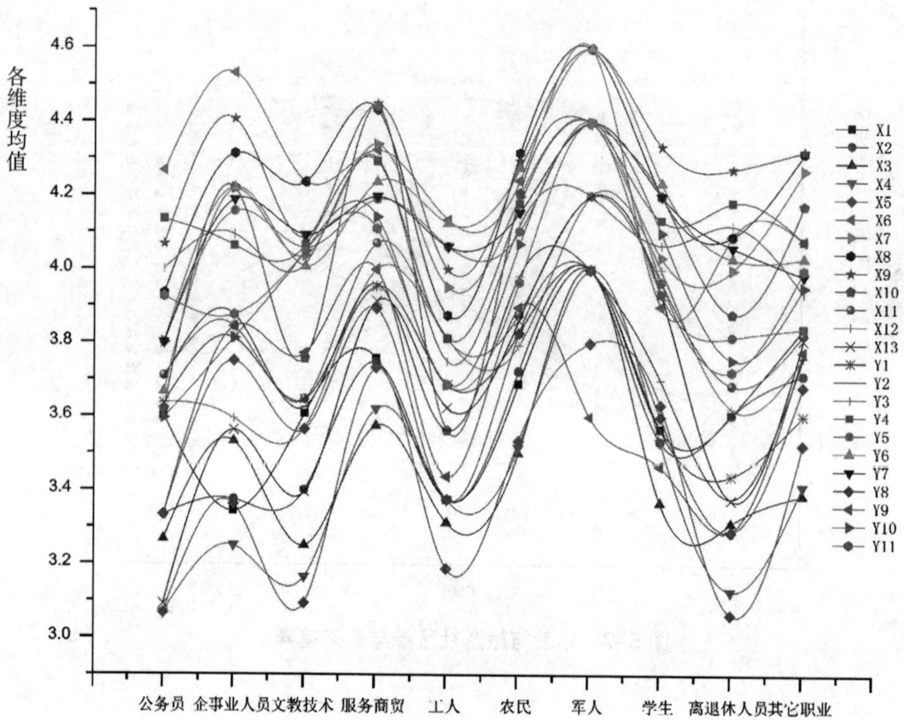

图 5-9 职业与旅游社区参与感知差异

5.6.5 收入与旅游社区参与感知差异

根据三大案例地旅游收入本身存在的天然差异，我们对九寨沟和青城山进行综合分析，对北川县进行单独分析，这样更具针对性和合理性。

九寨沟和青城山总体呈现出随着收入（小于 1000 元到 1000~2500 元这一档）增加感知增高，然后一直延续到 4000~6000 元这一档反而开始降低，最后较高收入者感知再度升高的总体特征（图 5-10）。

北川县旅游收入感知方面，呈现出 500~800 元这一档旅游社区参与感知最高，然后一直到 1000~1200 元呈现感知呈现下降趋势，最后当收入大于 1200 元之后感知再度升高的总体特征（图 5-11）。

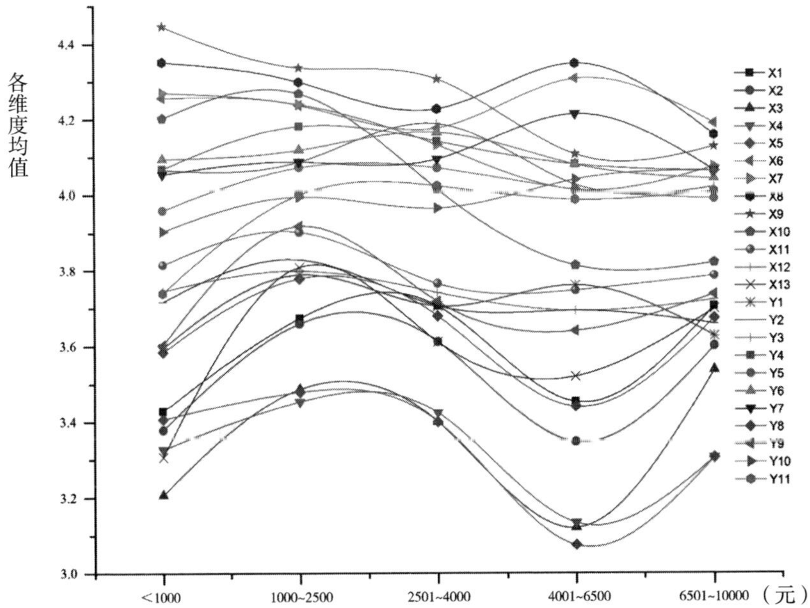

图 5-10　九寨沟和青城山旅游收入与旅游社区参与感知差异

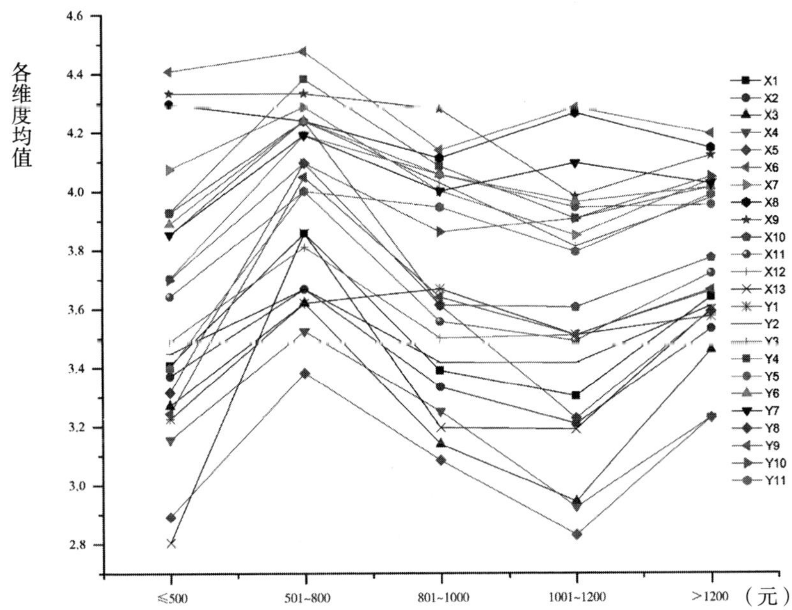

图 5-11　北川县旅游收入与旅游社区参与感知差异

5.6.6 旅游收入占比与旅游社区参与感知差异

在旅游收入占比方面，总体上呈现出从 20% 到 80% 其各项感知逐步升高的态势，当大于 80% 后呈现出无规律态势（图 5-12）。

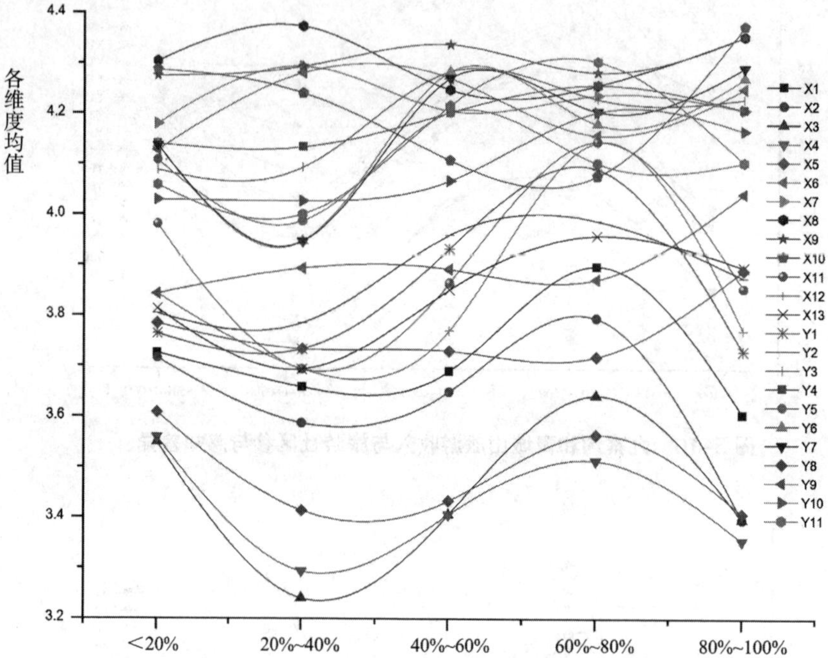

图 5-12　旅游收入占比与旅游社区参与感知差异

5.7　本章小结

本章是本研究的主题内容，分析了各维度均值并进行了差异比较，验证了测量模型和结构模型，揭示了社区参与结构模型中六大维度的重要性—表现力，同时对问卷样本基于人口统计学特征的感知差异进行了检验和分析。

（1）对概念模型的总样本各维度进行统计分析，并对三大案例地进行区域比较，研究表明从大九寨环线区域总样本各维度均值来看，社区参与获益维度均值最低，且小于 3.5，表明对社区参与获益普遍持中立态度；从各区域来看，其中北川县的意见最大。社区依恋维度均值最高，且各区域都比较高。社区恢复力维度均值偏低，特别是新北川县感知分值最低，说明了新成长的旅游目的地在各方面还不够成熟。社区参与态度维度均值较高，说明被访者对旅游社区参与较为积极；危机响应态度维度均值较高，表明经历过大地震获得的经验以及相关的培训等和对建设新家园过上新生活的心理期望。旅游社区参与行为意向维度均值较高，综合表明大九寨沟环线区域的旅游社区参与意向较高。

（2）通过对测量模型信度和效度的检验表明本概念模型适合进行因子分析，进一步对测量模型进行检验和修正，然后验证了概念模型，结果表明所有假设全部获得支持，说明本概念框架模型具有较好的解释力和适宜性。结果表明各假设路径作用方面，旅游社区参与获益和社区依恋旗鼓相当，而社区恢复力呈现出强作用的特征，这与三大前置潜变量对旅游社区参与意向的总效果分别是 0.18、0.18 和 0.64 的作用强度基本一致，综合表明在危机响应背景下，旅游地社区恢复力对旅游社区参与的作用较强。

（3）基于人口统计学特征，分析研究了其对旅游社区参与的感知差异。男女在测量题项感知上基本没有差异，在均值感知上男性普遍高于女性。随着年龄的增长，被访者对旅游地社区参与各测量题项感知增高的特征。文化教育程度上对旅游社区参与影响的感知差异，总体上呈现出初中高于高中和中专，大专及以上与初中持平的态势。在不同职业对旅游参与各测量题项感知上呈现出旅游服务商贸人员、企事业人员以及农民感知较高。九寨沟和青城山总体呈现出随着收入（小于 1000 元到 1000~2500 元）增加感知增高，然后一直延续到 4000~6000 元反而开始降低，最后较高收入者感知再度升高的总体特征。北川县旅游收入感知方面，呈现出 500~800 元旅游社区参与感知最高，然后一直到 1000~1200 元呈现感知呈现下降趋势，最后当收入大于 1200 元之后感知再度升高的总体特征。在旅游收入占比方面，总体上呈现出从 20% 到 80% 其各题项感知逐步升高的态势，当大于 80% 后呈现出无规律态势。

第 6 章　危机响应视角下旅游地社区参与区域差异分析

6.1　九寨沟旅游社区参与结构模型假设检验与分析

6.1.1 信度、效度和适配度检验

通过对各维度和各个测量题项的检测表明（表 6-1），因子载荷大于 0.5，组合信度（CR）大于 0.8，平均方差析出量（AVE）大于 0.5，克朗巴哈系数（Cronbach's Alpha）大于 0.7，且通过区分效度检验（表 6-2），以及外部模型的 VIF 值为 3.155 和内部模型的 VIF 值为 1.722，总体表明九寨沟样本适合进行因子分析。

表 6-1　九寨沟结构模型信度效度等检验

维度	均值	标准差	因子载荷	组合信度 CR	平均方差析出量 AVE	Cronbach's Alpha	Q^2
社区参与获益				0.917	0.690	0.886	0.508
工作机会	3.669	0.901	0.708				
技能培训	3.580	0.954	0.877				
参与管理	3.525	0.989	0.876				
决策机会	3.420	0.986	0.844				
收入增加	3.578	0.953	0.836				
社区依恋				0.912	0.678	0.876	0.499
关心本地	4.265	0.655	0.592				
习惯生活	4.317	0.842	0.878				
长久生活	4.346	0.841	0.883				
感情很深	4.407	0.806	0.891				
感觉很好	4.286	0.878	0.833				

续表

维度	均值	标准差	因子载荷	组合信度 CR	平均方差析出量 AVE	Cronbach's Alpha	Q^2
社区恢复力				0.833	0.626	0.703	0.275
处置危机	3.969	0.781	0.856				
应对风险	3.901	0.730	0.800				
抗险救灾	3.722	1.002	0.711				
社区参与态度				0.894	0.680	0.842	0.445
建言献策	3.889	0.737	0.890				
动员亲朋	3.901	0.739	0.829				
关心旅游	4.204	0.713	0.830				
参与旅游	4.267	0.735	0.743				
危机响应态度				0.881	0.713	0.795	0.405
保护资源	4.160	0.711	0.758				
保护环境	4.167	0.705	0.876				
保护文化	4.185	0.678	0.892				
社区参与意向				0.863	0.613	0.787	0.359
旅游决策	3.744	0.862	0.673				
旅游行业	3.914	0.765	0.797				
深入交流	4.056	0.764	0.815				
游客需求	4.086	0.688	0.835				

表 6–2 九寨沟结构模型区分效度检验

	危机响应态度	社区参与态度	社区依恋	社区参与意向	社区参与获益	社区恢复力
危机响应态度	0.844					
社区参与态度	0.648	0.825				
社区依恋	0.454	0.437	0.823			
社区参与意向	0.717	0.711	0.425	0.783		
社区参与获益	0.441	0.412	0.190	0.488	0.831	
社区恢复力	0.617	0.654	0.323	0.498	0.532	0.791

6.1.2 九寨沟结构模型假设验证结果分析

通过分析结果可知，假设 H1 和 H2 没有获得支持，表明九寨沟社区参与获益对社区参与态度和危机响应态度没有起到积极正向作用。H3~H8 等六个假设全部获得支持（图 6-1，表 6-3）。

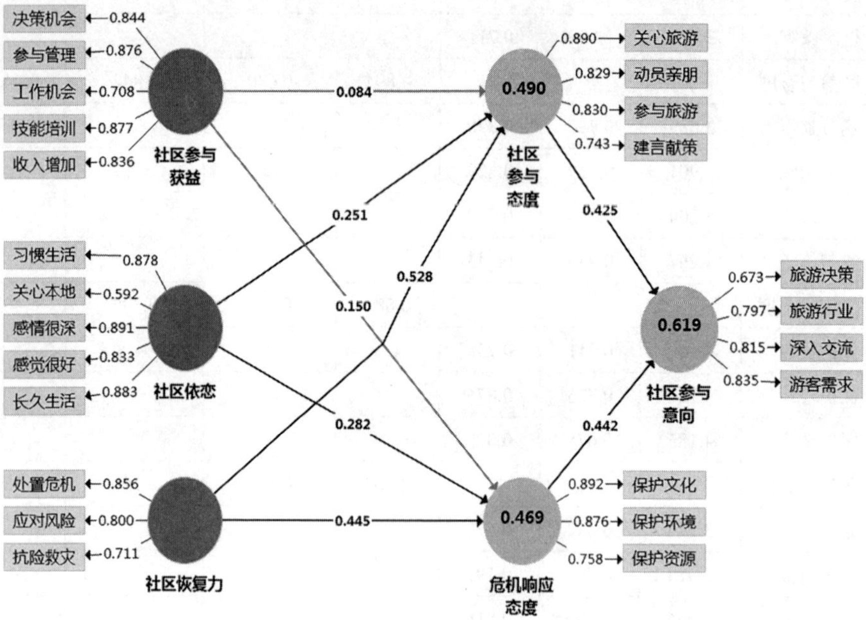

图 6-1　九寨沟结构模型检验示意

注：红色路径表示不显著

从总效应的角度看，旅游社区参与获益对社区参与意向不显著。社区依恋与社区恢复力对社区参与意向具有显著作用，且社区恢复力的总效应大于社区依恋的总效应，这与前述研究中研究结论相一致（表 6-3）。

表 6-3　九寨沟结构模型假设检验结果

	假设路径	初始样本（O）	样本均值（M）	标准差（STDEV）	T 统计量（|O/STDEV|）	P 值	结果
H1	社区参与获益→社区参与态度	0.084	0.086	0.098	0.857	0.391	拒绝

续表

	假设路径	初始样本（O）	样本均值（M）	标准差（STDEV）	T 统计量（|O/STDEV|）	P 值	结果
H2	社区参与获益→危机响应态度	0.150	0.153	0.083	1.801	0.072	拒绝
H3	社区依恋→社区参与态度	0.251	0.253	0.062	4.028	0.000	支持
H4	社区依恋→危机响应态度	0.282	0.283	0.083	3.403	0.001	支持
H5	社区恢复力→社区参与态度	0.528	0.529	0.092	5.770	0.000	支持
H6	社区恢复力→危机响应态度	0.445	0.444	0.093	4.800	0.000	支持
H7	社区参与态度→社区参与意向	0.425	0.419	0.096	4.441	0.000	支持
H8	危机响应态度→社区参与意向	0.442	0.450	0.109	4.047	0.000	支持
T1	社区参与获益→社区参与意向	0.102	0.105	0.072	1.418	0.156	不显著
T2	社区依恋→社区参与意向	0.231	0.238	0.053	4.349	0.000	显著
T3	社区恢复力→社区参与意向	0.421	0.416	0.070	6.034	0.000	显著

注：H1~H8 是指假设路径；T1~T3 是指三个前置变量对社区参与意向的总效果。

6.1.3 九寨沟结构模型重要性—表现力映射分析

从 LV 绩效的表现来看社区参与获益最低，社区依恋最高。从构面总效应的角度看，社区参与获益最低，危机响应态度最高。分维度来看，其中社区恢复力对社区参与态度（0.489）和危机响应态度（0.402）具有较高的表现力，社区参与态度（0.421）和危机响应态度（0.449）对社区参与意向为旗鼓相当（表 6-4，图 6-2）。

表 6–4 九寨沟结构模型 LV 绩效和构面总效应

	LV 绩效	构面总效应
社区参与获益	63.707	0.102
社区依恋	82.125	0.231
社区恢复力	72.191	0.421
社区参与态度	75.110	0.425
危机响应态度	76.924	0.442
社区参与意向	74.264	

注：此处指构念标准化效应

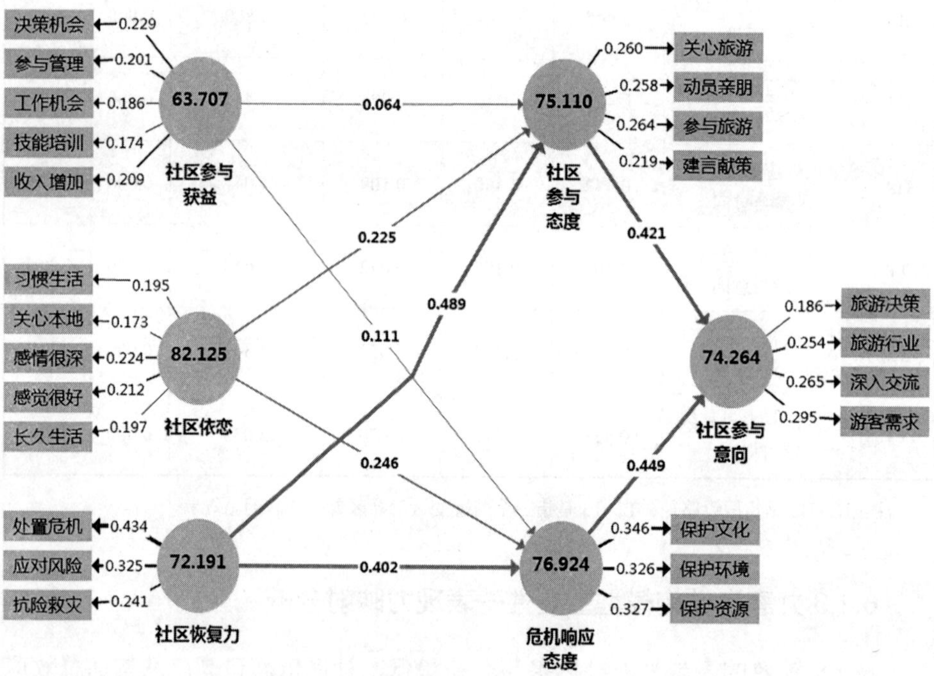

图 6–2 九寨沟结构模型重要性—表现力映射分析

6.2　青城山旅游社区参与结构模型假设检验与分析

6.2.1 信度、效度和适配度检验

通过对各维度和各个测量题项的检测表明（表 6–6），因子载荷大于 0.5，组合信度（CR）大于 0.8，平均方差析出量（AVE）大于 0.5，克朗巴哈系数（Cronbach's Alpha）大于 0.7，且通过区分效度检验（表 6–5），以及外部模型的 VIF 值为 3.686 和内部模型的 VIF 值为 1.657，总体表明青城山样本适合进行因子分析。

表 6–5　青城山结构模型区分效度检验

	危机响应态度	社区参与态度	社区依恋	社区参与意向	社区参与获益	社区恢复力
危机响应态度	0.893					
社区参与态度	0.630	0.794				
社区依恋	0.376	0.471	0.827			
社区参与意向	0.587	0.750	0.346	0.779		
社区参与获益	0.397	0.427	0.129	0.496	0.796	
社区恢复力	0.483	0.676	0.328	0.706	0.490	0.807

表 6–6　青城山结构模型信度效度等检验

维度	均值	标准差	因子载荷	组合信度 CR	平均方差析出量 AVE	Cronbach's Alpha	Q^2
社区参与获益				0.896	0.633	0.856	0.438
工作机会	3.745	0.899	0.765				
技能培训	3.776	0.819	0.816				
参与管理	3.451	0.974	0.824				
决策机会	3.594	0.94	0.822				

续表

维度	均值	标准差	因子载荷	组合信度 CR	平均方差析出量 AVE	Cronbach's Alpha	Q^2
收入增加	3.606	0.906	0.749				
社区依恋				0.914	0.684	0.880	0.502
关心本地	4.146	0.690	0.644				
习惯生活	4.227	0.708	0.829				
长久生活	4.317	0.728	0.877				
感情很深	4.317	0.658	0.898				
感觉很好	4.309	0.710	0.860				
社区恢复力				0.846	0.651	0.723	0.319
处置危机	3.939	0.711	0.894				
应对风险	3.848	0.760	0.847				
抗险救灾	3.988	0.853	0.661				
社区参与态度				0.872	0.631	0.802	0.380
建言献策	3.800	0.875	0.735				
动员亲朋	3.915	0.758	0.867				
关心旅游	4.170	0.675	0.736				
参与旅游	4.152	0.702	0.830				
危机响应态度				0.922	0.798	0.873	0.530
保护资源	4.042	0.626	0.859				
保护环境	4.182	0.553	0.912				
保护文化	4.115	0.627	0.909				
社区参与意向							0.349
旅游决策	3.818	0.733	0.815	0.860	0.606	0.784	
旅游行业	3.830	0.760	0.724				
深入交流	4.036	0.669	0.824				
游客需求	4.030	0.700	0.748				

6.2.2 青城山结构模型假设验证结果分析

验证结果表明（图 6-3），H1~H8 全部假设获得支持，且社区参与态度（0.631）和社区恢复力（0.515）属于强作用。从总效果的角度看，社区参与获益、社区依恋和社区恢复力三大维度对社区参与意向全部显著，并呈现出社区恢复力（0.388）> 社区依恋（0.248）> 社区获益（0.135）的总体特征（表 6-7）。

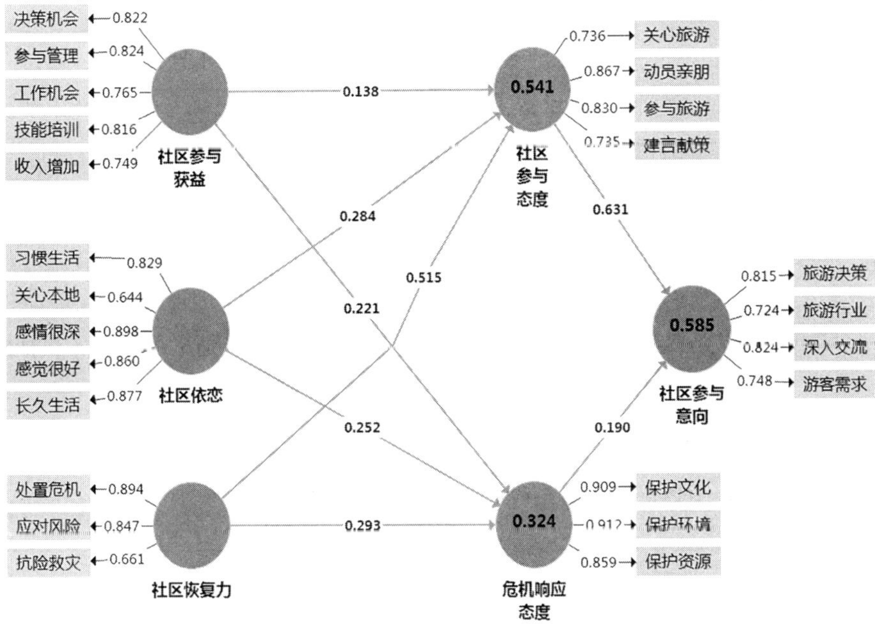

图 6-3　青城山结构模型检验示意

表 6-7　青城山结构模型假设检验结果

	假设路径	初始样本（O）	样本均值（M）	标准差（STDEV）	T 统计量（|O/STDEV|）	P 值	结果
H1	社区参与获益→社区参与态度	0.138	0.143	0.066	2.101	0.036	支持
H2	社区参与获益→危机响应态度	0.221	0.225	0.093	2.378	0.017	支持

续表

	假设路径	初始样本（O）	样本均值（M）	标准差（STDEV）	T 统计量（|O/STDEV|）	P 值	结果
H3	社区依恋→社区参与态度	0.284	0.285	0.067	4.211	0.000	支持
H4	社区依恋→危机响应态度	0.252	0.248	0.080	3.142	0.002	支持
H5	社区恢复力→社区参与态度	0.515	0.516	0.086	5.999	0.000	支持
H6	社区恢复力→危机响应态度	0.293	0.296	0.099	2.945	0.003	支持
H7	社区参与态度→社区参与意向	0.631	0.636	0.062	10.228	0.000	支持
H8	危机响应态度→社区参与意向	0.190	0.192	0.093	2.042	0.041	支持
T1	社区参与获益→社区参与意向	0.129	0.135	0.052	2.463	0.014	显著
T2	社区依恋→社区参与意向	0.252	0.248	0.080	3.142	0.002	显著
T3	社区恢复力→社区参与意向	0.380	0.388	0.074	5.160	0.000	显著

注：H1~H8 是指假设路径；T1~T3 是指三个前置变量对社区参与意向的总效果。

6.2.3 青城山结构模型重要性—表现力映射分析

从 LV 绩效的表现来看社区参与获益最低，社区依恋最高。从构面总效应的角度看，社区参与获益最低，社区参与态度最高（表 6-8）。构面总效应分维度来看，其中社区恢复力对社区参与态度（0.494）和危机响应态度（0.253）具有较高的表现力；社区参与态度（0.589）和危机响应态度（0.197）对社区参与意向，前者属于强作用，后者相对较弱（图 6-4）。

表 6–8　青城山结构模型 LV 绩效和构面总效应

	LV 绩效	构面总效应
社区参与获益	66.020	0.129
社区依恋	80.188	0.227
社区恢复力	73.058	0.380
社区参与态度	73.735	0.631
危机响应态度	75.686	0.190
社区参与意向	73.556	

注：此处指构念标准化效应

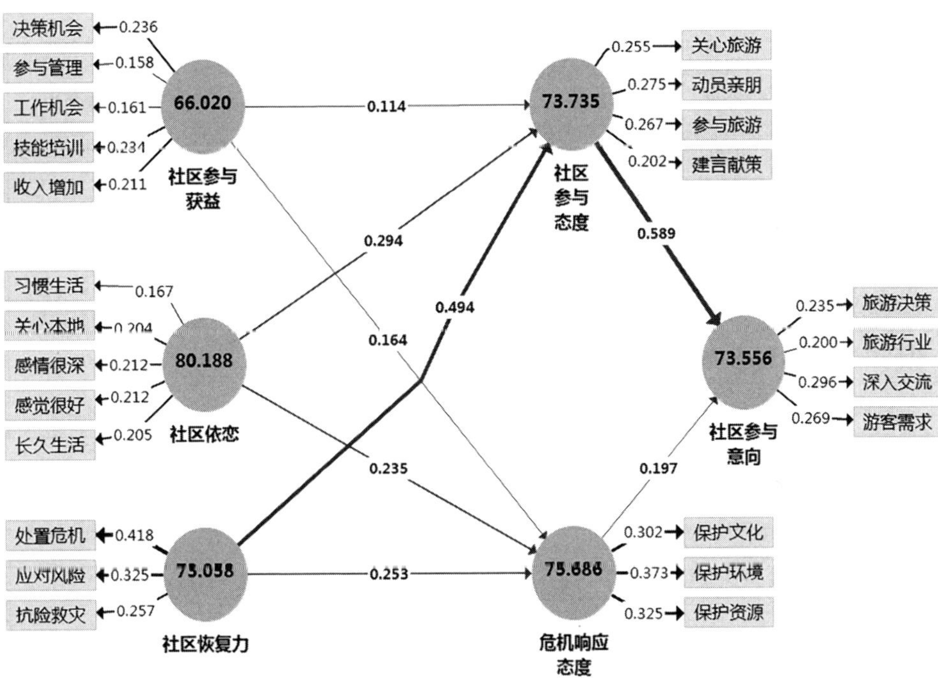

图 6–4　青城山结构模型重要性—表现力映射分析

6.3 北川县旅游社区参与结构模型假设检验与分析

6.3.1 信度、效度和适配度检验

通过对各维度和各个测量题项的检测表明（表 6-9），因子载荷大于 0.5，组合信度（CR）大于 0.8，平均方差析出量（AVE）大于 0.5，克朗巴哈系数（Cronbach's Alpha）大于 0.7，且通过区分效度检验（表 6-10），以及外部模型的 VIF 值为 3.620 和内部模型的 VIF 值为 1.696，总体表明北川县样本适合进行因子分析。

表 6-9　北川县结构模型区分效度检验

	危机响应态度	社区参与态度	社区依恋	社区参与意向	社区参与获益	社区恢复力
危机响应态度	0.902					
社区参与态度	0.592	0.841				
社区依恋	0.361	0.445	0.760			
社区参与意向	0.711	0.753	0.402	0.828		
社区参与获益	0.526	0.605	0.332	0.694	0.842	
社区恢复力	0.553	0.694	0.363	0.663	0.619	0.840

表 6-10　北川县结构模型信度效度等检验

维度	均值	标准差	因子载荷	组合信度 CR	平均方差析出量 AVE	Cronbach's Alpha	Q^2
社区参与获益				0.924	0.708	0.897	0.533
工作机会	3.509	0.923	0.811				
技能培训	3.412	0.951	0.834				
参与管理	3.282	1.006	0.898				
决策机会	3.185	1.024	0.862				

续表

维度	均值	标准差	因子载荷	组合信度 CR	平均方差析出量 AVE	Cronbach's Alpha	Q^2
收入增加	3.097	1.069	0.798				
社区依恋				0.872	0.578	0.820	0.37
关心本地	4.275	0.717	0.764				
习惯生活	4.031	0.795	0.821				
长久生活	4.218	0.768	0.774				
感情很深	4.175	0.812	0.616				
感觉很好	3.795	0.956	0.809				
社区恢复力				0.878	0.706	0.789	0.4
处置危机	3.653	0.913	0.891				
应对风险	3.582	0.888	0.877				
抗险救灾	3.36	1.125	0.746				
社区参与态度				0.906	0.707	0.862	0.483
建言献策	3.533	0.93	0.817				
动员亲朋	3.529	0.901	0.861				
关心旅游	3.947	0.855	0.859				
参与旅游	4.013	0.894	0.826				
危机响应态度				0.929	0.814	0.886	0.557
保护资源	3.956	0.85	0.895				
保护环境	4	0.846	0.937				
保护文化	4.018	0.804	0.874				
社区参与意向				0.897	0.686	0.847	0.455
旅游决策	3.511	0.908	0.812				
旅游行业	3.595	0.893	0.875				
深入交流	3.929	0.756	0.786				
游客需求	3.867	0.882	0.839				

6.3.2 北川县结构模型假设验证结果分析

验证结果表明，H1~H8 全部假设获得支持（图 6–5），且社区参与态度（0.511）属于强作用，危机响应态度（0.408）也表现较为强劲，社区依恋对社区参与态度（0.192）和危机响应态度（0.151）作用相对较弱，这可能与北川县进行了整体搬迁重建有很大关系，大家对新的居住地方情感依恋还不够强烈等相关联。从总效果看，社区参与获益、社区依恋和社区恢复力三大维度对社区参与意向全部显著，并呈现出社区恢复力（0.371）> 社区依恋（0.242）> 社区获益（0.165）的总体特征（表 6–11）。

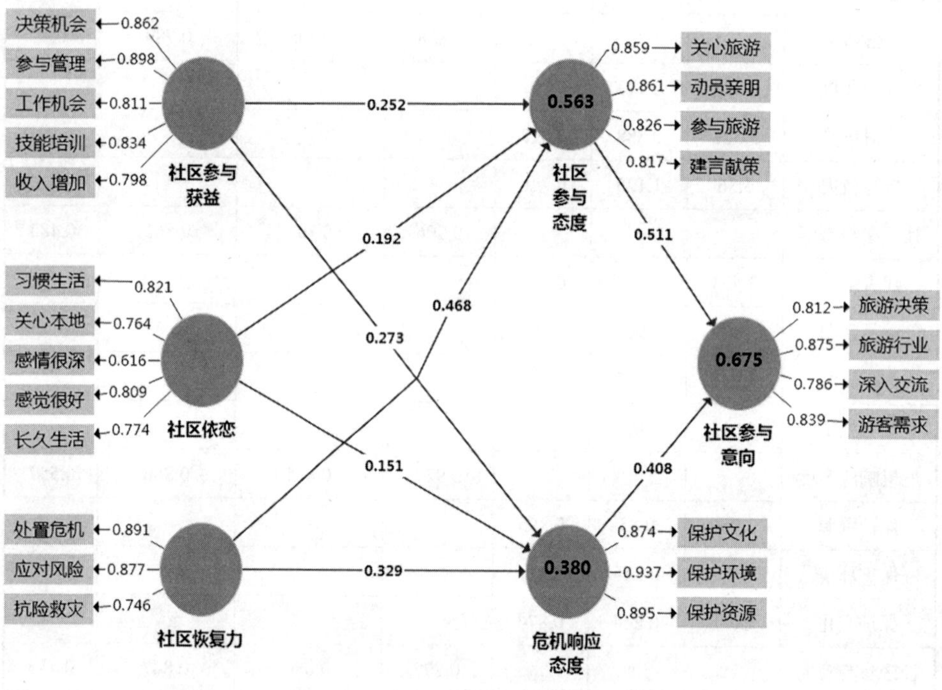

图 6–5　北川县结构模型检验示意

表 6-11 北川县结构模型假设检验结果

	假设路径	初始样本（O）	样本均值（M）	标准差（STDEV）	T 统计量（|O/STDEV|）	P 值	结果
H1	社区参与获益→社区参与态度	0.252	0.248	0.088	2.856	0.004	支持
H2	社区参与获益→危机响应态度	0.273	0.272	0.072	3.790	0.000	支持
H3	社区依恋→社区参与态度	0.192	0.199	0.053	3.617	0.000	支持
H4	社区依恋→危机响应态度	0.151	0.158	0.075	2.004	0.045	支持
H5	社区恢复力→社区参与态度	0.468	0.467	0.088	5.299	0.000	支持
H6	社区恢复力→危机响应态度	0.329	0.326	0.079	4.183	0.000	支持
H7	社区参与态度→社区参与意向	0.511	0.512	0.080	6.361	0.000	支持
H8	危机响应态度→社区参与意向	0.408	0.408	0.083	4.900	0.000	支持
T1	社区参与获益→社区参与意向	0.159	0.165	0.044	3.609	0.000	显著
T2	社区依恋→社区参与意向	0.240	0.242	0.061	3.909	0.000	显著
T3	社区恢复力→社区参与意向	0.374	0.371	0.064	5.836	0.000	显著

注：H1~H8 是指假设路径；T1~T3 是指三个前置变量对社区参与意向的总效果。

6.3.3 北川县结构模型重要性—表现力映射分析

从 LV 绩效的表现来看社区参与获益最低（57.802），社区依恋最高（75.890），且六大维度 LV 绩效差异明显，与成熟的旅游地九寨沟和青城山的表现出很大的不同，这可能与新北川是新生旅游地有关联（表 6-12）。从构面总效应的角度看，社区依恋最低，这可能与对新建现场还没有形成强烈的地方认同和地方依恋；社区参与态度最高，这可能与除了参与政府主导的旅游业发展，其他生计来源较为匮乏相关联。构面总效应分维度来看，其中社区恢复力对社区参与态度（0.436）和危机响应态度（0.307）具有较高的表现力；社区参与态度（0.484）和危机响应态度（0.386）对社区参与意向表现力不错（图 6-6）。

表 6-12　北川县结构模型 LV 绩效和构面总效应

	LV 绩效	构面总效应
社区参与获益	57.802	0.240
社区依恋	75.890	0.159
社区恢复力	63.790	0.374
社区参与态度	66.681	0.511
危机响应态度	72.122	0.408
社区参与意向	68.290	

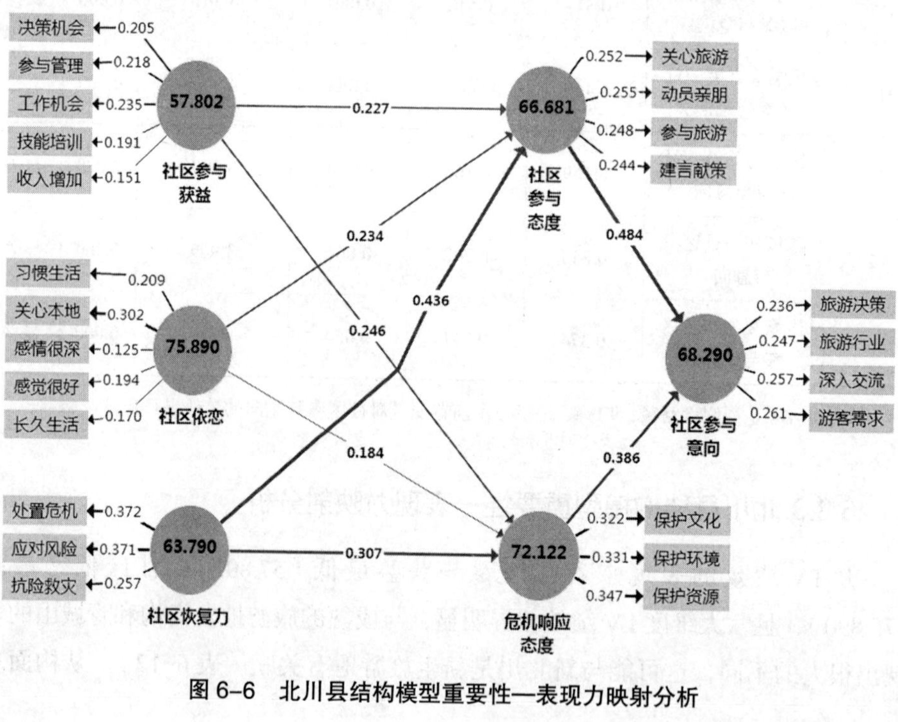

图 6-6　北川县结构模型重要性—表现力映射分析

6.4　旅游社区参与结构模型检验区域差异比较分析

6.4.1 概念模型检验结果区域差异分析

通过对九寨沟、青城山和北川县三大案例地各个假设路径的验证分析，结果表明除去九寨沟的旅游社区参与获益对社区参与态度（H1）和危机响应态度（H2）被拒绝外，其余各假设全部获得支持，而在路径系数方面社区恢复力和社区参与态度表现较为强劲，总体上呈现出强作用；社区依恋路径系数相对较低，且呈现出九寨沟 > 青城山 > 北川县的特征，这与旅游地的生命周期阶段以及震后恢复重建的模式不同相关联（表 6–13，图 6–7）。

在旅游社区参与获益对社区参与意向总效果方面，九寨沟案例地检验结果表现不显著，而青城山和北川县检验结果显著，综合表明九寨沟作为地震影响较小和成熟的旅游地，其旅游社区参与获益维度的假设没有获得通过，这可能与越是成熟的旅游地，旅游地社区对社区参与管理决策和社区参与获益的期望更高，以及更加注重公平和民主等因素相关联，就在我们调研期间，九寨沟还发生了为相关利益诉求游行请愿事件，这也进一步佐证了上述原因推测。三大案例地种社区依恋对社区参与意向的总效果呈现显著作用，且作用效果旗鼓相当，在社区恢复力对社区参与意向的总效果呈现显著作用，且表现出九寨沟 > 青城山 > 北川县的特征。

表 6–13　九寨沟、青城山和北川县假设检验结果与比较

	假设路径	九寨沟	结果	青城山	结果	北川县	结果
H1	社区参与获益→社区参与态度	0.084	拒绝	0.138	支持	0.252	支持
H2	社区参与获益→危机响应态度	0.150	拒绝	0.221	支持	0.273	支持
H3	社区依恋→社区参与态度	0.251	支持	0.284	支持	0.192	支持
H4	社区依恋→危机响应态度	0.282	支持	0.252	支持	0.151	支持
H5	社区恢复力→社区参与态度	0.528	支持	0.515	支持	0.468	支持
H6	社区恢复力→危机响应态度	0.445	支持	0.293	支持	0.329	支持

续表

	假设路径	九寨沟	结果	青城山	结果	北川县	结果
H7	社区参与态度→社区参与意向	0.425	支持	0.631	支持	0.511	支持
H8	危机响应态度→社区参与意向	0.442	支持	0.190	支持	0.408	支持
T1	社区参与获益→社区参与意向	0.102	不显著	0.129	显著	0.159	显著
T2	社区依恋→社区参与意向	0.231	显著	0.252	显著	0.240	显著
T3	社区恢复力→社区参与意向	0.421	显著	0.380	显著	0.374	显著

注：H1~H8 是指假设路径；T1~T3 是指三个前置变量对社区参与意向的总效果。

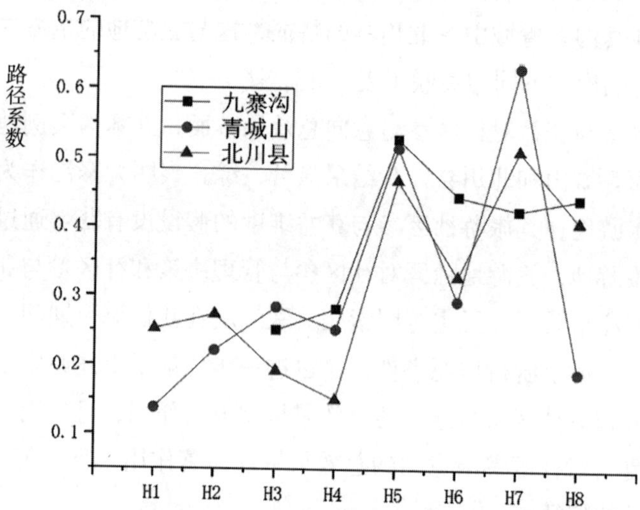

图 6-7　分样本假设路径系数比较分析

6.4.2 重要性—表现力映射区域差异分析

从总样本的 LV 绩效的表现来看社区参与获益最低（61.698），社区依恋最高（78.956）；分区域来看，六大维度的 LV 绩效总体呈现出九寨沟 > 青城山 > 北川县的特征，这充分表明就本研究采集的样本而言，受地震影响越小和旅游地发展阶段越成熟，其旅游地社区参与各维度感知就越高（表 6-14，图 6-8）。

表 6-14　总样本参与结构模型 LV 绩效和构面总效应汇总

	总样本		九寨沟		青城山		北川县	
	LV 绩效	总效应	LV 绩效	总效应	LV 绩效	总效应	LV 绩效	总效应
社区参与获益	61.698	0.172	63.707	0.102	66.020	0.129	57.802	0.240
社区依恋	78.956	0.194	82.125	0.231	80.188	0.227	75.890	0.159
社区恢复力	68.976	0.396	72.191	0.421	73.058	0.380	63.790	0.374
社区参与态度	71.241	0.515	75.110	0.425	73.735	0.631	66.681	0.511
危机响应态度	74.454	0.374	76.924	0.442	75.686	0.190	72.122	0.408
社区参与意向	71.548		74.264		73.556		68.290	

注：此处指构念标准化效应

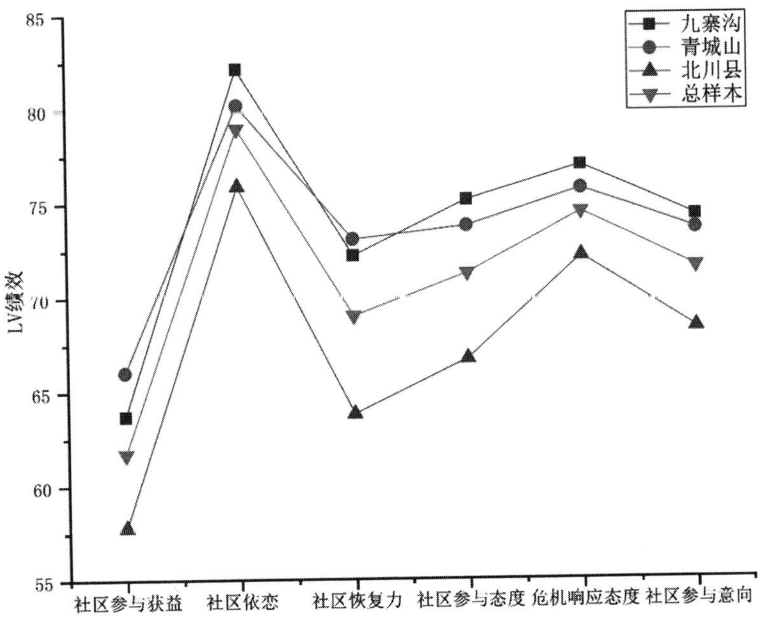

图 6-8　LV 绩效区域差异示意

从总样本的构面总效应看，社区参与态度（0.515）最高，社区参与获益（0.172）最低；分区域来看，各维度构面总效应呈现出犬牙交错的态势，同时旅游社区参与态度表现较为显著，而旅游社区参与获益表现较弱（图 6-9）。

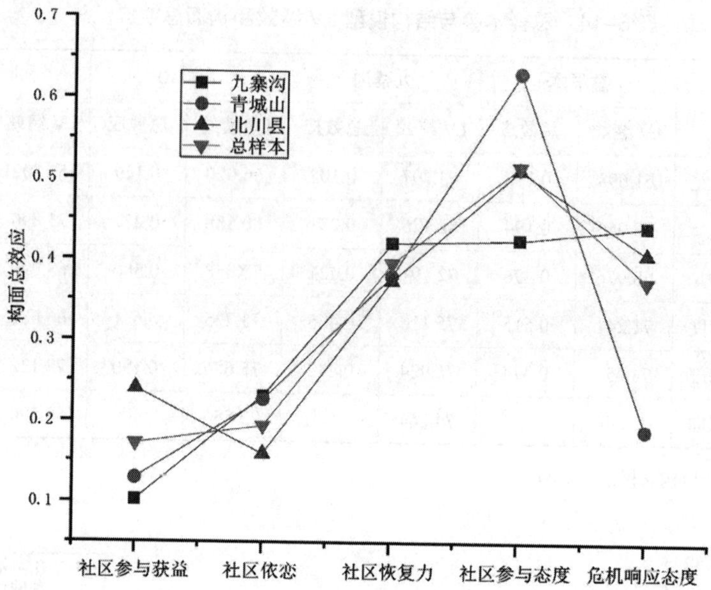

图 6-9　构面总效应区域差异示意

6.5　本章小结

本章主要基于具有预测性特征的偏最小平方法（PLS-SEM）对三大案例地进行分样本的预测性分析，并进行区域差异比较。同时对各案例地概念模型中各维度的重要性—表现力映射进行了比较分析。主要得出以下相关结论和发现：

（1）九寨沟旅游地社区参与获益两大假设没有获得支持，其余六大假设获得支持；从总效应的角度看，旅游社区参与获益对社区参与意向不显著。社区依恋与社区恢复力对社区参与意向具有显著作用，且社区恢复力的总效应大于社区依恋的总效应。从 LV 绩效的表现来看社区参与获益最低，社区依恋最高。从构面总效应的角度看，社区参与获益最低，危机响应态度最高。分维度来看，其中社区恢复力对社区参与态度（0.489）和危机响应态度（0.402）具有较高的表现力；社区参与态度（0.421）和危机响应态度（0.449）对社区参与意向为旗鼓相当，表现较佳。

（2）青城山旅游地社区参与八大假设全部获得支持，且社区参与态度（0.636）和社区恢复力（0.516）属于强作用。从总效果的角度看，社区参与获益、社区依恋和社区恢复力三大维度对社区参与意向全部显著，并呈现出社区恢复力（0.388）> 社区依恋（0.248）> 社区获益（0.135）的总体特征。从 LV 绩效的表现来看社区参与获益最低，社区依恋最高。从构面总效应的角度看，社区参与获益最低，社区参与态度最高。从构面总效应分维度来看，其中社区恢复力对社区参与态度（0.494）和危机响应态度（0.253）具有较高的表现力；社区参与态度（0.589）和危机响应态度（0.197）对社区参与意向，前者属于强作用，后者相对较弱。

（3）北川县旅游地社区参与全部假设获得支持，且社区参与态度（0.511）属于强作用，危机响应态度（0.408）也表现较为强劲，社区依恋对社区参与态度（0.192）和危机响应态度（0.151）作用相对较弱，这可能与北川县进行了整体搬迁重建有很大关系。从总效果的角度看，社区参与获益、社区依恋和社区恢复力三大维度对社区参与意向全部显著，并呈现出社区恢复力（0.371）> 社区依恋（0.242）> 社区获益（0.165）的总体特征。从 LV 绩效的表现来看社区参与获益最低（57.802），社区依恋最高（75.890），六大维度 LV 绩效差异明显，这可能与新北川是新生旅游地有关联。从构面总效应的角度看，社区依恋最低，这可能与对新建现场还没有形成强烈的地方认同和地方依恋；社区参与态度最高，这可能与除了参与政府主导的旅游业发展，其他生计来源较为匮乏相关联。从构面总效应分维度来看，其中社区恢复力对社区参与态度（0.436）和危机响应态度（0.307）具有较高的表现力；社区参与态度（0.484）和危机响应态度（0.386）对社区参与意向表现力不错。

（4）通过对九寨沟、青城山和北川县三大案例地各个假设路径的验证分析，结果表明除去九寨沟的旅游社区参与获益对社区参与态度（H1）和危机响应态度（H2）被拒绝外，其余各假设全部获得支持，而在路径系数方面社区恢复力和社区参与态度表现较为强劲；社区依恋路径系数相对较低，且呈现出九寨沟 > 青城山 > 北川县的特征，这与旅游地的生命周期阶段以及震后恢复重建的模式不同相关联。

（5）在旅游社区参与获益对社区参与意向总效果方面，九寨沟案例地检验结果表现不显著，而青城山和北川县检验结果显著，综合表明九寨沟作为地震影响较小和成熟的旅游地，其旅游社区参与获益维度的假设没有获得通过，这可能与越是成熟的旅游地，旅游地社区对社区参与管理决策和社区参与获益的期望更高，以及更加注重公平和民主等因素相关联。三大案例地中社区依恋对社区参与意向的总效果呈现显著作用，且作用效果旗鼓相当，在社区恢复力对社区参与意向的总效果呈现显著作用，且表现出九寨沟 > 青城山 > 北川县的特征。

（6）从总样本的 LV 绩效的表现来看社区参与获益最低（61.698），社区依恋最高（78.956）；分区域来看，六大维度的 LV 绩效总体呈现出九寨沟 > 青城山 > 北川县的特征，这充分表明就本研究采集的样本而言，受地震影响越小和旅游地发展阶段越成熟，其旅游地社区参与各维度感知就越高。从总样本的构面总效应看，社区参与态（0.515）度最高，社区参与获益（0.172）最低；分区域来看，各维度构面总效应呈现出犬牙交错的态势，同时旅游社区参与态度表现较为显著，而旅游社区参与获益表现较弱。

第 7 章　危机响应视角下旅游地社区参与机制分析

7.1　危机响应背景下旅游地社区参与影响因素分析

基于文献综述、案例地概况及其地震分析、田野调查和问卷访谈分析以及旅游地社区参与框架模型的验证性分析和预测性分析，总结出危机响应背景下的旅游地社区参与影响因素与作用过程主要有如下几个方面：

旅游地突发危机事件的影响程度。地震等突发危机事件对旅游地区域和景区景点的破坏程度，道路交通和基建破坏情况，旅游市场的认知情况，社区和各级部门以及个人抗震救灾的力度等。这些因素直接或间接地影响或者左右着旅游地社区参与的进程和态度。

旅游地所处的生命周期阶段。按照旅游地生命周期理论和危机响应阶段理论，不同的阶段具有显著的特征。当旅游地处于成熟期时，如九寨沟和青城山，具有一定的危机管理和突发危机事件的能力和经验，更加有利于旅游社区参与和旅游市场的恢复和提振。反之如北川县等新生的旅游地，其社区参与者的心态相对焦虑乃至对旅游产业的发展持有保留态度。

旅游社区人口统计学特征因素。人口统计学特征作为一个重要的影响因素，在本研究中得到了较好的体现，比如男性对测量题项的感知普遍高于女性，教育程度低的感知高于教育程度高的等，充分表明人口统计学特征的差异必须引起学术界、产业界和管理界的高度重视，在旅游地社区参与规划和相关政策制定等方面需要进行充分的考虑。

突发危机事件对旅游产业发展的影响。旅游发展的积极影响和消极影响，仁者见仁智者见智，但绝对是旅游社区参与关注的焦点之一。特别是地震后，旅游产业作为排头兵和提振器，发挥着重要的作用，在推进的过程中可能没有做到沟通充分、事事公平，比如发展比较成熟的九寨沟反而对旅游社区参与获益较低，以及三大案例地中对于旅游社区参与的获益普遍反映不高。当然震后恢复重建带来的知名度提高、基建大改善、对口援建、国家和社会的全力支持等，旅游地社区居民和旅游参与者是有目共睹的，是反应积极的。

旅游地的社区依恋情感作用。社区依恋是一种功能性依恋和情感性依恋的总和，一般来说对于土生土长的本地人较为强烈，对于新进来的旅游从业者可能会偏弱。但是主要还看个人的总体感觉，包括旅游社区参与带来的收益、社区的文化和包容氛围、社区的邻里关系等因素的综合作用形成的。一般来说能够促进旅游社区参与和危机响应意向。

旅游地具有的社区恢复力。社区恢复力包括应对突发事件风险的能力、适应变化的能力，以及利用个人的社会资本等进行灾后重建发展旅游产业的能力，这些能力对于旅游地社区参与非常重要。在本研究中得到了充分说明，比如社区参与恢复力维度对旅游社区参与意向效果最为强烈。

旅游业发展的参与程度。从九寨沟、青城山和北川县案例地的旅游收入占比家庭总收入的角度看，旅游收入占比越高，愈加关注社区参与，也更加关注旅游地社区的市场情况、突发事件影响以及对社区参与的能动性和主动性增强。

旅游地社区政府管理部门角色和作用。作为中央集权的国家体制，从上到下对旅游发展、社区参与和利益分享及其政策措施和规划设计等具有绝对的权威，可以说旅游地社区参与起着绝对的主导作用，特别是在危机响应情境下，政府更是可以左右整个旅游产业的恢复方向和发展速度，以及社区参与的整个进程。但是集中力量办大事快速推进的过程中，往往伴随着作为旅游地发展“主人翁”旅游社区的相关旅游发展声音和利益诉求得不到充分的表达以及解决。

旅游地相关旅游企业机构。旅游企业机构是旅游业的实际经营者和管理者，对社区旅游发展起到了至关重要的作用，对于旅游社区参与的机会、利益分配、决策参与、社区增权等具有很大的决定权。然而旅游企业比较关注突发危机事件等带来的不利影响以及旅游市场的不稳定，对于旅游社区参与等，只要在不触及其核心利益的情况下，相对关注较弱，这是旅游地社区参与发展过程中的一个重要阻力，值得政府、企业和当地居民深思和反思。

综上所述，可以窥见危机响应情境下，旅游社区参与的影响因素是多方面的，是复杂的，也是一个多元动态的作用过程。

7.2　危机响应视角下旅游地社区参与机制探索

通过对 28 位被访者关于危机响应视角下的旅游社区参与的态度和观点的综合分析，以及 556 份调查问卷的解析和田野调查和案例地相关资料的剖析。可以看出突发危机事件首先带来的巨大的损失和伤害，同时伴随着旅游发展的相关机遇。在突发事件这个“聚光灯”效应下，旅游社区参与某种程度上是不是质量有所提升，还是政府主导的快速推进降低了旅游社区参与，这些疑问和问题都在本研究有所体现。按照本研究构建的旅游地社区参与分析框架模型，无论是从验证性的角度看，还是从预测性分析的视角观察，涉及旅游社区参与获益、旅游社区恢复力、旅游社区依恋以及社区参与态度和危机响应态度最终对旅游地社区参与意向起着重要的促进作用（除去九寨沟案例地旅游社区获益其作用不显著外），这充分说明和回答了本研究最初提出的科学问题：突发危机事件对旅游产业造成重大威胁乃至损失，那么突发危机事件一定是阻碍了旅游产业的发展吗？突发危机事件对于旅游产业发展是一把双刃剑吗？

也正如对本研究的科学问题有所回答之后，引发了对旅游发展思想中的三大平台理论：鼓吹平台（advocacy platform），警示平台（cautionary platform），适应平台（adaptancy platform）。在基于危机事件响应情境下，哪些被鼓吹了，哪些要警示了，哪些会适应了。这是有价值的议题，也是较为复杂的思考。但是不管怎样，我们可以从一位土生土长的本地人、汶川地震的亲历者、青城山—都江堰世界遗产地的管理者的一段话语中能领略一二：“我们失去了很多同胞，导致重大人员伤亡，重大社会和经济损失，其他方面的损失是灾难性和无法估量的。但是，灾后带来的机遇也是显而易见的，包括基础设施的快速改善，景区的普及，中央政府带来的重建等。但是在地震发生近一年之后，还是说到目前为止从这个角度来看这个问题的报道和消息很少，可能是因为人口伤亡人数庞大以及当地社区的心理创伤，这成了一个禁忌话题，我们不敢说这是一个发展机遇。”这进一步表明，灾难发生后，当地人民的心情变得复杂。一方面，灾难导致相当大甚至无法弥补的生命和财产损失。另一方面，它为当地经济和旅游业的发展带来了许多机会。总之，我们提出的理论框架基本得到了验证，地震后社区参与和危机响应总体上是积极的。在某种程度上，还有一些消极因素需要进一步关注和改进。基于以上讨论，我们构建了旅游社区参与“ABC”框架，包括社区“依恋”（community Attachment），社区参与“利益”（community Benefits）和社区恢复“能力”（community Capacity），探讨和构建了基于危机应对视角的旅游社区参与的影响因素和机制框架（图 7-1）。

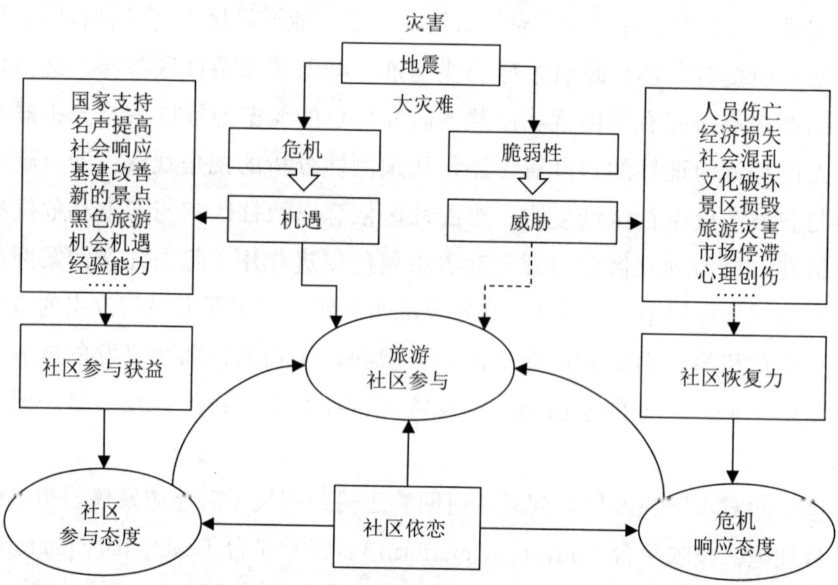

图 7-1　基于危机响应的旅游社区参与“ABC”框架

危机响应情境下旅游地社区参与是一个复杂的、多因素综合作用的系统，其运行的机制和作用也是复杂的，动态的。一方面，要考虑旅游地所处的经济、文化、政治、社会以及资源、生态等方面的外在影响因素。另一方面要考量旅游地社区居民、旅游从业者、旅游企业经营者和旅游政府管理者等各自的关切点和利益诉求及其内在作用运行模式。结合内外两方面的作用，从宏观（旅游地所处大环境）和微观（个体的价值感知等）综合的视角来思考和探究其运行的过程、影响因素和作用机制。从这个意义上说，本研究提出的旅游地社区参与框架模型还有很大的提升空间，但仅从旅游地社区主要旅游利益相关者的角度看，旅游地社区参与“ABC”框架模型具有一定的解释力和适恰性。

7.3　危机响应情境下旅游地社区参与对策与建议

针对本研究过程中发现的相关现象和研究结论，对旅游地社区参与和危机响应提出相关发展建议：

第一，把握好灾后发展要义。抓住重大突发危机事件带来的系列积极因素，充分利用好旅游业发展的契机，旅游业作为排头兵和提振器具有良好的发展机遇。充分发挥好当地旅游社区“首当其冲，贯穿其中”（First Response，Last Leave）的作用，尽可能快速恢复，最大限度地减少和降低灾后损失。

第二，加强社区旅游规划发展顶层设计。在旅游发展规划中注重社区参与的渠道建设和旅游参与技能培养，开诚布公，阳光运作，加大社区参与赋权力度，拓展当地社区参与的广度和深度。特别是让广大旅游从业者以及旅游地社区居民具有参与的机会，拥有更好的利益诉求渠道。

第三，构建旅游地社区危机管理框架。建立旅游地危机响应长效机制，厘清致灾因子，罗列负面清单，加大当地社区和旅游企业危机响应处置培训和演练力度，对易发、频发灾害点进行实时监控、专人值守，从类别和数量质量上加大救灾物资储备，特别是加强对安全疏散点方面的规划和布置，构建一体化的旅游地危机响应和处置平台。

第四，关注旅游地产业发展利益分享。在旅游业发展过程中要充分考虑当地社区的利益诉求，维系好社区依恋情节，特别是在应对突发危机事件的过程中，要充分调动当地社区和旅游企业及个人的社会资本，为社区恢复重建和旅游业可持续发展提供不竭动力。

第五，注重差异性和逆境文化信仰。把握个体或社区对灾害危机的感知、适应以及应对行为的差异性，注重社区恢复力的培养和塑造，特别是中国人自古以来的逆境文化信仰，有助于个人和社区在应对突发危机事件的时候，更好地发挥主观能动性和积极性，有利于缓解危机化解风险，提升旅游地社区和旅游产业抵御风险灾害能力和韧性，提升旅游地社区的社会资本。

第六，充分把握中国人的人地和谐的生存哲学。充分发挥中国人“人定胜天”的生存哲学理念，正如儒家大师董仲舒所提出的“天生之，地养之，人成之”观念一样，掌握人和自然和谐相处的规律，更好地战胜“天灾人祸”，构建人地和谐的旅游地社区参与和危机响应的新模式，使之成为突发危机事件响应背景下的中国样本。

结论篇

第 8 章　研究结论与展望

8.1　主要研究结论

旅游产业的持续健康发展对于旅游地社区的生活生计和社会经济发展，特别是当地旅游社区居民和广大旅游从业者来说至关重要。然而旅游业对突发危机事件的免疫能力较差，极易遭受地震火害等事件的影响。此种现象引起了产业界、学术界和政府管理部门的极大重视。基于此，本研究选择遭受汶川地震影响的旅游业较为发达的四川省的大九寨沟环线区域的旅游地九寨沟、青城山和北川县为案例地，以旅游地社区居民、旅游从业者和旅游管理者为研究对象，采用田野调查、现场访谈、问卷调查和二手资料解析的研究方法，依托旅游危机管理理论、社区参与理论、社区恢复理论和态度行为理论，以结构方程模型（SEM）和偏最小平方法（PLS-SEM）为技术方法，基于旅游地社区危机响应视角，构建了以社区参与获益、社区恢复力、社区依恋、社区参与态度、危机响应态度和社区参与意向为潜变量的旅游地社区参与概念模型，以及采用关键事件技术访谈法（CIT）对旅游社区参与利益相关者进行现场访谈，获得 556 份有效问卷和 28 份访谈样本以及相关资料等，以此探索危机响应视角下旅游地社区参与和危机响应的作用机制。本研究主要得出如下研究结论：

（1）构建的基于危机响应视角的旅游地社区参与概念模型框架通过验证，丰富了社区参与研究视角，具有一定的理论探索价值。

基于危机管理理论、社区参与理论和社区依恋以及社区恢复力理论与态度行为理论，构建了旅游社区参与获益、社区依恋、社区恢复力、社区参与态度、危机响应态度和社区参与行为意向为六大维度的旅游地社区参与概念模型，并获得验证。一定程度上拓展了旅游社区参与的研究边界，丰富了理论研究视角，具有一定的理论价值。同时也为突发危机事件背景下，旅游地社区参与政策制定和规划编制以及旅游地危机管理方案的制定等提供了理论依据。

（2）基于结构方程模型（SEM）对旅游地社区参与总样本进行了验证性分析，提出的假设路径全部获得支持。

从总样本概念模型的验证结果来看，旅游社区参与获益（β=0.16）、社区依恋（β=0.18）和社区恢复力（β=0.68）对旅游社区参与态度具有显著正向作用，且社区恢复力起到强作用；旅游社区参与获益（β=0.20）、社区依恋（β=0.15）和社区恢复力（β=0.50）对旅游危机响应态度具有显著正向作用。旅游社区参与态度（β=0.68）和危机响应态度（β=0.36）对旅游社区意向具有显著正向作用。从总效应的角度看，旅游社区参与获益（β=0.18）、社区依恋（β=0.18）和社区恢复力（β=0.64）对旅游社区参与意向具有正向显著作用，其中社区参与获益和社区依恋旗鼓相当，社区恢复力总效应最大，且属于强作用，表明社区恢复力是旅游地社区参与重要的驱动因素。从旅游社区参与结构模型重要性—表现力映射分析来看，社区参与获益LV绩效（61.70）最低，社区依恋LV绩效（78.96）最高；社区参与获益标准化构面总效应（0.17）最低，社区参与态度标准构面总效应（0.52）最高。总体上看，本研究构建的框架模型通过了验证，提出的假设路径获得了支持，表明本研究构建的理论框架具有较好的适应性和一定的理论价值。

（3）基于偏最小平方法（PLS-SEM）对旅游社区参与区域样本进行了预测性分析，研究表明旅游地社区参与存在着一定的区域差异。

从分样本区域差异的分析结果来看，除九寨沟样本的旅游社区参与获益对社区参与态度和危机响应态度的作用不显著外，九寨沟、青城山和北川县各假设路径均获得支持。除九寨沟的社区参与获益对社区参与意向的作用不显著外，其余的社区参与获益、社区依恋和社区恢复力对旅游社区参与意向的总效应均起显著正向作用，且在总效应方面呈现出社区恢复力＞社区依恋＞社区参与获益的特征。从各维度均值的角度看，三大案例地的社区依恋和危机响应态度维度均值较高（大于4），其中社区参与获益维度均值较低（小于3.5），表明旅游地对社区参与获益不满。总体上看各维度均值呈现出九寨沟＞青城山＞北川县的基本特征。从旅游社区参与结构模型重要性—表现力映射分析来看，在LV绩效方面呈现出九寨沟＞青城山＞北川县的特征，其中在各区域中社区依恋维度的 LV 绩效最高和社区恢复力的 LV 绩效最低，标准化构面总效应方面呈现出一种交错的状态。

（4）通过对旅游地社区利益相关者访谈，与定量研究相互补充与印证，进一步揭示了旅游地社区参与和危机响应过程、作用和机制。

基于关键事件技术访谈法（CIT），从 28 位旅游地社区旅游业发展重要利益相关者视角进一步解释了在突发危机事件背景下，旅游地社区及其旅游地管理者、旅游企业和相关组织个体如何进行危机响应和危机防范，采用什么样的方式和途径，以及存在的问题和总结的经验等。综合表明，政府等旅游管理部门非常注重危机管理顶层设计和相关系列规划的制定和实施，而对社区参与利益分配等重视不足，虽然也制定了相关旅游发展惠民政策，但是旅游地社区居民对政府在旅游社区参与中的表现还有更高的期许；旅游企业比较关注经营的风险，特别是突发危机事件对其市场稳定性的影响，同时对本地居民就业机会、旅游发展利益分配等方面重视不够，以及对危机响应的防范和培训不足等问题；旅游社区居民比较关注社区旅游发展的机会公平和参与机遇透明，更加注重民主等关乎个人核心利益的问题，同时也较为注重本地的危机响应和防范等，而其危机响应的技能和培训相对较弱。这些质性访谈的结果并结合 556 份问卷样本定量的概念框架模型分析，增强了危机响应视角的旅游地社区参与的理解和把握，为构建旅游地社区危机管理框架和旅游地社区参与机制奠定了坚实的基础。

（5）社区参与程度、危机影响程度、人口学特征、旅游地生命周期等因素对旅游地社区参与和危机响应产生一定的影响。

本研究综合考量了旅游地社区的人口学特征、危机影响程度、社区参与程度以及旅游地所处的发展阶段等因素，研究结果表明：在人口学特征方面，在应对风险感知上男女存在显著差异；随着年龄的增长被试者对各测量题项认同增高；随着文化教育程度增高对各测量题项感知降低；在个人收入方面总体呈现出随着收入升高，感知降低的特征；在旅游收入家庭占比方面呈现出占比小于 20% 感知较高而后下降，占比 20%~60% 的梯度升高的特征；危机影响程度方面，呈现出地震影响越大对各测量题项的感知就越低的特征，在危机响应和旅游地社区参与方面，地震影响越小其意愿也较为强烈；在旅游地社区参与程度和参与途径方面，主要通过村委会和旅游管理部门来维护自己的权益，旅游社区的相关发展和参与情况普遍不高，在旅游经营过程中存在竞争激烈、资金短缺等不利因素；在旅游地发展生命周期方面，发展较为成熟的旅游地，其社区参与和应对风险的能力和意愿较好。总体上看，无论旅游地处在什么发展阶段受到什么样的影响等，旅游地参与者都非常重视参与机会的平等与民主和旅游发展政策的透明和公平。

（6）提出了基于危机响应情境的旅游地社区参与“ABC”框架。

本研究通过定量化的验证性分析（SEM）和预测性分析（PLS-SEM）以及田野考察和访谈及其相关文件与资料的研究，综合提出了基于危机响应视角的旅游地社区参与框架模型。本框架着重研究了前置潜变量旅游参与获益（community Benefit）、旅游社区依恋（community Attachment）和旅游社区恢复力（community resilience capacity），以及中间转化潜变量旅游社区参与态度（community participation attitude）和旅游社区危机响应态度（community responses attitude），及其旅游社区参与行为意向（community participation intention）的“ABC”理论框架，这是危机管理理论、社区参与理论、恢复力理论、社区依恋理论的一个集成研究，也是刺激—转化—响应（Stimulus-Organism-Response，S-O-R）理论的一个体现（Mehrabian A，1974）。综合表明旅游地的突发危机事件响应和社区参与是一个相互影响、相互制衡、相互促进的多因素共同作用的综合系统。综上，本研究拓展了旅游地社区参与研究边界，也为验证性研究和预测性研究相结合与比较提供了一个范例，提出的理论框架具有一定的理论价值和实践指导意义。

8.2 研究的创新点

（1）构建了基于危机响应视角的旅游地社区参与分析框架。

当前的研究主要从旅游地社区参与或旅游危机管理的视角进行相对隔离单一的研究，且多是从定性评论和建议的角度进行此类主题的研究，不能很好地将二者结合起来进行研究。本研究将旅游危机管理和旅游地社区参与这两大主题，通过集成多元理论构建了总体研究框架模型，并考量了旅游地社区危机响应和旅游社区参与的影响因素和作用关系，为基于旅游危机管理背景的旅游地社会参与的研究提供了一个全新的理论视角和研究方向。

（2）基于不同研究范式进行了验证性分析和预测性分析比较研究。

本研究一方面采用传统的访谈法（关键事件技术访谈法，CIT）定性的进行分析研究，另一方面依托问卷调研定量的进行验证性与预测性比较分析。特别是具有验证性特征的结构方程模型（SEM）采用 AMOS 数理分析软件，重点在验证所提出分析框架的合理性和解释力，而偏最小平方法（PLS-SEM）具有理论预测的特质，采用 SmartPLS 数理分析软件，重在对提出的分析框架进行预测性分析。通过两种不同方式的数理分析和假设验证分析，总体上表明本研究提出的基于危机响应视角的分析框架较为合理，能够进行总样本总体分析和分样本的差异化分析，具有一定的探索价值。

（3）从多元理论视角探讨了危机管理—社区参与—旅游发展机制。

单一的理论具有显著的独立性解释的能力，而事物的发展往往伴随着多因素复杂背景的不同机制的作用，因此本研究采用综合的理论体系的研究理念，主要基于旅游危机管理理论（crisis management）和旅游社区参与理论（community participation），并结合社会交换理论（social exchange theory）、恢复力理论（community resilience）、社区依恋理论（community attachment）、态度行为理论（attitude-behavior theory）等理论。且在本研究中的定性访谈和定量问卷研究中，被访者或被试者的心理状态和作用机制基本是按照刺激—转化—响应（Stimulus-Organism-Response，S-O-R）的模式进行的，这也从另一个方面反映出本研究是一种基于综合理论集成的分析框架。据我们所知，本研究的综合理论集成分析框架是首次被提出来的，这也是本研究的一个重要创新点。

8.3　研究展望

针对本研究过程中发现的相关现象和研究结论，对研究中的不足以及将来可能的研究方向和视角展望如下：

一是本研究主要从正面积极的因素（感知利益，社区依恋，危机响应能力等）进行危机响应下的社区参与结构模型构建，如果从负面消极的因素（比如感知成本，心理创伤，人口社会经济损失等）开展研究，可能会进一步拓展本研究的科学性和适用边界，这也是未来研究很有价值的一个方向。

二是可以考虑从各案例地旅游社区的旅游、社会、经济等统计面板数据和田野调查、现场访谈和问卷调查的综合研究方法入手，探索旅游地社区参与和危机响应的影响作用因素和综合运行机制。

三是可以把旅游业的涉入程度、危机影响和感知深度、旅游地所处生命周期等相关因素考虑进来，进行量化研究，进一步更加深入的探索其旅游社区参与、社区恢复力、地方依恋和危机响应态度行为等方面，也为发展实践提供更具适用性的建议。

四是可以考虑从旅游地文化风俗、宗教信仰、逆境信念等，以及历时性的旅游发展态度感知和在旅游业发展过程中距离核心区的远近等，进一步的探索突发危机事件大背景下，旅游地社区参与和危机响应的行为意向。

五是可以从网络评论信息采集大数据的角度对本研究进行补充和印证。相关旅游危机影响和危机响应以及旅游社区参与过程中的相关网络评论和社会舆论，可以很好地从另一个不带入研究者主观看法和被试者相关需求企图的视角来审视和探索危机响应背景下的旅游社区参与影响因素和作用机制。

六是本研究案例以社会主义制度的中国为背景，在危机响应和社区参与特别是感知利益等方面，可能与欧美等资本主义国家存在着一定差异，可以说社会经济体制发展背景不同，相关研究的结果及其适用性可能有所不同，这也是值得关注研究的内容。

参考文献

[1] Abbott, J.（1995）. Community participation and its relationship to community development. *Community Development Journal*, 30（2）: 158-168.

[2] Adger, N.（2003）. Social Capital, collective Action, and Adaptation to Climate Change. *Economic Geography*, 79（4）: 387-404.

[3] Adger, W.N.（2000）. Social and ecological resilience: are they related? *Progress in Human Geography*, 24（3）: 347-364.

[4] Ainuddin, S., & Routray, J.K.（2012）. Community resilience framework for an earthquake prone area in Baluchistan. *International Journal of Disaster Risk Reduction*, 2: 25-36.

[5] Ajzen, I.（1991）. The theory of planned behavior. *Organizational Behavior and Human Decision Processes*, 50（2）: 179-211.

[6] Ajzen, I.（2002）. Perceived Behavioral Control, Self-Efficacy, Locus of Control, and the Theory of Planned Behavior1. *Journal of Applied Social Psychology*, 32（4）: 665-683.

[7] Ajzen, I., & Fishbein, M.（1977）. Attitude-behavior relations: A theoretical analysis and review of empirical research. *Psychological Bulletin*, 84（5）: 888-918.

[8] Akamani, K., & Hall, T.E.（2015）. Determinants of the process and outcomes of household participation in collaborative forest management in Ghana: A quantitative test of a community resilience model. *Journal of Environmental Management*, 147: 1-11.

[9] Alan, A.L., 何景明, 高彬. 尺度、变化和恢复力：社区旅游规划的视

角［J］. 资源科学，2016，38（9）：1635-1642.

［10］Alegre，J.，Mateo，S.，& Pou，L.（2010）. An analysis of households' appraisal of their budget constraints for potential participation in tourism. *Tourism Management*，31（1）：45-56.

［11］Allen，K.M.（2006）. Community-based disaster preparedness and climate adaptation：local capacity-building in the Philippines. *Disasters*，30（1）：81-101.

［12］Alonso-Almeida，M.D.M.，& Bremser，K.（2013）. Strategic responses of the Spanish hospitality sector to the financial crisis. *International Journal of Hospitality Management*，32：141-148.

［13］Amini Hosseini，K.，Hosseini，M.，Izadkhah，Y.O.，Mansouri，B.，& Shaw，T. et al.（2014）. Main challenges on community-based approaches in earthquake risk reduction：Case study of Tehran，Iran. *International Journal of Disaster Risk Reduction*，8：114-124.

［14］Anderson，B.A.（2006）. Crisis management in the Australian tourism industry：Preparedness，personnel and postscript. *Tourism Management*，27（6）：1290-1297.

［15］Asgary，A.，Anjum，M.I.，& Azimi，N.（2012）. Disaster recovery and business continuity after the 2010 flood in Pakistan：Case of small businesses. *International Journal of Disaster Risk Reduction*（2）：46-56.

［16］Bachrach，K.M.，& Zautra，A.J.（1985）. Coping with a Community Stressor：The Threat of a Hazardous Waste Facility. *Journal of Health and Social Behavior*，26（2）：127.

［17］Baggio，R.（2008）. Symptoms of complexity in a tourism system. *Tourism Analysis*，13（1）：1-20.

［18］Bagozzi，R.，& Yi，Y.（1988）. On the Evaluation of Structural Equation Models. *Journal of the Academy of Marketing Science*，16（1）：74-94.

［19］Bankoff，G.（2003）. Vulnerability as a measure of change in society. *International Journal of Mass Emergencies and Disasters*，21（2）：30-50.

[20] Baumgartner, H., & Homburg, C. (1996). Applications of structural equation modeling in marketing and consumer research: A review. *International Journal of Research in Marketing*, 13 (2): 139–161.

[21] Bec, A., McLennan, C., & Moyle, B.D. (2015). Community resilience to long-term tourism decline and rejuvenation: a literature review and conceptual model. *Current Issues in Tourism*, 19 (5): 431–457.

[22] Becken, S., & Hughey, K. (2013). Linking tourism into emergency management structures to enhance disaster risk reduction. *Tourism Management*, 36: 77–85.

[23] Beckley, T.M. (1998). The nestedness of forest dependence: a conceptual framework and empirical exploration. *Society \& Natural Resources*, 11 (2): 101–120.

[24] Beirman, D., & Beirman, D., (2003). *Restoring tourism destinations in crisis: a strategic marketing approach.*

[25] Berkes, F. (2009). Evolution of co-management: Role of knowledge generation, bridging organizations and social learning. *Journal of Environmental Management*, 90 (5): 1692–1702.

[26] Berkes, F., & Ross, H. (2013). Community Resilience: Toward an Integrated Approach. *Society and natural resources*, 26 (1): 5–20.

[27] Biggs, D. (2019). Understanding Resilience in a Vulnerable Industry: the Case of Reef Tourism in Australia. *Ecology and Society*; *Vol. 16*, *No. 1*.

[28] Biggs, D., Hall, C.M., & Stoeckl, N. (2012). The resilience of formal and informal tourism enterprises to disasters: reef tourism in Phuket, Thailand. *Journal of Sustainable Tourism*, 20 (5): 645–665.

[29] Biran, A., Liu, W., Li, G., & Eichhorn, V. et al. (2014). Consuming post-disaster destinations: The case of Sichuan, China. *Annals of Tourism Research*, 47: 1–17.

[30] Birkmann, J., (2006). *Measuring vulnerability to natural hazards: Towards disaster resilient societies*. Tokyo: United Nations University Press.

[31] Blake, A., & Sinclair, M.T. (2003). TOURISM CRISIS MANAGEMENT: US Response to September 11. *Annals of Tourism Research*, 30 (4): 813-832.

[32] Boers, B., & Cottrell, S. (2007). Sustainable tourism infrastructure planning: A GIS-supported approach. *Tourism Geographies*, 9 (1): 1-21.

[33] Bonanno, G.A. (2004). Loss, Trauma, and Human Resilience: Have We Underestimated the Human Capacity to Thrive After Extremely Aversive Events? *American Psychologist*, 59 (1): 20-28.

[34] Breunig, K.J., & Christoffersen, L. (2016). If x then why? Comparative analysis using critical incidents technique. *Journal of Business Research*, 69 (11): 5141-5146.

[35] Brohman, J. (1996). New directions in tourism for third world development. *Annals of Tourism Research*, 23 (1): 48-70.

[36] Buckland, J., & Rahman, M. (1999). Community-based disaster management during the 1997 Red River Flood in Canada. *Disasters*, 23 (2): 174-191.

[37] Buikstra, E., Ross, H., King, C.A., Baker, P.G., Hegney, D., McLachlan, K., & Rogers-Clark, C. et al. (2010). The components of resilience—Perceptions of an Australian rural community. *Journal of Community Psychology*, 38 (8): 975-991.

[38] Buta, N., Holland, S.M., & Kaplanidou, K. (2014). Local communities and protected areas: The mediating role of place attachment for pro-environmental civic engagement. *Journal of Outdoor Recreation and Tourism*, 5-6: 1-10.

[39] Butler, R.W. (2009). Tourism in the future: cycles, waves or wheels? *Futures*, 41 (6): 346-352.

[40] Butler, R.W. (1980). The concept of a tourist area cycle of evolution: implications for management of resources. *Canadian Geographer*, 24 (1): 5-12.

[41] Callan, R.J. (1998). The critical incident technique in hospitality research: an illustration from the UK lodge sector. *Tourism Management*, 19 (1): 93-98.

[42] Carpenter, S., Walker, B., Anderies, J.M., & Abel, N. et al. (2001). From metaphor to measurement: Resilience of what to what? *Ecosystems*, 4 (8): 765-781.

[43] Chengcai, T., Linsheng, Z., & Shengkui, C. (2012). Tibetan Attitudes towards Community Participation and Ecotourism. *Journal of Resources and Ecology*, 3 (1): 8-15.

[44] Choi, H.C., & Murray, I. (2010). Resident attitudes toward sustainable community tourism. *Journal of Sustainable Tourism*, 18 (4): 575-594.

[45] Choi, H.C., & Sirakaya, E. (2006). Sustainability indicators for managing community tourism. *Tourism Management*, 27 (6): 1274-1289.

[46] Christensen, N.L., Bartuska, A.M., Brown, J.H., Carpenter, S., D'Antonio, C., Francis, R., Franklin, J.F., MacMahon, J.A., Noss, R.F., Parsons, D.J., & Others et al. (1996). The report of the Ecological Society of America committee on the scientific basis for ecosystem management. *Ecological Applications*, 6 (3): 665-691.

[47] Cioccio, L., & Michael, E.J. (2007). Hazard or disaster: Tourism management for the inevitable in Northeast Victoria. *Tourism Management*, 28 (1): 1-11.

[48] Cohen, O., Leykin, D., Lahad, M., Goldberg, A., & Aharonson-Daniel, L. et al. (2013). The conjoint community resiliency assessment measure as a baseline for profiling and predicting community resilience for emergencies. *Technological Forecasting and Social Change*, 80 (9): 1732-1741.

[49] Cope, M.R., Slack, T., Blanchard, T.C., & Lee, M.R. et al. (2013). Does time heal all wounds? Community attachment, natural resource employment, and health impacts in the wake of the BP Deepwater Horizon disaster. *Social Science Research*, 42 (3): 872-881.

[50] Cox, R.S., & Perry, K. (2011) . Like a Fish Out of Water: Reconsidering Disaster Recovery and the Role of Place and Social Capital in Community Disaster Resilience. *American Journal of Community Psychology*, 48 (3-4): 395-411.

[51] Cretney, R.M. (2016) . Local responses to disaster. *Disaster Prevention and Management: An International Journal*, 25 (1): 27-40.

[52] Cutter, S.L., Barnes, L., Berry, M., Burton, C., Evans, E., Tate, E., & Webb, J. et al. (2008) . A place-based model for understanding community resilience to natural disasters. *Global Environmental Change*, 18 (4): 598-606.

[53] Danar, O.R., & Pushpalal, D. (2014) . Building Community Resilience: Conceptual Framework and its Application in Post Tsunami Resettlement. *Procedia Economics and Finance*, 18: 489-496.

[54] Davidov, E., Dülmer, H., Schlüter, E., Schmidt, P., & Meuleman, B. et al. (2012) . Using a Multilevel Structural Equation Modeling Approach to Explain Cross-Cultural Measurement Noninvariance. *Journal of Cross-Cultural Psychology*, 43 (4): 558-575.

[55] Deery, M., Jago, L., & Fredline, L. (2012) . Rethinking social impacts of tourism research: A new research agenda. *Tourism Management*, 33 (1): 64-73.

[56] Diedrich, A., & García-Buades, E. (2009) . Local perceptions of tourism as indicators of destination decline. *Tourism Management*, 30 (4): 512-521.

[57] Do Valle, P.O., & Assaker, G. (2015) . Using Partial Least Squares Structural Equation Modeling in Tourism Research. *Journal of Travel Research*, 55 (6): 695-708.

[58] Donoghue, E.M., & Sturtevant, V.E. (2007) . Social science constructs in ecosystem assessments: Revisiting community capacity and community resiliency. *Society & Natural Resources*, 20 (10): 899-912.

[59] Durand, M. (2016) . Employing critical incident technique as one way to display the hidden aspects of post-merger integration. *International Business Review*, 25 (1, Part A): 87-102.

[60] Eachus, P. (2014) . Community Resilience: Is it Greater than the Sum of the Parts of Individual Resilience? *Procedia Economics and Finance*, 18: 345-351.

[61] Espiner, S., & Becken, S. (2014) . Tourist towns on the edge: conceptualising vulnerability and resilience in a protected area tourism system. *Journal of Sustainable Tourism*, 22 (4): 646-665.

[62] Eugenio-Martin, J.L., & Campos Soria, J.A. (2014) . Economic crisis and tourism expenditure cutback decision. *Annals of Tourism Research*, 44: 53-73.

[63] Faulkner, B. (2001a) . Towards a framework for tourism disaster management. *Tourism Management* (22): 135-147.

[64] Faulkner, B., & Vikulov, S. (2001b) . Katherine, washed out one day, back on track the next: a post-mortem of a tourism disaster. *Tourism Management*, 22 (4): 331-344.

[65] Flaherty, J., & Brown, R.B. (2010) . A Multilevel Systemic Model of Community Attachment: Assessing the Relative Importance of the Community and Individual Levels. *American Journal of Sociology*, 116 (2): 503-542.

[66] Folke, C. (2006) . Resilience: The emergence of a perspective for social-ecological systems analyses. *Global Environmental Change*, 16 (3): 253-267.

[67] Folke, C., Carpenter, S., Elmqvist, T., Gunderson, L., Holling, C.S., & Walker, B. et al. (2002) . Resilience and sustainable development: building adaptive capacity in a world of transformations. *Ambio*, 31 (5): 437-440.

[68] Folke, C., Hahn, T., Olsson, P., & Norberg, J. et al. (2005) . Adaptive

governance of social-ecological systems. *Annual Review of Environmental Resources*, 30: 441-473.

[69] Fornell, C., & Larcker, D.F. (1981). Evaluating Structural Equation Models with Unobservable Variables and Measurement Error. *Journal of Marketing Research*, 18 (1): 39-50.

[70] Gallopín, G.C. (2006). Linkages between vulnerability, resilience, and adaptive capacity. *Global Environmental Change*, 16 (3): 293-303.

[71] Garrod, B. (2003). Local participation in the planning and management of ecotourism: A revised model approach. *Journal of Ecotourism*, 2 (1): 33-53.

[72] Gawith, E. (2013). The on-going psychological toll from the Canterbury earthquakes: Stories from one community. *Disaster Prevention and Management*, 22 (5): 395-404.

[73] Gefen, D., Rigdon, E.E., & Straub, D.W. (2011). An Update and Extension to SEM Guidelines for Administrative and Social Science Research. Editorial Comment. *Mis Quarterly*, 35 (2): III-XII.

[74] Gelderman, C.J., Semeijn, J., & Plugge, N. (2016). The role of critical incidents in the development of global sourcing-results of an in-depth case study. *Journal of Purchasing and Supply Management*, 22 (3): 214-224.

[75] Glynn, T.J. (1981). Psychological sense of community: Measurement and application. *Human Relations*, 34 (9): 789-818.

[76] Gu, H., & Ryan, C. (2008). Place attachment, identity and community impacts of tourism—the case of a Beijing hutong. *Tourism Management*, 29 (4): 637-647.

[77] Gunderson, L., & Light, S.S. (2006). Adaptive management and adaptive governance in the everglades ecosystem. *Policy Sciences*, 39 (4): 323-334.

[78] Gunderson, L.H. (2000). Ecological resilience – in theory and application. *Annual Review of Ecology and Systematics*, 31: 425-439.

[79] Guo, Y., Zhang, J., Zhang, Y., & Zheng, C. et al. (2018a).

Examining the relationship between social capital and community residents' perceived resilience in tourism destinations. *Journal of Sustainable Tourism*, 26（6）: 973–986.

[80] Guo, Y., Zhang, J., Zhang, Y., & Zheng, C. et al.（2018b）. Catalyst or Barrier? The Influence of Place Attachment on Perceived Community Resilience in Tourism Destinations. *Sustainability*, 10（7）: 2347.

[81] Hair, J.F.J., Anderson, R.E., Tatham, R.L., & Black, W.C. et al.,（2002）. *Multivariate data analysis with readings*. Englewood Cliffs, NJ: Prentice-Hall.

[82] Hajibaba, H., Gretzel, U., Leisch, F., & Dolnicar, S. et al.（2015）. Crisis-resistant tourists. *Annals o Tourism Research*, 53: 46–60.

[83] Hall, C.M.（2010）. Crisis events in tourism: subjects of crisis in tourism. *Current Issues in Tourism*, 13（5）: 401–417.

[84] Hallegatte, S., & Dumas, P.（2009）. Can natural disasters have positive consequences? Investigating the role of embodied technical change. *Ecological Economics*, 68（3）: 777–786.

[85] Hanafiah, M.H., Jamaluddin, M.R., & Zulkifly, M.I.（2013）. Local Community Attitude and Support towards Tourism Development in Tioman Island, Malaysia. *Procedia - Social and Behavioral Sciences*, 105: 792–800.

[86] Harrill, R.（2004）. Residents' attitudes toward tourism development: A literature review with implications for tourism planning. *Journal of Planning Literature*, 18（3）: 251–266.

[87] Hermann, C.,（1972）. *International crisis: Insight from behaviorl research*. New york: Free Press.

[88] Hillmer-Pegram, K.C.（2013）. Understanding the resilience of dive tourism to complex change. *Tourism Geographies*: 1–17.

[89] Hofmeister, E.H., Reed, R.A., Barletta, M., Shepard, M., & Quandt, J. et al.（2018）. Critical incident technique analysis applied to perianesthetic

cardiac arrests at a university teaching hospital. *Veterinary Anaesthesia and Analgesia*，45（3）：345–350.

[90] Holling，C.S.（1973）. Resilience Resilience and stability of ecological systems. *Annual review of ecology and systematics*，4：1–23.

[91] Holling，C.S.（1986）. The resilience of terrestrial ecosystems：local surprise and global change. *W.c.clark & R.e.munn .sustainable Development of the Biosphere*：292–317.

[92] Holling，C.S.（2001）. Understanding the complexity of economic，ecological，and social systems. *Ecosystems*，4（5）：390–405.

[93] Huan，T.，Beaman，J.，& Shelby，L.（2004）. No–escape natural disaster：Mitigating Impacts on Tourism. *Annals of Tourism Research*，31（2）：255–273.

[94] Huang，J.，& Min，J.C.H.（2002）. Earthquake devastation and recovery in tourism：the Taiwan case. *Tourism Management*，23（2）：145–154.

[95] Huang，Y.，& Wong，H.（2013）. Impacts of Sense of Community and Satisfaction with Governmental Recovery on Psychological Status of the Wenchuan Earthquake Survivors. *Social Indicators Research*：1–16.

[96] Hung，K.，Sirakaya–Turk，E.，& Ingram，L.J.（2010）. Testing the Efficacy of an Integrative Model for Community Participation. *Journal of Travel Research*，50（3）：276–288.

[97] Hystad，P.W.，& Keller，P.C.（2008）. Towards a destination tourism disaster management framework：Long–term lessons from a forest fire disaster. *Tourism Management*，29（1）：151–162.

[98] Josiam，B.M.，Spears，D.L.，Pookulangara，S.，Dutta，K.，Kinley，T.R.，& Duncan，J.L. et al.（2015）. Using structural equation modeling to understand the impact of Bollywood movies on destination image，tourist activity，and purchasing behavior of Indians. *Journal of Vacation Marketing*，21（3）：251–261.

[99] Kage，R.（2010）. Making reconstruction work：civil society and

information after war's end. *Comparative Political Studies*, 43（2）: 163-187.

[100] Kajitani, y., Chang, S.E., & Tatano, H.（2013）. Economic Impacts of the 2011 Tohoku-Oki Earthquake and Tsunami. *Earthquake Spectra*, 29（S1）: S457-S478.

[101] Keogh, B.（1990）. Public participation in community tourism planning. *Annals of Tourism Research*, 17（3）: 449-465.

[102] Ketter, E.（2016）. Destination image restoration on facebook: The case study of Nepal's Gurkha Earthquake. *Journal of Hospitality and Tourism Management*, 28: 66-72.

[103] Kim, K., Uysal, M., & Sirgy, M.J.（2013）. How does tourism in a community impact the quality of life of community residents? *Tourism Management*, 36: 527-540.

[104] Kuo, H., Chen, C., Tseng, W., Ju, L., & Huang, B. et al.（2008）. Assessing impacts of SARS and Avian Flu on international tourism demand to Asia. *Tourism Management*, 29（5）: 917-928.

[105] Kyle, G.T., Mowen, A.J., & Tarrant, M.（2004）. Linking place preferences with place meaning: An examination of the relationship between place motivation and place attachment. *Journal of Environmental Psychology*, 24（4）: 439-454.

[106] Kyle, G.T., Theodori, G.L., Absher, J.D., & Jun, J. et al.（2010）. The Influence of Home and Community Attachment on Firewise Behavior. *Society & Natural Resources*, 23（11）: 1075-1092.

[107] Lawson, R.W., Williams, J., Young, T., & Cossens, J. et al.（1998）. A comparison of residents' attitudes towards tourism in 10 New Zealand destinations. *Tourism Management*, 19（3）: 247-256.

[108] Lebel, L., Anderies, J.M., Campbell, B., Folke, C., Hatfield-Dodds, S., Hughes, T.P., & Wilson, J. et al.（2006）. Governance and the capacity to manage resilience in regional social-ecological systems. *Ecology and*

Society，11（191）.

[109] Lee，C.，Kang，S.，& Reisinger，Y.（2010）. Community Attachment in Two Rural Gaming Communities：Comparisons between Colorado Gaming Communities，USA and Gangwon Gaming Communities，South Korea. *Tourism Geographies*，12（1）：140–168.

[110] Lee，C.，& Back，K.（2006）. Examining structural relationships among perceived impact，benefit，and support for casino development based on 4 year longitudinal data. *Tourism Management*，27（3）：466–480.

[111] Lee，T.H.（2013）. Influence analysis of community resident support for sustainable tourism development. *Tourism Management*，34：37–46.

[112] Lennon，J.J.，& Foley，M.（2016）. Interpretation of the Unimaginable：The U.S. Holocaust Memorial Museum，Washington，D.C.，and "Dark Tourism". *Journal of Travel Research*，38（1）：46–50.

[113] Lew，A.A.（2014）. Scale，change and resilience in community tourism planning. *Tourism Geographies*，16（1）：14–22.

[114] Lew，A.A.，Ng，P.T.，Ni，C.N.，& Wu，T.E. et al.（2016）. Community sustainability and resilience：similarities，differences and indicators. *Tourism Geographies*，18（1）：18–27.

[115] Lewicka，M.（2008）. Place attachment，place identity，and place memory：Restoring the forgotten city past. *Journal of Environmental Psychology*，28（3）：209–231.

[116] Li，W.（2006）. Community decisionmaking participation in development. *Annals of Tourism Research*，33（1）：132–143.

[117] Lo，A.Y.，& Jim，C.Y.（2015）. Community attachment and resident attitude toward old masonry walls and associated trees in urban Hong Kong. *Cities*，42：130–141.

[118] Luo，J.，& Fang，Z.（2013）. Social Capital and Self-Organization：A Study on Government and Self-Organized Activities in a Post-Disaster Reconstruction Process. *WASEDA RILAS JOURNAL*（1）：99–107.

[119] Magis, K.(2010). Community Resilience: An Indicator of Social Sustainability. *Society and Natural Resources*, 23(5): 401-416.

[120] Mair, J., Ritchie, B.W., & Walters, G.(2016). Towards a research agenda for post-disaster and post-crisis recovery strategies for tourist destinations: a narrative review. *Current Issues in Tourism*, 19(1): 1-26.

[121] Maldonado, J.H., & Moreno-Sánchez, R.D.P.(2014). Estimating the Adaptive Capacity of Local Communities at Marine Protected Areas in Latin America: a Practical Approach. *Ecology and Society*, 19(1).

[122] Marshall, M.I., & Schrank, H.L.(2014). Small business disaster recovery: a research framework. *Natural Hazards*: 1-20.

[123] Marshall, N.A.(2007). Can policy perception influence social resilience to policy change? *Fisheries Research*, 86(2): 216-227.

[124] Marshall, N.A., & Marshall, P.A.(2007). Conceptualizing and Operationalizing Social Resilience within Commercial Fisheries in Northern Australia. *Ecology and Society*, 12(1): 181-194.

[125] Matarrita-Cascante, D., Brennan, M.A., & Luloff, A.E.(2010). Community agency and sustainable tourism development: The case of La Fortuna, Costa Rica. *Journal of Sustainable Tourism*, 18(6): 735-756.

[126] Mayunga, J.S.(2009). Measuring the measure: A multi-dimensional scale model to measure community disaster resilience in the U.S. Gulf Coast region.

[127] Mazzocchi, M., & Montini, A.(2001). Earthquake effects on tourism in central Italy. *Annals of Tourism Research*, 28(4): 1031-1046.

[128] McCool, S.F., & Martin, S.R.(1994). Community Attachment and Attitudes toward Tourism Development. *Journal of Travel Research*, 32(3): 29-34.

[129] Mehrabian A, R.J.A.,(1974). *An Approach to Environmental Psychology*. Cambridge, MA: The MIT Press.

[130] Mehta, J., & Heinen, J.(2001). Does Community-Based Conservation

Shape Favorable Attitudes Among Locals? An Empirical Study from Nepal. *Environmental Management*，28（2）：165–177.

[131] Miller，D.M.S.（2008）. Disaster tourism and disaster landscape attractions after Hurricane Katrina. *International Journal of Culture Tourism & Hospitality Research*，2（2）：115–131.

[132] Milligan，M.J.（1998）. Interactional past and potential：The social construction of place attachment. *Symbolic Interaction*，21（1）：1–33.

[133] Minglong，W.（2010）. Structural Equation Modeling：Operation and Usage of AMOS（the 2nd Edition）：42.

[134] Mulaik，S.A.，James，L.R.，Van Alstine，J.，Bennett，N.，Lind，S.，& Stilwell，C.D. et al.（1989）. Evaluation of goodness-of-fit indices for structural equation models. *Psychological Bulletin*，105（3）：430–445.

[135] Murphy，P.E.（1985）. Tourism：A Community Approach. *Annals of Tourism Research*，13（4）：667–669.

[136] Nakagawa，Y.，& Shaw，R.（2004）. Social capital：A missing link to disaster recovery. *International Journal of Mass Emergencies and Disasters*，22（1）：5–34.

[137] Nelson，D.R.，Adger，W.N.，& Brown，K.（2007）. Adaptation to environmental change：contributions of a resilience framework. *Annual Review of Environment and Resources*，32（1）：395.

[138] Nicholas，L.N.，Thapa，B.，& Ko，Y.J.（2009）. RESIDENTS' PERSPECTIVES OF A WORLD HERITAGE SITE. *Annals of Tourism Research*，36（3）：390–412.

[139] Norris，F.H.，Stevens，S.P.，Pfefferbaum，B.，Wyche，K.F.，& Pfefferbaum，R.L. et al.（2008）. Community resilience as a metaphor，theory，set of capacities，and strategy for disaster readiness. *American Journal of Community Psychology*，41（1–2）：127–150.

[140] Nunkoo，R.，Ramkissoon，H.，& Gursoy，D.（2013）. Use of Structural Equation Modeling in Tourism Research. *Journal of Travel Research*，52

(6): 759-771.

[141] Nunkoo, R., & Ramkissoon, H. (2011). Developing a community support model for tourism. *Annals of Tourism Research*, 38 (3): 964-988.

[142] Nunkoo, R., & Ramkissoon, H. (2012). Power, trust, social exchange and community support. *Annals of Tourism Research*, 39 (2): 997-1023.

[143] Nyaupane, G.P., Morais, D.B., & Dowler, L. (2006). The role of community involvement and number/type of visitors on tourism impacts: A controlled comparison of Annapurna, Nepal and Northwest Yunnan, China. *Tourism Management*, 27 (6): 1373-1385.

[144] O' Brien, D.J., Hassinger, E.W., & Dershem, L. (1994). Community Attachment and Depression among Residents in Two Rural Midwestern Communities. *Rural Sociology*, 59 (2): 255-265.

[145] Ode, A.S., Fry, G., Tveit, M.S., Messager, P., & Miller, D. et al. (2009). Indicators of perceived naturalness as drivers of landscape preference. *Journal of Environmental Management*, 90 (1): 375-383.

[146] Okazaki, E. (2008). A Community-Based Tourism Model: Its Conception and Use. *Journal of Sustainable Tourism*, 16 (5): 511-529.

[147] Olsson, P., Folke, C., & Berkes, F. (2004). Adaptive comanagement for building resilience in social—ecological systems. *Environmental Management*, 34 (1): 75-90.

[148] Orchiston, C. (2013). Tourism business preparedness, resilience and disaster planning in a region of high seismic risk: the case of the Southern Alps, New Zealand. *Current Issues in Tourism*, 16 (5): 477-494.

[149] Paraskevas, A., Altinay, L., McLean, J., & Cooper, C. et al. (2013). Crisis knowledge in tourism: types, flows and governance. *Annals of Tourism Research*, 41: 130-152.

[150] Paraskevas, A., & Arendell, B. (2007). A strategic framework for terrorism prevention and mitigation in tourism destinations. *Tourism Management*, 28 (6): 1560-1573.

[151] Parsons，M.，Glavac，S.，Hastings，P.，Marshall，G.，McGregor，J.，McNeill，J.，Morley，P.，Reeve，I.，& Stayner，R. et al.（2016）. Top-down assessment of disaster resilience：A conceptual framework using coping and adaptive capacities. *International Journal of Disaster Risk Reduction*，19：1-11.

[152] Paton，D.（2001）. Responding to Hazard Effects：Promoting Resilience and Adjustment Adoption. *Australian Journal of Emergency Management*，16（1）：47-52.

[153] Pelling，M.，& High，C.（2005）. Understanding adaptation：what can social capital offer assessments of adaptive capacity? *Global Environmental Change*，15（4）：308-319.

[154] Ping，R.A.，（2005）. What is the average variance extracted for a latent variable interaction（or quadratic）? Http：//home.att.net/~rpingjr/ave1.doc.

[155] Plummer，R.，& Armitage，D.（2007）. A resilience-based framework for evaluating adaptive co-management：Linking ecology，economics and society in a complex world. *Ecological Economics*，61（1）：62-74.

[156] Plummer，R.，& Fitz Gibbon，J.（2004）. Some observations on the terminology in cooperative environmental management. *Journal of Environmental Management*，70（1）：63-72.

[157] Podsakoff，P.M.，MacKenzie，S.B.，Lee，J.，& Podsakoff，N.P. et al.（2003）. Common method biases in behavioral research：A critical review of the literature and recommended remedies. *Journal of Applied Psychology*，88（5）：879-903.

[158] Poirier，R.A.（1997）. Political risk analysis and tourism. *Annals of Tourism Research*，24（3）：675-686.

[159] Prabhakaran，S.，Nair，V.，& Ramachandran，S.（2014）. Community Participation in Rural Tourism：Towards a Conceptual Framework. *Procedia - Social and Behavioral Sciences*，144：290-295.

[160] R，W.D.，E，P.M.，& W，R.J.（1992）. Beyond the commodity

metaphor: Examining emotional and symbolic attachment to place. *Leisure Sciences*, 14: 29–46.

[161] Reid, D.G., Mair, H., & George, W. (2004). Community Tourism Planning: A Self–Assessment Instrument. *Annals of Tourism Research*, 31 (3): 623–639.

[162] Ritchie, B. (2008). Tourism Disaster Planning and Management: From Response and Recovery to Reduction and Readiness. *Current Issues in Tourism*, 11 (4): 315–348.

[163] Ritchie, B.W. (2004). Chaos, crises and disasters: a strategic approach to crisis management in the tourism industry. *Tourism Management*, 25 (6): 669–683.

[164] Rittichainuwat, B.N. (2013). Tourists' and tourism suppliers' perceptions toward crisis management on tsunami. *Tourism Management*, 34: 112–121.

[165] Ruiz–Ballesteros, E. (2011). Social–ecological resilience and community–based tourism an approach from Agua Blanca, Ecuador. *Tourism Management*, 32 (3): 655–666.

[166] Salafsky, N., Cauley, H., Balachander, G., Cordes, B., Parks, J., Margoluis, C., Bhatt, S., Encarnacion, C., Russell, D., & Margoluis, R. et al. (2001). A Systematic Test of an Enterprise Strategy for Community–Based Biodiversity Conservation. *Conservation Biology*, 15 (6): 1585–1595.

[167] Salafsky, N., & Wollenberg, E. (2000). Linking livelihoods and conservation: a conceptual framework and scale for assessing the integration of human needs and biodiversity. *World Development*, 28 (8): 1421–1438.

[168] Salazar, N.B. (2012). Community–based cultural tourism: issues, threats and opportunities. *Journal of Sustainable Tourism*, 20 (1): 9–22.

[169] Sebele, L.S. (2010). Community–based tourism ventures, benefits and challenges: Khama Rhino Sanctuary Trust, Central District, Botswana.

Tourism Management, 31（1）: 136–146.

[170] Simmons, D.G.（1994）. Community participation in tourism planning. *Tourism Management*, 15（2）: 98–108.

[171] Simpson, M.C.（2008）. Community Benefit Tourism Initiatives—A conceptual oxymoron? *Tourism Management*, 29（1）: 1–18.

[172] Smith, D.M.（1999）. Geography, community, and morality. *Environment and Planning*, 31（1）: 19–35.

[173] Smith, J.W., Anderson, D.H., & Moore, R.L.（2012）. Social Capital, Place Meanings, and Perceived Resilience to Climate Change. *Rural Sociology*, 77（3）: 380–407.

[174] Smith, J.W., Moore, R.L., Anderson, D.H., & Siderelis, C. et al.（2012）. Community Resilience in Southern Appalachia: A Theoretical Framework and Three Case Studies. *Human Ecology*, 40（3）: 341–353.

[175] Smith, Valene L.（1989）. Hosts and Guests: The Anthropology of Tourism. Pennsylvania: The University of Pennsylvania Press.

[176] Sönmez, S.F.（1998）. Tourism, terrorism, and political instability. *Annals of Tourism Research*, 25（2）: 416–456.

[177] STEM, C.J., LASSOIE, J.P., LEE, D.R., DESHLER, D.D., & SCHELHAS, J.W. et al.（2003）. Community Participation in Ecotourism Benefits: The Link to Conservation Practices and Perspectives. *Society & Natural Resources*, 16（5）: 387–413.

[178] Suzanne Vallance N, S.C.（2014）. First to respond, last to leave: Communities' roles and resilience across the '4Rs'. *International Journal of Disaster Risk Reduction*.

[179] Tallis, H., Kareiva, P., Marvier, M., & Chang, A. et al.（2008）. An ecosystem services framework to support both practical conservation and economic development. *Proceedings of the National Academy of Sciences*, 105（28）: 9457–9464.

[180] Thornley, L., Ball, J., Signal, L., Aho, L.T., & Rawson, E. et

al.（2015）. Building community resilience：learning from the Canterbury earthquakes. *Kotuitui New Zealand Journal of Social Sciences Online*，10（1）：23-35.

[181] Timothy，D.J.（1999）. Participatory planninga View of Tourism in Indonesia. *Annals of Tourism Research*，26（2）：371-391.

[182] Tosun，C.（2000）. Limits to community participation in the tourism development process in developing countries. *Tourism Management*，21（6）：613-633.

[183] Tosun，C.（2002）. Host perceptions of impacts：A Comparative Tourism Study. *Annals of Tourism Research*，29（1）：231-253.

[184] Tosun，C.（2005）. Stages in the emergence of a participatory tourism development approach in the Developing World. *Geoforum*，36（3）：333-352.

[185] Tosun，C.（2006）. Expected nature of community participation in tourism development. *Tourism Management*，27（3）：493-504.

[186] Trosper，R.L.（2002）. Northwest coast indigenous institutions that supported resilience and sustainability. *Ecological Economics*，41（2）：329-344.

[187] Tsai，C.，& Chen，C.（2010）. An earthquake disaster management mechanism based on risk assessment information for the tourism industry-a case study from the island of Taiwan. *Tourism Management*，31（4）：470-481.

[188] Tsai，C.，& Chen，C.（2011）. The establishment of a rapid natural disaster risk assessment model for the tourism industry. *Tourism Management*，32（1）：158-171.

[189] Tsao，C.，& Ni，C.（2015）. Vulnerability，resilience，and the adaptive cycle in a crisis-prone tourism community. *Tourism Geographies*，18（1）：80-105.

[190] Tuan，Yifu.（1978）. Space and place：The Perspective of Experience.

London：University of Minnesota Press.

[191] Vallance，S.，& Carlton，S.（2015）. First to respond，last to leave：Communities' roles and resilience across the '4Rs'. *International Journal of Disaster Risk Reduction*（14）：27-36.

[192] Vargas-Sánchez，A.，Porras-Bueno，N.，& Plaza-Mejía，M.D.L.Á.（2011）. Explaining residents' attitudes to tourism. *Annals of Tourism Research*，38（2）：460-480.

[193] Waligo，V.M.，Clarke，J.，& Hawkins，R.（2013）. Implementing sustainable tourism：A multi-stakeholder involvement management framework. *Tourism Management*，36：342-353.

[194] Walker，B.，Holling，C.S.，Carpenter，S.R.，& Kinzig，A.P. et al.（2004）. Resilience，Adaptability and Transformability in Social-ecological Systems. *Ecology and Society*，9（2）：5.

[195] Wang，Y.（2009）. The impact of crisis events and macroeconomic activity on Taiwan's international inbound tourism demand. *Tourism Management*，30（1）：75-82.

[196] Wang，Y.，& Dong，L.（2010）. A preliminary study on the support model of local governments in China after the disaster——taking the Wenchuan earthquake-stricken areas assisted by various provinces and cities as an example. *Contemporary world and socialism*（01）：131-136.

[197] Ward，C.，& Berno，T.（2011）. Beyond social exchange theory. *Annals of Tourism Research*，38（4）：1556-1569.

[198] Williams，D.R.，Patterson，M.E.，Roggenbuck，J.W.，& Watson，A.E. et al.（1992）. Beyond the commodity metaphor：Examining emotional and symbolic attachment to place. *Leisure Sciences*，14（1）：29-46.

[199] Wisner，B.，Blaikie，P.，Cannon，T.，& Davis，I. et al.，（2004）. *At risk*：*Natural hazards*，*peoples*，*vulnerability and disasters*（*2nd Ed.*）. London：Routledge.

[200] Yan，B.，Zhang，J.，Zhang，H.，Lu，S.，& Guo，Y. et al.（2016）.

Investigating the motivation–experience relationship in a dark tourism space: A case study of the Beichuan earthquake relics, China. *Tourism Management*, 53: 108-121.

[201] Yang, W., Wang, D., & Chen, G. (2011). Reconstruction strategies after the Wenchuan Earthquake in Sichuan, China. *Tourism Management*, 32 (4): 949-956.

[202] Yang, W.A.C.G. (2008). Impact of the Wenchuan Earthquake on tourism in Sichuan, China. *Journal of Mountain Science*, 5 (3): 194-208.

[203] Ying, T., & Zhou, Y. (2007). Community, governments and external capitals in China's rural cultural tourism: A comparative study of two adjacent villages. *Tourism Management*, 28 (1): 96-107.

[204] Zhang, H., Yang, Y., Zheng, C., & Zhang, J. et al. (2016). Too dark to revisit? The role of past experiences and intrapersonal constraints. *Tourism Management*, 54: 452-464.

[205] Zhou, H.J., Wang, J.A., Wan, J.H., & Jia, H.C. et al. (2010). Resilience to natural hazards: a geographic perspective. *Natural Hazards*, 53 (1): 21-41.

[206] 白凯，王晓娜．社会氛围对旅游劳工移民地方融入的影响研究——以丽江古城为例［J］．人文地理，2018，33（5）：133-142.

[207] 保继刚，楚义芳．旅游地理学（第三版）［M］．北京：高等教育出版社，2012.

[208] 保继刚，孙九霞．社区参与旅游发展的中西差异［J］．地理学报，2006（4）：401-413.

[209] 保继刚，孙九霞．雨崩村社区旅游：社区参与方式及其增权意义［J］．旅游论坛，2008（4）：58-65.

[210] 毕楠，银成钺．基于关键事件技术的消费者不安全感研究［J］．软科学，2017（4）：128-131.

[211] 曹兴平．文化绘图：文化乡村旅游社区参与及实践的新途径［J］．旅游学刊，2012，27（12）：67-73.

[212] 陈佳，张丽琼，杨新军，等．乡村旅游开发对农户生计和社区旅游效应的影响——旅游开发模式视角的案例实证［J］．地理研究，2017，36（9）：1709-1724.

[213] 陈文君．我国旅游景区的主要危机及危机管理初探［J］．旅游学刊，2005（6）：65-70.

[214] 陈星，张捷，卢韶婧，等．自然灾害遗址型黑色旅游地参观者动机研究——以汶川地震北川遗址公园为例［J］．地理科学进展，2014，33（7）：979-989.

[215] 陈娅玲，杨新军．旅游社会－生态系统及其恢复力研究［J］．干旱区资源与环境，2011，25（11）：205-211.

[216] 陈志永，李乐京，涛梁．利益相关者理论视角下的乡村旅游发展模式研究以贵州天龙屯堡“四位一体”的乡村旅游模式为例［J］．经济问题探索，2008.

[217] 程绍文，张捷，徐菲菲等．自然旅游地社区居民旅游发展期望与旅游影响感知对其旅游态度的影响——对中国九寨沟和英国 NF 国家公园的比较研究［J］．地理研究，2010，29（12）：2179-2188.

[218] 褚玉杰，赵振斌，张铖，等．旅游社区多群体态度差异和冲突倾向的空间特征——以西安汤峪镇为例［J］．地理学报，2016，71（6）：1045-1058.

[219] 崔晓明，杨新军．旅游地农户生计资本与社区可持续生计发展研究——以秦巴山区安康一区三县为例［J］．人文地理，2018，33（2）：147-153.

[220] 戴美琪．休闲农业旅游对农村社区居民的影响研究［D］．中南林业科技大学，2007.

[221] 单菁菁．社区归属感与社区满意度［J］．城市问题，2008（3）：58-64.

[222] 邓丽媛．基于目的地旅游危机影响评价的危机后营销研究［D］．中国海洋大学，2013.

[223] 丁康乐，黄丽玲，郑卫．台湾地区社区营造探析［J］．浙江大学学报（理学版），2013，40（6）：716-725.

[224] 董茜 . 社会资本视角下地质公园社区参与研究 [D]. 中国地质大学，2016.

[225] 窦开龙 . 国外典型旅游危机管理模式及对我国民族旅游发展的启示 [J]. 经济问题探索，2013（2）：121-124.

[226] 杜文 . 巨灾型突发事件应急救援体系研究 [D]. 河南理工大学，2012.

[227] 杜宗斌，苏勤 . 社区归属感对乡村旅游地居民社区参与的影响——以浙江安吉为例 [J]. 旅游科学，2013，27（3）：61-71.

[228] 方世巧 . 旅游社区居民地方感：概念模型与汉壮民族差异研究 [D]. 陕西师范大学，2014.

[229] 冯四朵 . 旅游目的地危机属性对旅游者压力感知及因应行为的影响研究 [D]. 陕西师范大学，2017.

[230] 付业勤 . 旅游危机事件网络舆情研究—构成—机理与管控—付业勤 [M]. 长春：吉林大学出版社，2014.

[231] 高彬 . 引入未确知测度方法的旅游地恢复力测度研究 [D]. 浙江工业大学，2017.

[232] 葛怡，史培军，徐伟，等 . 恢复力研究的新进展与评述 [J]. 灾害学，2010.

[233] 龚伟 . 空间视野下的乡村旅游社区演化研究 [D]. 华东师范大学，2014.

[234] 桂勇，黄荣贵 . 社区社会资本测量：一项基于经验数据的研究 [J]. 社会学研究，2008（3）：122-142.

[235] 郭安禧，郭英之，李海军，等 . 居民旅游影响感知对支持旅游开发的影响——生活质量和社区依恋的作用 [J]. 经济管理，2018，40（2）：162-175.

[236] 郭永锐，张捷，等 . 社区恢复力研究进展及其地理学研究议题 [J]. 地理科学进展，2015，34（1）：100-109.

[237] 郭永锐，张捷，张玉玲 . 旅游社区恢复力研究：源起、现状与展望 [J]. 旅游学刊，2015，30（5）：85-96.

[238] 郭永锐，张捷，张玉玲 . 旅游目的地社区恢复力的影响因素及其作用机制 [J]. 地理研究，2018（1）：133-144.

[239] 韩国圣，张捷，黄跃雯，等. 基于旅游影响感知的自然旅游地居民分类及影响因素——以安徽天堂寨景区为例［J］. 人文地理，2012，27（6）：110-116.
[240] 何景明. 国外乡村旅游研究述评［J］. 旅游学刊，2003（1）：76-81.
[241] 侯国林. 旅游危机：类型、影响机制与管理模型［J］. 南开管理评论，2005（1）：78-82.
[242] 侯丽敏，杨敏炎，鲁婷. 基于关键事件技术的消费者冲动购买行为影响因素研究［J］. 华东理工大学学报（社会科学版），2015（6）：63-72.
[243] 胡澎. 日本社区营造论——从市民参与到市民主体［J］. 日本学刊，2013.
[244] 胡志毅，张兆干. 社区参与和旅游业可持续发展［J］. 人文地理，2002，17（2）：38-41.
[245] 汲忠娟，蒋依依. 旅游地居民感知和态度研究综述［J］. 资源科学，2017，39（3）：396-407.
[246] 蒋积伟，唐明勇. 政治动员与公共危机管理——以自然灾害动员为例［J］. 党政论坛，2011（5）：26-29.
[247] 纪素姣. 目的地旅游危机影响与恢复的时空格局研究［D］. 江苏师范大学，2014.
[248] 贾衍菊，王德刚. 社区居民旅游影响感知和态度的动态变化［J］. 旅游学刊，2015，30（5）：65-73.
[249] 江坤. 灾后重建中的旅游决策逻辑［D］. 电子科技大学，2016.
[250] 景秀艳，Timothy，J.T. 权力关系、社区空间与乡村旅游利益获取——基于福建省泰宁县五个乡村社区的实证研究［J］. 旅游科学，2012，26（5）：20-29.
[251] 黎洁，赵西萍. 社区参与旅游发展理论的若干经济学质疑［J］. 旅游学刊，2001（4）：44-47.
[252] 李锋. 目的地旅游危机管理：机制、评估与控制［D］. 陕西师范大学，2008.
[253] 李锋. 基于 Logi t 模型的影响旅游者风险感知的要素判别研究——以四

川“5·12”地震为例［J］. 旅游论坛，2008，3（1）：16-22.

［254］李锋 . 基于 PCA 的旅游危机计划管理中职责重要性排序研究——以四川“5·12”大地震为例［J］. 软科学，2009，23（11）：38-42.

［255］李九全 . 国外社区旅游规划的研究进展及其主要理念［J］. 经济地理，2008，28（1）：148-151.

［256］李九全，李开宇，张艳芳 . 旅游危机事件与旅游业危机管理［J］. 人文地理，2003（6）：35-39.

［257］李树民，温秀 . 论我国旅游业突发性危机预警机制建构［J］. 西北大学学报（哲学社会科学版），2004（5）：45-48.

［258］李燕琴 . 旅游扶贫中社区居民态度的分异与主要矛盾——以中俄边境村落室韦为例［J］. 地理研究，2011，30（11）：2030-2042.

［259］李燕琴 . 基于地方依恋与社区感的边疆民族旅游社区研究构想［J］. 地域研究与开发，2013，32（04）：90-93.

［260］李宜聪，张捷，刘泽华，等 . 目的地居民对旅游影响感知的结构关系——以世界自然遗产三清山为例［J］. 地理科学进展，2014（4）：584-592.

［261］李宜聪，张捷，刘泽华，等 . 自然灾害型危机事件后国内旅游客源市场恢复研究——以九寨沟景区为例［J］. 旅游学刊，2016，31（6）：104-112.

［262］刘浩龙 . 中国景区自然灾害风险管理研究［D］. 中国科学院地理科学与资源研究所，2008.

［263］刘吉婷 . 社区营造视角下乡村旅游社区外来经营者地方依恋研究［D］. 四川师范大学，2018.

［264］刘婧 . 灾害恢复力研究进展综述［J］. 灾害学，2006.

［265］刘静艳，王雅君，施琼 . 旅游经济收益及旅游影响感知对社区居民环保意向的影响研究［J］. 旅游科学，2014，28（3）：10-21.

［266］刘丽，陆林，陈浩 . 基于目的地形象理论的旅游危机管理——以中国四川地震为例［J］. 旅游学刊，2009，24（10）：26-31.

［267］刘明，赵永涛，于慧，等 . 汶川地震旅游资源的保护和利用［J］. 长江

流域资源与环境，2010，19（9）：1053-1057.
[268] 刘睿，李星明. 四川旅游震后响应的实证研究［J］. 旅游学刊，2009，24（11）：25-29.
[269] 刘铁. 对口支援的运行及法制化研究［D］. 西南财经大学，2010.
[270] 刘纬华. 关于社区参与旅游发展的若干理论思考［J］. 旅游学刊，2000（1）：47-52.
[271] 刘妍，李晓琴. 基于游客感知的震后四川旅游资源吸引力及满意度评价［J］. 经济地理，2010，30（7）：1227-1232.
[272] 娄晓凤. 自媒体时代旅游目的地危机管理研究［D］. 华侨大学，2013.
[273] 卢松，张捷，李东和，等. 旅游地居民对旅游影响感知和态度的比较——以西递景区与九寨沟景区为例［J］. 地理学报，2008（6）：646-656.
[274] 卢小丽. 居民旅游影响感知、态度与参与行为研究［J］. 科研管理，2012，33（10）：138-144.
[275] 陆林. 旅游地居民态度调查研究——以皖南旅游区为例［J］. 自然资源学报，1996（4）：377-382.
[276] 罗凌云. 试论我国自然灾害危机管理之完善路径——基于汶川地震以来我国特大自然灾害危机管理的分析［J］. 四川师范大学学报（社会科学版），2011，38（3）：41-46.
[277] 马东艳. 旅游增权、社区参与和公平感知的关系研究——以四川理县桃坪羌寨为例［J］. 中央民族大学学报（哲学社会科学版），2015，42（4）：104-111.
[278] 闵祥晓. 目的地旅游意象与旅游者地方依恋关系的理论解析［J］. 广西社会科学，2018（9）：83-86.
[279] 潘秋玲，李九全. 社区参与和旅游社区一体化研究［J］. 人文地理，2002（4）：38-41.
[280] 彭兆荣，杨明华. 灾难与旅游［J］. 贵州社会科学，2008（6）：15-20.
[281] 祁潇潇，赵亮，胡迎春. 敬畏情绪对旅游者实施环境责任行为的影响——以地方依恋为中介［J］. 旅游学刊，2018，33（11）：110-121.

［282］钱莉莉，张捷，郑春晖，等 . 灾难地居民集体记忆、地方认同、地方保护意愿关系研究——以汶川地震北川老县城为例［J］. 地理研究，2019，38（4）：988-1002.

［283］邱慧，周强，赵宁曦，等 . 旅游者与当地居民的地方感差异分析——以黄山屯溪老街为例［J］. 人文地理，2012，27（6）：151-157.

［284］邱云美 . 社区参与是实现旅游扶贫目标的有效途径［J］. 农村经济，2004（12）：43-45.

［285］任啸 . 自然保护区的社区参与管理模式探索——以九寨沟自然保护区为例［J］. 旅游科学，2005（3）：16-19.

［286］阮文奇，李勇泉 . 自然灾害型危机事件对客源地旅游需求的影响及空间差异——九寨沟地震后的时空异质性分析［J］. 经济地理，2018，38（8）：214-223.

［287］阮文奇，李勇泉，孙瑾瑾 . 旅游社区居民地方依恋与社区营造：基于态度—行为理论［J］. 小城镇建设，2017（2）：89-95.

［288］邵琪伟 . 中国旅游业应对重大自然灾害机制研究［M］. 北京：中国旅游出版社，2012.

［289］时少华，李享，吴泰岳 . 社会交换视角中的权力、信任对居民参与旅游发展的影响效应分析——以北京前门社区为例［J］. 地域研究与开发，2017，36（5）：127-133.

［290］司冬歌 . 危机事件对旅游业的影响机制研究［D］. 河南大学，2010.

［291］苏明明，Geoffrey，W. 遗产旅游与社区参与——以北京慕田峪长城为例［J］. 旅游学刊，2012，27（7）：19-27.

［292］苏勤，林炳耀 . 基于态度与行为的我国旅游地居民的类型划分——以西递、周庄、九华山为例［J］. 地理研究，2004（1）：104-114.

［293］孙多勇，鲁洋 . 危机管理的理论发展与现实问题［J］. 江西社会科学，2004（4）：138-143.

［294］孙凤芝，许峰 . 社区参与旅游发展研究评述与展望［J］. 中国人口·资源与环境，2013，23（7）：142-148.

［295］孙晶，王俊，杨新军 . 社会—生态系统恢复力研究综述［J］. 生态学报，

2007（12）：5371-5381.

［296］孙九霞．赋权理论与旅游发展中的社区能力建设［J］．旅游学刊，2008（9）：22-27.

［297］孙九霞，保继刚．社区参与的旅游人类学研究——以西双版纳傣族园为例［J］．广西民族学院学报（哲学社会科学版），2004（6）：128-136.

［298］孙九霞，保继刚．从缺失到凸显：社区参与旅游发展研究脉络［J］．旅游学刊，2006，（7）：63-68.

［299］唐玲萍．对社区参与旅游发展可能性的理论分析：社会交换理论［J］．思想战线，2009，35（1）：145-148.

［300］唐文跃．地方感研究进展及研究框架［J］．旅游学刊，2007（11）：70-77.

［301］唐文跃．古村落居民地方依恋与资源保护态度的关系——以西递、宏村、南屏为例［J］．旅游学刊，2008（10）：87-92.

［302］唐文跃．皖南古村落居民地方依恋特征分析——以西递、宏村、南屏为例［J］．人文地理，2011，26（3）：51-55.

［303］唐文跃，张捷，罗浩，等．古村落居民地方依恋与资源保护态度的关系——以西递、宏村、南屏为例［J］．旅游学刊，2008，23（10）：87-92.

［304］唐晓云．古村落旅游社会文化影响：居民感知、态度与行为的关系——以广西龙脊平安寨为例［J］．人文地理，2015，30（1）：135-142.

［305］唐勇．后汶川地震时期地震遗产旅游综合集成发展模式研究［J］．灾害学，2014，29（1）：93-98.

［306］陶鹏．基于脆弱性视角的灾害管理整合研究［D］．南京大学，2013.

［307］童星，陶鹏．灾害危机的组织适应：规范、自发及其平衡［J］．四川大学学报（哲学社会科学版），2012（5）：129-137.

［308］童星，张海波．基于中国问题的灾害管理分析框架［J］．中国社会科学，2010（1）：132-146.

［309］王纯阳，黄福才．从“社区参与”走向“社区增权”——开平碉楼与村落为例［J］．人文地理，2013，28（1）：141-149.

［310］王纯阳，屈海林．村落遗产地社区居民旅游发展态度的影响因素［J］．地理学报，2014，69（2）：278-288.

［311］王化楠．中国整合性巨灾风险管理研究［D］．西南财经大学，2013.

［312］王金伟，王士君．黑色旅游发展动力机制及“共生”模式研究——以汶川 8.0 级地震后的四川为例［J］．经济地理，2010，30（2）：339-344.

［313］王金伟，张赛茵．灾害纪念地的黑色旅游者：动机、类型化及其差异——以北川地震遗址区为例［J］．地理研究，2016，35（8）：1576-1588.

［314］王京传，李天元．国外公众参与旅游目的地公共事务研究综述［J］．旅游学刊，2014，29（3）：116-128.

［315］王敏娴．乡村旅游社区参与机制研究［D］．浙江大学，2004.

［316］王群，陆林，杨兴柱．旅游地社区恢复力认知测度与影响因子分析——以千岛湖为例［J］．人文地理，2017，32（5）：139-146.

［317］王维艳．乡村社区参与景区利益分配的法理逻辑及实现路径　　基于现行法律制度框架视角［J］．旅游学刊，2015，30（8）：44-52.

［318］王亚娟．社区参与旅游的制度性增权研究［J］．旅游科学，2012，26（3）：18-26.

［319］王咏，陆林．基于社会交换理论的社区旅游支持度模型及应用——以黄山风景区门户社区为例［J］．地理学报，2014（10）：1557-1574.

［320］魏敏，颜亚玉．基于利益相关者视角的社区旅游发展模式研究［J］．统计与信息论坛，2008（6）：35-39.

［321］魏小安，曾博伟．汶川地震后中国旅游形势分析与判断［J］．旅游学刊，2008（8）：13-18.

［322］温忠麟，侯杰泰，马什赫伯特．结构方程模型检验：拟合指数与卡方准则［J］．心理学报，2004（2）：186-194.

［323］翁时秀，彭华．权力关系对社区参与旅游发展的影响——以浙江省楠溪江芙蓉村为例［J］．旅游学刊，2010，25（9）：51-57.

［324］吴慧，肖廷．基于归属感及价值感视角的用户参与影响研究——以在线旅游社区为例［J］．人文地理，2017，32（4）：155-160.

[325] 吴丽敏 . 文化古镇旅游地居民“情感—行为”特征及其形成机理［D］. 南京师范大学，2015.

[326] 吴明隆 . 结构方程模型：AMOS 的操作与应用（第二版）［M］. 重庆：重庆大学出版社，2010.

[327] 吴先华，谭玲，郭际，等 . 恢复力减少了灾害的多少损失——基于改进 CGE 模型的实证研究［J］. 管理科学学报，2018，21（7）：66-76.

[328] 肖琼 . 地震灾后羌族经济文化空间恢复重建研究［J］. 西南民族大学学报（人文社科版），2010，31（5）：171-174.

[329] 谢礼珊，龚金红，徐泽文 . 顾客感知的旅游服务不公平事件研究——基于关键事件分析法［J］. 旅游学刊，2009（9）：67-72.

[330] 胥兴安，王立磊，张广宇 . 感知公平、社区支持感与社区参与旅游发展关系——基于社会交换理论的视角［J］. 旅游科学，2015，29（5）：14-26.

[331] 徐松浚 . 居民视角下湿地旅游区旅游生态安全感知及其影响［D］. 暨南大学，2017.

[332] 许振晓，张捷，Geoffrey，W.，等 . 居民地方感对区域旅游发展支持度影响——以九寨沟旅游核心社区为例［J］. 地理学报，2009，64（6）：736-744.

[333] 薛熙明，赵俊娴 . 基于居民地方感的灾后重建区旅游城镇化建设研究——以彭州市白鹿镇为例［J］. 四川师范大学学报（社会科学版），2018，45（2）：65-74.

[334] 颜丙金，张捷，李莉，等 . 自然灾害型景观游客体验的感知差异分析［J］. 资源科学，2016，38（8）：1465-1475.

[335] 杨桂红 . 试论社区居民参与旅游业发展对环境保护的积极作用——以碧塔海旅游景区为例［J］. 经济问题探索，2001（11）：124-126.

[336] 杨凯凯 . 乡村旅游对目的地居民社区满意度的影响研究［D］. 浙江大学，2008.

[337] 营立成，刘迟 . 社区研究的两种取向及其反思：——以斐迪南 · 滕尼斯为起点［J］. 城市发展研究，2016，23（2）：71-77.

［338］杨瑞．基于关键事件法的虚拟品牌社群顾客间互动行为研究［J］．软科学，2017（3）：120-124.

［339］杨昀，保继刚．旅游社区外来经营者地方依恋的特征分析——以阳朔西街为例［J］．人文地理，2012（6）：81-86.

［340］杨振之，叶红．汶川地震灾后四川旅游业恢复重建规划的基本思想［J］．城市发展研究，2008，15（6）：6-11.

［341］叶欣梁．旅游地自然灾害风险评价研究［D］．上海师范大学，2011.

［342］尹立杰，张捷，韩国圣，等．基于地方感视角的乡村居民旅游影响感知研究——以安徽省天堂寨为例［J］．地理研究，2012，31（10）：1916-1926.

［343］尹寿兵，刘云霞．风景区毗邻社区居民旅游感知和态度的差异及机制研究——以黄山市汤口镇为例［J］．地理科学，2013，33（4）：427-434.

［344］尹贻梅，陆玉麒，邓祖涛．旅游危机管理：构建目的地层面的动态框架［J］．旅游科学，2005（4）：71 77.

［345］张爱平，钟林生，徐勇．国外旅游虚拟社区研究进展及启示［J］．人文地理，2013，28（5）：6-11.

［346］张安民，赵磊．感知价值对居民参与旅游风情小镇建设意愿的影响——以浙江莫干山旅游风情小镇为例［J］．旅游学刊，2019，34（4）：119-131.

［347］张朝枝，曾莉萍，林红霞．社区居民对景区开发企业社会责任的感知——基于地方依恋的视角［J］．人文地理，2015，30（4）：136-142.

［348］张成福．公共危机管理：全面整合的模式与中国的战略选择［J］．中国行政管理，2003（7）：6-11.

［349］张广瑞．汶川大地震后关于旅游发展的战略思考［J］．经济管理，2008，30（17）：5-10.

［350］张红涛，王二平．态度与行为关系研究现状及发展趋势［J］．心理科学进展，2007，15（1）：163-168.

［351］张继涛．乡村旅游社区的社会变迁［D］．华中师范大学，2009.

［352］张曦．汶川经验：对口支援与脆弱性 / 恢复力［J］．云南民族大学学报

（哲学社会科学版），2018，35（4）：104-110.

［353］张彦 . 社区旅游增权研究［D］. 山东大学，2012.

［354］张振国，温家洪，李雪丽 . 面向社区的参与式灾害风险评估模型研究［J］. 灾害学，2013（3）：142-146.

［355］章小平，任佩瑜，邓贵平 . 论旅游景区危机管理模型的构建［J］. 财贸经济，2010（2）：130-135.

［356］赵延东 . 社会资本与灾后恢复——一项自然灾害的社会学研究［J］. 社会学研究，2007（5）：164-187.

［357］赵勇为 . 气候变化背景下的旅游社区恢复力研究［D］. 湖南师范大学，2018.

［358］郑柳青，邱云志 . 基于灾后旅游重建的“汶川模式”研究［J］. 四川师范大学学报（社会科学版），2011，38（3）：107-112.

［359］郑群明，夏赞才，罗文斌，等 . 世界遗产申报对居民地方感的影响——以湖南崀山为例［J］. 旅游科学，2014，28（1）：54-64.

［360］郑诗琳，薛熙明，朱竑 . 新生的旅游地：灾后重建背景下的地方重构——以四川省彭州市白鹿镇为例［J］. 旅游学刊，2017，32（5）：59-70.

［361］周蓓 . 基于旅游者认知的旅游危机信息管理模型研究［J］. 情报科学，2010，28（4）：537-542.

［362］周睿，钟林生，虞虎 . 钱江源国家公园体制试点区管理措施的社区居民感知研究［J］. 资源科学，2017，39（1）：40-49.

［363］周晓冰 . 近十五年国内外旅游危机研究综述［J］. 旅游论坛，2016，9（4）：11-16.

［364］朱竑，刘博 . 地方感、地方依恋与地方认同等概念的辨析及研究启示［J］. 华南师范大学学报（自然科学版），2011（1）：1-8.

［365］邹永广 . 目的地旅游安全自组织运行机理研究［J］. 西南民族大学学报（人文社科版），2015，36（11）：144-150.

［366］左冰 . 社区参与：内涵、本质与研究路向［J］. 旅游论坛，2012（5）：1-6.

[367] 左冰 . 共容利益：社区参与旅游发展之利益协调［J］. 旅游科学，2013，27（1）：1-14.

[368] 左冰，保继刚 . 从“社区参与”走向“社区增权”——西方“旅游增权”理论研究述评［J］. 旅游学刊，2008（4）：58-63.

[369] 左冰，保继刚 . 制度增权：社区参与旅游发展之土地权利变革［J］. 旅游学刊，2012，27（2）：23-31.

附　录

附录A　国家自然科学基金项目调查系列问卷

附录A1 九寨沟旅游地社区参与调查问卷

尊敬的朋友：您好！为了更好地发展旅游事业，支持科学事业，我们开展九寨沟旅游调查。本调查不用填写您的姓名和联系方式，大约需要花费您 10 分钟的时间，谢谢！

——南京大学旅游研究所

一、您的基本情况。

1. 性别　①男　②女　③民族 ________④宗教信仰 ______⑤年龄 ______

2. 文化程度　①小学及以下　②初中　③ 高中　④大专及以上

3. 职业　①公务员　②企事业管理人员　③专业 / 文教技术人员　④服务销售商贸人员　⑤工人　⑥农民　⑦学生　⑧离退休人员　⑨其他职业者

4. 您是否从事旅游业相关活动　①是　②否

5. 您的平均月收入　① 1000 元及以下　② 1001~2500 元　③ 2501~4000 元　④ 4001~6500 元　⑤ 6501~10000 元　⑥ 10000 元以上

6. 您的旅游收入占家庭总收入　①≤ 20%　② 20%~40%　③ 40%~60%　④ 60%~80%　⑤ 80%~100%

7. 住址：________市 ________县 ________镇　　您在这生活了 ________年

8. 您是当地居民吗？　①当地土生土长　②随父母迁移过来　③婚姻迁移过来　④ 工作 / 生意迁移　⑤短期务工人员　⑥ 来这里学习培训　⑦ 其他

二、请根据实际情况回答以下问题。

1. 相关旅游规划和项目建设征询过您的建议（可多选）：①有　A 张贴告示　B 电话告知　C 书信文件告知　D 参加相关会议　E 书面签署相关文件　F 其他　② 没有

2. 您主要通过何种途径维护自己的利益（可多选）：① 村委会　②旅游管

理部门 ③社区组织集体 ④更高一级行政部门 ⑤其他 ⑥没有采取行动

3. 您参与旅游业的困难（可多选）：①资金短缺 ②贷款困难 ③缺乏经验 ④竞争激烈 ⑤旅游市场不稳定 ⑥政策支持不到位

4. 您家发展旅游的资金来源（可多选）：

①家庭储蓄 ②银行贷款 ③民间借贷 ④政府资助 ⑤其他

5. 您希望得到政府哪些支持（可多选）：①资金 ②培训 ③税收优惠 ④市场信息 ⑤基础设施 ⑥旅游项目 ⑦其他

6. 您感觉像2008年地震这样的突发性自然灾害对旅游业的影响一般要持续________年才能恢复到震前水平。

三、与震前相比，地震后您参与当地旅游业的变化情况。请在相应数字上打√

（1= 非常不同意，2= 不同意，3= 不确定，4= 同意，5= 非常同意）。

我从旅游业中获得的收入增多了	1 2 3 4 5	我更加关心本地旅游业的发展	1 2 3 4 5
我进入旅游业工作的机会增加了	1 2 3 4 5	我为参与旅游业、建设家乡而感到骄傲	1 2 3 4 5
我获得旅游职业技能培训的机会增加了	1 2 3 4 5	我珍惜保护当地旅游资源的意愿增强了	1 2 3 4 5
我参与景区、公司管理的机会增加了	1 2 3 4 5	我恢复保护震后自然环境的意愿增强了	1 2 3 4 5
村委会 / 居委会能更好维护我的利益了	1 2 3 4 5	我抢救保护传承地方文化的意愿增强了	1 2 3 4 5
我参与旅游发展决策的机会增加了	1 2 3 4 5	我处置旅游危机事件的能力提高了	1 2 3 4 5
我参与旅游发展决策的意愿增强了	1 2 3 4 5	我应对旅游危机事件适应能力提高了	1 2 3 4 5
我从事旅游相关行业的意愿增强了	1 2 3 4 5	我抗险救灾的适应能力提高了	1 2 3 4 5
我学习与游客交流语言的意愿增强了	1 2 3 4 5	我关心本地的发展	1 2 3 4 5
我与游客深入交流的意愿增强了	1 2 3 4 5	我已习惯了在这生活	1 2 3 4 5
满足游客需求的意愿增强了	1 2 3 4 5	我愿意在这里长久生活	1 2 3 4 5
我更积极地为旅游发展提出了建议	1 2 3 4 5	我对这里有很深的感情	1 2 3 4 5
我更积极地动员邻里亲朋参与旅游业	1 2 3 4 5	这里给我的感觉比其他地方都好	1 2 3 4 5

附录A2　青城山旅游地社区参与调研问卷

尊敬的朋友：您好！为了更好地发展旅游事业，支持科学事业，我们开展青城山旅游调查。本调查不用填写您的姓名和联系方式，大约需要花费您10分钟的时间，谢谢！

——南京大学旅游研究所

一、您的基本情况

1. 性别　①男　②女　③民族 ______ ④宗教信仰 ______ ⑤年龄 ______

2. 文化程度　①小学及以下　②初中　③高中　④大专及以上

3. 职业　①公务员　②企事业管理人员　③专业 / 文教技术人员　④服务销售商贸人　⑤工人　⑥农民　⑦学生　⑧离退休人员　⑨其他职业者

4. 您是否从事旅游业相关活动　①是　②否

5. 您的平均月收入　① 1000 元及以下　② 1001~2500 元　③ 2501~4000 元　④ 4001~6500 元　⑤ 6501~10000 元　⑥ 10000 元以上

6. 您的旅游收入占家庭总收入　①≤ 20%　② 20%~40%　③ 40%~60%　④ 60%~80%　⑤ 80%~100%

7. 住址：________ 市 ________ 县 ________ 镇　您在这生活了 ______ 年

8. 您是当地居民吗？　①当地土生土长　②随父母迁移过来　③婚姻迁移过来　④工作 / 生意迁移　⑤短期务工人员　⑥来这里学习培训　⑦其他

二、请根据实际情况回答以下问题。

1. 相关旅游规划和项目建设征询过您的建议（可多选）：①有　A 张贴告示　B 电话告知　C 书信文件告知　D 参加相关会议　E 书面签署相关文件　F 其他　② 没有

2. 您主要通过何种途径维护自己的利益（可多选）：①村委会　②旅游管理部门　③社区组织集体　④更高一级行政部门　⑤其他　⑥没有采取行动

3. 您参与旅游业的困难（可多选）：①　资金短缺　②贷款困难　③缺乏经验　④竞争激烈　⑤旅游市场不稳定　⑥政策支持不到位

4. 您感觉像 2008 年地震这样的突发性自然灾害对旅游业的影响一般要持续 ______ 年才能恢复到震前水平。

三、与震前相比，地震后您参与当地旅游业的变化情况，请在相应数字上打√（1= 非常不同意，2= 不同意，3= 不确定，4= 同意，5= 非常同意）。

我从旅游业中获得的收入增多了	1 2 3 4 5	我更加关心本地旅游业的发展	1 2 3 4 5
我进入旅游业工作的机会增加了	1 2 3 4 5	我为参与旅游业、建设家乡而感到骄傲	1 2 3 4 5
我获得旅游职业技能培训机会增加了	1 2 3 4 5	我珍惜保护当地旅游资源的意愿增强了	1 2 3 4 5
我参与景区、公司管理的机会增加了	1 2 3 4 5	我恢复保护震后自然环境的意愿增强了	1 2 3 4 5
村委会 / 居委会能更好维护我的利益了	1 2 3 4 5	我抢救保护传承地方文化的意愿增强了	1 2 3 4 5
我参与旅游发展决策的机会增加了	1 2 3 4 5	我处置旅游危机事件的能力提高了	1 2 3 4 5
我参与旅游发展决策的意愿增强了	1 2 3 4 5	我应对旅游危机事件适应能力提高了	1 2 3 4 5
我从事旅游相关行业的意愿增强了	1 2 3 4 5	我抗险救灾的适应能力提高了	1 2 3 4 5
我学习与游客交流语言的意愿增强了	1 2 3 4 5	我关心本地的发展	1 2 3 4 5
我与游客深入交流的意愿增强了	1 2 3 4 5	我已习惯了在这生活	1 2 3 4 5
满足游客需求的意愿增强了	1 2 3 4 5	我愿意在这里长久生活	1 2 3 4 5
我更积极地为旅游发展提出了建议	1 2 3 4 5	我对这里有很深的感情	1 2 3 4 5
我更积极地动员邻里亲朋参与旅游业	1 2 3 4 5	这里给我的感觉比其他地方都好	1 2 3 4 5

调研时间：　　　　调研地点：　　　　问卷编号：

附录A3　北川县旅游地社区参与调研问卷

尊敬的朋友：您好！为了更好地发展旅游事业，支持科学事业，我们开展九寨沟旅游调查。本调查不用填写您的姓名和联系方式，大约需要花费您 10 分钟的时间，谢谢！

——南京大学旅游研究所

一、以下有关北川地震遗址旅游发展的说法，请按您的看法在相应空格的数字上打√：(1=非常不同意，2=不同意，3=不确定，4=同意，5=非常同意)。

吸引人气，促进了本地经济恢复与发展	1 2 3 4 5	提高了我们的收入	1 2 3 4 5
提供了更多就业机会	1 2 3 4 5	改善了本地的交通	1 2 3 4 5
带动了周边其他旅游景区的发展	1 2 3 4 5	改善了本地基础设施	1 2 3 4 5
带动了当地其他产业的发展	1 2 3 4 5	改善了我们的生活环境	1 2 3 4 5
让我们本地居民更加团结	1 2 3 4 5	保护了当地特色文化	1 2 3 4 5
让我们感受到来自他人的关注和关心	1 2 3 4 5	恢复了当地民族文化	1 2 3 4 5
让我们提高了重建美好家园的信心	1 2 3 4 5	使本地的物价提高了	1 2 3 4 5
让我们提高了文化保护意识	1 2 3 4 5	使本地居民收入不均	1 2 3 4 5
给我带来了好处	1 2 3 4 5	使本地的税费提高了	1 2 3 4 5
给我的家庭带来了好处	1 2 3 4 5	使本地变得拥挤了	1 2 3 4 5
给我们村带来了好处	1 2 3 4 5	游客带来更多的垃圾	1 2 3 4 5
给北川县带来了好处	1 2 3 4 5	游客带来更多的噪音	1 2 3 4 5
是对逝者的吊唁和悼念	1 2 3 4 5	破坏肃穆的气氛	1 2 3 4 5
是对本地人民的支援	1 2 3 4 5	是对死难者的不尊重	1 2 3 4 5
是对大自然的威慑力的展示，使人敬畏自然	1 2 3 4 5	给我们带来了不安定感	1 2 3 4 5
是本地人民的英勇与顽强的展示	1 2 3 4 5	干扰了我们的正常生活	1 2 3 4 5
是中华民族团结一致抗震救灾精神的展示	1 2 3 4 5	破坏了本地的民风民俗	1 2 3 4 5

二、请您根据个人实际感受回答下列问题。请在相应数字上打√(1=非常不同意，2=不同意，3=不确定，4=同意，5=非常同意)。

我对北川有很深厚的感情	1 2 3 4 5	保存北川原有的生活传统很重要	1 2 3 4 5
我愿意长期在北川生活	1 2 3 4 5	我直接或间接参与了北川旅游发展决策的制定	1 2 3 4 5
我对在北川的生活满意	1 2 3 4 5	北川旅游业发展与我及家庭关系密切	1 2 3 4 5
我已经习惯在北川生活	1 2 3 4 5	我欢迎游客来到地震遗址参观	1 2 3 4 5
我很关心北川的发展	1 2 3 4 5	我支持发展地震遗址旅游	1 2 3 4 5
我的工作与旅游业相关	1 2 3 4 5	政府应该加大宣传地震遗址旅游	1 2 3 4 5
我有亲人从事旅游业相关工作	1 2 3 4 5	我愿意参与地震遗址旅游的开发和经营工作	1 2 3 4 5

三、请根据您个人的情况，在相应的选项数字上画“√”或者在“______”上填写。

1. 性别：①男　②女　③年龄：________岁　④民族：________族

2. 您是否出生于北川：①是　②否

3. 您在北川居住时间：① 10 年及以下　② 11~20 年　③ 20 年以上

4. 您的文化程度：①小学及以下　②初中　③高中（中专）　④大专 / 本科及以上

四、与震前相比，地震后您参与当地旅游业的变化情况。请在相应数字上打√

（1= 非常不同意，2= 不同意，3= 不确定，4= 同意，5= 非常同意）

我进入旅游业工作的机会增加了	1 2 3 4 5	我学习与游客交流语言的意愿增强了	1 2 3 4 5
我获得旅游职业技能培训的机会增加了	1 2 3 4 5	我与游客深入交流的意愿增强了	1 2 3 4 5
我从旅游业中获得的收入增多了	1 2 3 4 5	我满足游客需求的意愿增强了	1 2 3 4 5
我参与景区、公司管理的机会增加了	1 2 3 4 5	我更积极地为旅游发展提出了建议	1 2 3 4 5
村委会 / 居委会能更好维护我的利益了	1 2 3 4 5	我更积极地动员邻里亲朋参与旅游业	1 2 3 4 5
我参与旅游发展决策的机会增加了	1 2 3 4 5	我更加关心本地旅游业的发展	1 2 3 4 5
我参与旅游发展决策的意愿增强了	1 2 3 4 5	我为参与旅游业、建设家乡而感到骄傲	1 2 3 4 5
我从事旅游相关行业的意愿增强了	1 2 3 4 5	我处置旅游危机事件的能力提高了	1 2 3 4 5
我珍惜保护当地旅游资源的意愿增强了	1 2 3 4 5	我应对旅游危机事件适应能力提高了	1 2 3 4 5
我恢复保护震后自然环境的意愿增强了	1 2 3 4 5	我抗险救灾的能力提高了	1 2 3 4 5
我抢救保护传承地方文化的意愿增强了	1 2 3 4 5		

五、请回答以下问题

1. 相关旅游规划和项目建设征询过您的建议（可多选）：①有　A 张贴告示　B 电话告知　C 书信文件告知　D 参加相关会议　E 书面签署相关文件　F 其他　② 没有

2. 您主要通过何种途径维护自己的利益（可多选）：① 村委会 ②旅游管理部门 ③ 社区组织集体 ④更高一级行政部门 ⑤ 其他 ⑥ 没有采取行动

3. 您参与旅游业的困难（可多选）：①资金短缺 ②贷款困难 ③缺乏经验 ④竞争激烈 ⑤旅游市场不稳定 ⑥政策支持不到位

4. 您感觉像 2008 年地震这样的突发性自然灾害对旅游业的影响一般要持续______年才能恢复到震前水平。

5. 地震前您的职业________，地震之后您的职业________（如果选择⑨其他请填写您的职业）① 农民 ②工人 ③服务销售商贸人员（如导游、餐馆服务人员、开旅馆、摆摊卖纪念品、开商店等）④企事业管理人员 ⑤ 专业/文教技术人员 ⑥ 学生 ⑦政府公职人员 ⑧ 离退休人员 ⑨其他

6. 地震前您的平均月收入________，地震后您的月平均收入________

①≤ 500 元 ② 501~800 元 ③ 801~1000 元 ④ 1001~1200 元 ⑤ 1200 元以上

7. 您的家庭收入来源：① 主要来自旅游业（大概有____%）；② 部分来自旅游业（大概有____%）；③ 不来自旅游业

8. 您认为地震遗址旅游开发中收益最大的是 ①地方政府 ② 旅游企业 ③当地居民

9. 在生活中您和游客之间的接触多吗？①没有接触 ②有一些接触 ③很多的接触

10. 您的居住地是________镇________村

11. 关于北川地震遗址旅游您还有什么想说的，请写在下面空白处。

调研时间： 调研地点： 问卷编号：

附录B 国家自然科学基金项目调研访谈大纲

附录B1 九寨沟旅游社区及利益相关者访谈大纲

尊敬的朋友，您好

请您谈下给您留下深刻印象的突发危机事件（如汶川地震，国庆节四川多

地刚刚发生的小地震，泥石流等）对您单位造成的影响和您的个人感受，以及如何处置应对此类突发危机事件等方面。匿名调研，请放心填答。感谢您百忙之中接受我们的采访和对科研工作的支持！

——南京大学旅游研究所

一．关于突发危机事件和危机响应访谈提纲。

1. 您对旅游目的地爆发突发危机事件（比如地震）总体的看法。

2. 您经历过的印象最深的突发危机事件，对您个人和单位造成什么样的影响。

3. 在此次突发危机事件之前，您单位有无制定应对处置方案或者响应规划，您怎么看。

4. 请谈一下您和您的单位在处置突发危机事件的具体程序流程和主要措施。

5. 请谈一下您和单位在处置突发危机事件中遇到的困难和获得的支持。

6. 请谈一下此次突发危机事件给您和单位留下的宝贵经验和警示教训是什么。

7. 假设将来万一面临突发危机事件（如国庆四川多地小地震），请您谈一下如何预防和处置突发危机事件。

二、请您结合个人实际打“√”选择或者填写。

1. 您的性别 ①男 ②女 ③民族______ ④年龄______。您的籍贯________省________市；您目前居住在________市________县________镇，居住了______年。

2. 您的文化程度 ①初中及以下 ②高中和中专 ③大专及本科 ④研究生

3. 您的月平均收入________元；您所属企业性质 ①个体经营 ②合伙经营 ③集体所有

4. 您所在现在的单位经营了________年；单位员工________位。您从事旅游业________年。

5. 您所属旅游业类型 ①住宿 ②餐饮 ③旅行社 ④景区 ⑤商品零售 ⑥交通 ⑦演艺

6. 您的工作职位 ①普通员工 ②个体老板 ③部门经理 ④副/总经理 ⑤企业总负责人 ⑥其他________

7. 您的岗位职能 ①负责企业管理 ②单位日常工作 ③市场销售 ④后勤安全保障 ⑤人力资源管理 ⑥单位采购

8. 您所在的企业是否制定实施过突发危机事件安全应急预案 ①有 ②没有 ③不清楚

9. 您从事旅游业中是否遇到如下困难（可多选）①资金短缺 ②突发危机事件威胁 ③经营经验不足 ④市场竞争激烈 ⑤旅游市场不稳定 ⑥政策支持不到位 ⑦员工流动性大 ⑧缺乏处置危机事件技能

附录B2 青城山旅游社区及利益相关者访谈大纲

尊敬的朋友，您好。请您谈下给您留下深刻印象的突发危机事件（如汶川地震）对您单位造成的影响和您的个人感受，以及如何处置应对此类突发危机事件等方面。匿名调研，请放心填答。感谢您百忙之中接受我们的采访和对科研工作的支持！

——南京大学旅游研究所

一.关于突发危机事件与危机响应访谈提纲。

1. 您对旅游目的地爆发突发危机事件（比如地震）总体的看法。

2. 您经历过的印象最深的突发危机事件，对您个人和单位造成什么样的影响。

3. 在此次突发危机事件之前，您单位有无制定应对处置方案或者响应规划，您怎么看。

4. 请谈一下您和您的单位在处置突发危机事件的具体程序流程和主要措施。

5. 请谈一下您和单位在处置突发危机事件中遇到的困难和获得的支持。

6. 请谈一下此次突发危机事件给您和单位留下的宝贵经验和警示教训是什么。

7. 假设将来万一面临突发危机事件（如国庆四川多地小地震），请您谈一下如何预防和处置突发危机事件。

二．请您结合个人实际打"√"选择或者填写。

1. 您的性别　①男　②女；民族______；年龄______。您的籍贯________省________市；您目前居住在________市________县________镇，居住了______年。

2. 您的文化程度　①初中及以下　②高中和中专　③大专及本科　④研究生

3. 您的月平均收入________元；您所属企业性质　①个体经营　②合伙经营　③集体所有

4. 您所在现在的单位经营了______年；单位员工______位。您从事旅游业______年。

5. 您所属旅游业类型　①住宿　②餐饮　③旅行社　④景区　⑤商品零售　⑥交通　⑦演艺

6. 您的工作职位　①普通员工　②个体老板　③部门经理　④副 / 总经理　⑤企业总负责人　⑥其他________

7. 您的岗位职能　①负责企业管理　②单位日常工作　③市场销售　④后勤安全保障　⑤人力资源管理　⑥单位采购

8. 您所在的企业是否制定实施过突发危机事件安全应急预案　①有　②没有　③不清楚

9. 您从事旅游业中是否遇到如下困难（可多选）①资金短缺　②突发危机事件威胁　③经营经验不足　④市场竞争激烈　⑤旅游市场不稳定　⑥政策支持不到位　⑦员工流动性大　⑧缺乏处置危机事件技能

附录B3　北川县危机响应视角下旅游社区参与问卷式访谈问题

关于建设新北川，大力发展旅游业过程中你遇到了什么问题，获得了什么样的收获和经验？请写下来（匿名访谈，仅用于科学研究，请放心填写）。谢谢您对我们工作的支持。

附录C 访谈原始数据和内容精简版

附录C1 九寨沟15位旅游社区及利益相关者访谈精简版

<table>
<tr><th>编号</th><th>访谈实施</th><th>被访谈人及单位相关简介</th></tr>
<tr><td>NO.1</td><td>10.8. 漳扎镇《藏谜》大剧院</td><td>A1 访谈人简介，从事旅游业多年，现居阿坝州。企业属于合伙经营，经营了 5 年，单位员工 100 多位。《藏谜》由杨丽萍、容中尔甲历经数年精心打造，是九寨沟景区周边最为出色的藏域风情和文化演绎，是本地十余场演出中最为成功的，在 2014 年 5 月宋城集团《九寨千古情》入驻九寨之后其市场占有率受到一定影响。</td></tr>
<tr><td colspan="3">2008 年汶川地震对你们单位影响大吗？
2008 年汶川地震对我们影响很大。我们原打算 5 月 18 号开业，地震来了就没有开成。又等了一年，一年的工资发下来，一点收益没有。
去年国庆九寨沟景区发生的拥堵事件对你们影响大吗？
对我们没有影响，我们照样营业。九寨沟管理局损失大，你想退了一万多人的票！游客相互打架，打成一团糟导致的。
平时是否做一些针对地震、泥石流等方面的应急安全预案和演练？
我们也会做相关应急预案和消防等各个方面。我们自己在做，没有形成相关书面上的东西。消防、员工疏散等会演练下。
都是你们自己做的吗？
会选派员工参与政府组织的消防保安方面的培训，他们培训完了再给其他员工教授。相关的预案都是自己做的，没请专门机构来做。
这些应急安全等方面的花费大概占到你们单位经营成本的多少？
消防花的比较多，具体不清楚。我们的消防设施和设备是九寨沟这边最好的最标准的，每年都要更换设备。
从事旅游业中遇到的困难：②突发危机事件威胁 ④市场竞争激烈 ⑤旅游市场不稳定</td></tr>
<tr><td>NO.2</td><td>10.9. 九寨沟景管局</td><td>A2 访谈人，从事旅游业 12 年，现居阿坝州九寨沟县漳扎镇。单位属于政府编制机构，建立 30 年，员工 500 位。</td></tr>
<tr><td colspan="3">您对旅游目的地爆发地震、泥石流等突发危机事件的总体看法？
最首要的是生命安全；其次是游客如何疏散，确保游客安全有序的撤离；排查景区景观的损坏程度，因为地震我们景区没有什么损坏。
您经历过的印象最深的突发事件是哪一次？对您单位造成什么样的影响？
当然是“5·12”地震。地震差不多地震持续了 2 分钟的时间。大自然面前，人的个人生命太渺小了，太脆弱了，瞬间即毁，运气好点没有被砸到。我们单位建筑质量还不错，没有什么影响。离地震中心也比较远，大的影响没有什么。对于我们单位的运营，就是游客量减少了。
贵单位有无制定针对地震等方面的应急预案，有请专门的机构来做吗？</td></tr>
</table>

续表

<table>
<tr><td colspan="3">我们制定了相应的应急预案，没有请专门的机构制定地震应急预案。但是请省地震局做了指导的，因为他们都有相应的指导方案，政府都有预案，我们就参照执行，并根据九寨沟的实际情况做了些修改。
突发事件处置的流程大概是个什么样子？
成立了处突应急小组，组长就是单位的一把手。下达指挥命令，各部门按照预案所划定的功能和职责去执行预案。
遇到的困难和获得的支持？对于刚刚过去的国庆节小地震，据说提前 16 秒预报，您怎么看？
第一是时间信息不对称，这可能是最大的困难。国庆节的地震预报提前了 67 秒，是四川省地震台弄的。是否准确我也不太清楚。60 多秒能够拯救 60% 多的生命了。
宝贵经验和警示教训是什么？
进一步加强处突的基础设施建设，不仅建筑质量要到位，还要相关设施设备要到位，应急救援的一些东西也不到位。警示教育就是要常抓不懈，不能说没有发生就没有关系不重视，有时候我们自己也会麻痹。其实自然灾害都是意外，在我们常规思想之外的。处理突发危机事件都是我们不常见的。
假设万一遇到地震泥石流等突发事件，如何预防？
预防的话我估计不太现实。你说预防我觉得根本谈不上预防。地震这个东西根本说不清什么东西。对于处理突发事件，我觉得要实行岗位责任制，你在什么岗位就要承担相应的应急处突的责任功能。还有一个后勤保障非常重要。
对于国庆节小地震及其九寨沟第一天 8000 人游客，之间有关联吗？
旅游市场最大问题的就是不稳定，但是受不可预测的事情影响太大。一个地震、一个非典对九寨沟的影响就非常大。国庆节第一天 8000 人不是受国庆小地震的影响，主要是黄金周错峰出行导致的，高峰滞后。
从事旅游业中遇到的困难：⑤旅游市场不稳定</td></tr>
<tr><td>NO.3</td><td>10.9 九寨宋城旅游区</td><td>A3 访谈人，从事旅游业 15 年，现居阿坝州汶川县威州镇。属于宋城集团上市公司，目前宋城九寨沟千古情旅游区经营 1 年，单位员工 190 位；景区 + 演艺行业。位于漳扎镇，2014 年 5 月试营业，现在每晚高峰期联演三场，并建设了大型的高档宾馆。占有很高的市场份额。</td></tr>
<tr><td colspan="3">重点打造的汶川地震节目，想向游客传达一个什么样的信息呢？
在这个节目里面主要想展现全国人民众志成城抗震，感谢全国人民对我们阿坝州人民的帮助。同时也让全国人民亲自感受下当时地震的情况。这个节目也是这台演出的亮点。大家看了以后都比较震撼，百分之七八十的观众都会掉眼泪。
贵单位有无做过突发事件相关的应急安全预案？有没有请专门的机构做这块？
我们景区里面经常搞突发事件应急安全的培训，包括消防、地震等，所有的员工都要参加，包括企业领导。没有请专门的机构来做应急预案，都是由公司总部给我们定的达到什么样的标准，什么样的情况怎么处理等。
有无采取相关应急应对措施的演练？
肯定有，平时都要进行演练。最基本的包括怎么疏散怎么走，哪些地方是安全地带等这些都有。目前我们剧院是九寨沟最完善的了，也是包括消防、通道和各种设施设备最齐全的演艺场所。
面对这些突发事件，你们是怎么与九寨沟管理局、县旅游局等政府部门对接？</td></tr>
</table>

续表

<table>
<tr><td colspan="3">我们和九寨沟管理局是战略合作单位，然后我们有什么信息，都会发到他们那里。他们有什么信息，都会第一时间发到我们总经理手里，包括每天的进沟人数，和相关情况等我们都是互通的。
从事旅游业中遇到的困难：②突发危机事件威胁 ⑤旅游市场不稳定 ⑦员工流动性大</td></tr>
<tr><td>NO.4</td><td>10.10 九寨沟县旅游局</td><td>A4 访谈人，从事旅游业 8 年，籍贯四川阿坝州，现居阿坝州九寨沟县永乐镇，负责市场营销工作。单位属于政府编制职能机构；旅游执法管理部门。</td></tr>
<tr><td colspan="3">对于汶川地震、国庆节第一天小地震、泥石流等突发事件，请谈下对你们旅游管理、景区运行的影响一些看法？
最大影响的当然是 2008 年汶川地震，其实九寨沟景区的影响也不大，但是我们的损失也许比汶川、茂县还要大。九寨沟的发展在地震之前在 13 个县的社会经济发展可以说是第一名，特别是一直发展旅游。九寨沟在地震之后，我们的游客大幅度减少，九寨沟经济收入、社会收入、税收和老百姓的收入都下降了。游客进来不到，路等全断完了。
我们这里既不是重灾区也没有摊上什么好处，灾后对口援建也没有什么，资金国家又没有，我们全靠自己。梅山县援建给了 200 万，修了一座学校。地震过后，我们的基础设施全靠本地财政建设的，然后州上和中央财政转移支付组织下来修路什么的，其他的县像汶川茂县松潘县都是靠灾后重建的基金来发展的项目，所有九寨沟县是吃亏了。
当时为了全州利益和九寨沟县的旅游发展，也不说什么灾情，就是要游客不要进来了。当时九寨沟的整个旅游行业损失 30 多亿元。当时生意还比较好，四五月是旺季，所以宾馆饭店损失很大。旅游业损失时很惨重的，后来慢慢恢复了。其实整个四川旅游还是要看九寨沟。当年九寨沟 8 月才开业，国家旅游局局长和省旅游局里都来了。当时考虑到全省旅游发展还是开业了，当时是道路问题，主要靠空中通航。
今年生意好，去年也不好。还有泥石流，“8・16”泥石流。旅游业很脆弱，九寨沟就几千人，老板都很担心，老百姓都感觉心里堵得慌，今年生意好明年不知道什么情况。有的老板都跑了，有的老百姓来上访。泥石流地震都属于天灾人祸。特别是涉及阿坝州的事情都要说成是九寨沟的，名气大，容易上负面新闻等，旅游虽然是朝阳产业，旅游业就这点不好。
你们有无专门针对地震泥石流等应急预案或者规划？
九寨沟不在地震带上，不在北川到松潘等这个线上，只是波及。2008 年过后，西安到甘肃兰州是一个主要的通道，这条线自驾游占了很大部分。当时 6 月份，县里就组织了由常务副县长和景管局副局长组成的旅游市场宣传队，到甘肃兰州陕西一路上签了一些战略合同等。
2008 年援建，社会上很多援建，你们有无获得相关捐赠？
此类捐款有，由中央财政直接分下来到阿坝州十几个亿吧。在旅游上到九寨沟的修厕所等 400 多万元，景管局给得多，主要用于基础设施。营销没有，九寨沟县营销是县里出钱，13 个县就九寨沟最重视旅游营销。
从事旅游业中遇到的困难：①资金短缺 ②突发危机事件威胁 ③经营经验不足 ④市场竞争激烈 ⑤旅游市场不稳定 ⑥政策支持不到位</td></tr>
<tr><td>NO.5</td><td>10.10 九寨沟县文体局</td><td>A5 访谈人，从事旅游业 8 年；籍贯四川阿坝州茂县，现居阿坝州九寨沟县。负责九寨沟县旅游演艺等市场管理方面工作。</td></tr>
<tr><td colspan="3">作为一个管理者如何看待突发危机事件？比如 2008 年的汶川地震和今年国庆节的小地震。</td></tr>
</table>

续表

<table>
<tr><td colspan="3">九寨沟是一个演艺市场，公众人员比较集中的地方。按照我们管理的要求和公安部门的要求，每个艺术团按照座位的百分之二配备保安，来加强保障游客的人身安全。应急来说最害怕的就是消防安全事故，每年都要组织做消防部门的培训和应急演练。每个艺术团都有一个应急小组，其中有些是自己的员工参与。通过消防应急部门的培训，掌握一些基本的知识，比如消防栓怎么使用，在有烟的情况下如何使用湿帕等，还要经过实地的演练。
特别是旅游部门，旅游执法部门都要实时通报天气，特别是最近泥石流频发，通过微信群来发布实时情况。哪些地方容易发生自然灾害，领导要安排的预防的，以及派人驻点。前不久发生一起泥石流，把游客堵了几天。那时候全县总动员，积极营救，积极修便道。当时河道被占了，水都灌进老百姓家了，相当厉害的。
在应急方面，九寨沟县是历来重视的。安检部门每年都举办安全宣传月活动。这个月当中，在人员密集的场所开展安全日活动，特别是演出场所、网吧之类的娱乐场所，组成安全检查组，对娱乐设施进行多次检查，特别是在黄金周等时段。在节前首先让他们自查，然后再组织相关部门队伍检查，发现问题，限期整改，如不整改，就要关门。
遇到突发危机事件，针对九寨沟游客这一块是怎么处理的？
发生突发事件，首先是安置游客。我们九寨沟经历过 2008 年汶川地震，这方面有经验；其次要及时解决他们的交通问题。九寨沟县里面有应急指挥部，主要有县长书记挂职的。九寨沟县还有旅游高峰客流应急指挥部，分为四级应急响应，游客达到 2 万就要开始启动应急。今年 8 月连续一个月达到 3 万、4 万游客。
汶川地震的总体影响还是蛮大的。地震破坏对九寨沟影响不是很大，游客滞留等还是有的，当时我不在这边，具体情况我也不太情况。
对刚发生的国庆节小地震，当天九寨沟景区只有游客 8000 人是否有关联？
我觉得影响不大。现在小地震也很平常，在大地震过后，没有什么感觉的。第一天 8000 人主要是客流分流导致的，4 号、5 号也达到 4 万 ~5 万人了。今年整体上四川旅游没有去年火爆，也许是去年的九寨沟滞留事件影响吧。</td></tr>
<tr><td>NO.6</td><td>10.10 九寨沟县规划局</td><td>A6 访谈人简介：现居阿坝州九寨沟县，负责九寨沟县规划工作。</td></tr>
<tr><td colspan="3">您如何看待应对地震泥石流等突发危机事件？如何响应处置？
我们有专项的规划，专门的机构。国土上有地质灾害预防规划。规划中要编制专项的应急预案。我们在规划中要划出地震避难场所，以及避难场所疏散的应急通道等等，基础设施要有配套的水、电、气等后勤保障等。
对于旅游业，应对突发事件的工作主要包括那些方面？
总体规划中，包括避难场所基础设施等，在控规中要有专项的规划。比如原来有专门的抗震专项规划，地质灾害应急预案的专项规划等。在编制上层规划中要明确，在编制下层规划中要细化。规划编制完成后，在规划实施中要严格的控制住，只有实施了才有效果。
假设遇到了地震，天灾人祸能够及时疏散。要建立一个应急的机构，比如国土上的专门地质灾害应急机构，指挥部下设很多工作组，要协调专项职能，水断了有人管，电断了有人管。形成了层级式的管理，形成指挥系统。对应急事件要保持生命线系统畅通，特别是经历“5・12”地震后，要保障好，假如路断要保障畅通。比如粮食储备，空中无法供应，要保障供应。电怎么办，水怎么应急，通信设施怎么办，在生命线系统设计中提高应急的能力，在处理应急中系统不破坏就很好。</td></tr>
</table>

续表

<table>
<tr><td colspan="3">对设计生命线系统的等级上要提高，以提高应急的稳定性。比如，国土部门在四月地质灾害泥石流高峰期实施 24 小时监控值班。先把地质隐患点排查，规定区域，特别是危险点，安排有专人巡视。村上安排村干部，如有险情，先敲锣警醒大家，先保证人的生命安全，财产都是次要的。特别是大暴雨时期，晚上巡查制度特别严格。地震那边，有专门的地震监测部门，对地震方面的应急，以及物资供应等对应的是民政部门等负责了。
总体上，规划安全应急预案工作中，第一要有避难疏散场所，第二生命线系统的打造；第三，应急的指挥系统，保障交通供给等不瘫痪；平时要进行地震地质灾害的演习，每年都要举行一次，便于疏散，大家逃跑的路线能不乱。保持应急演练。
请谈下针对旅游这一块的相关应急处置的工作？
在沟口设置几个大型停车场，地震地质灾害的时候，也是疏散的场所。专门搞避难场所，在山区不好弄，受到土地限制。平时建设的这些设施，以备用。九寨沟景管局也有专门的旅游突发事件预警机制，一旦出问题就有人负责。县旅游局也有专门的应急预案，因为要发展全域旅游，应该知晓把游客从哪里疏散出去等。
对于“5·12”汶川地震突发事件，您作为一个领导者、管理者或者本地人的内心感受？
见证了“5·12”地震后，首先作为领导要应对，假设要在岗位上，人不和天斗，生命安全第一。平时要加强处理演练等。应对地震要在房子建筑质量上加强抗震级别。要转换思想观念。第二，紧急应对状态要冷静，很冷静的人反而生存概率大，以便更好地面对突发危机事件。</td></tr>
<tr><td>NO.7</td><td>10.11 九寨沟景管局</td><td>A7 采访者，分管景区高峰客流预警，突发事件预警等方面。景管局信息预警中心主要负责高峰客流、突发事件等方面信息的监控、预警工作。</td></tr>
<tr><td colspan="3">在地震等突发事件中，信息预警等能起到哪些方面的作用？
汶川地震对我们影响很大。比如，游客在某个地方困住了，出不来怎么办，我们准备采购无人机进行处置。事情发生之后怎么办，就是要救援，我们单位要自己购进无人机，一般是请求军队来处置。比如前不久发生的火灾，过火面积很大，人眼观察不出来具体火情，如果人直接过去扑救就比较危险，就必须要有无人机这样的设备，给救援带来便利。当时我在值班，感觉风很大，火难救，差点把人围进去了，就比较难控制。
到了景区，实时信息播报，设施在哪里，坐车怎么走，卫生间在哪里，景区的游客预订情况怎么样等，交通上怎么对接，我们都要实时播报和跟进。
应急演练，消防安全等是否有？员工游客会参与吗？
消防演练等是有的。应急演练员工都要参与。没有游客参与的互动演练，因为游客的行程比较紧，可行性不大。特别是现在散客数量大幅度上升，更加难。如何管理如何保护遗产地，要对症下药，如何应急如何处置要行之有效。
游客量的控制，最多 41000 人。特别是散客的增多，给管理也带来了一定的压力。用 App 等新技术，要对进沟游客进行监控，特别是手机互动及其可视化平台的打造等，能在景区高峰管理和应急事件时发挥积极的作用。</td></tr>
</table>

续表

<table>
<tr><td>NO.8</td><td>10.11 九寨沟县漳扎镇成都假日旅行社办公室，成都海外旅游有限公司</td><td>A8 访谈人简介：从事旅游业 30 年，现居成都。单位属于有一定规模的个体旅游企业；旅行社行业，现在单位经营了 30 年。成都海外旅游有限公司主要经营中高端游客出入境业务，其老总见证了九寨沟景区 30 年的发展变迁。</td></tr>
<tr><td colspan="3">四川地质灾害频发，贵单位是否制定了突发危机事件应急预案?
都有，都形成的书面文字都有书面的承诺。包括对导游等的培训都有的，包括供货商和承包商，以及游客等方面的书面承诺等都有的。这些都是有应急预案的，这些是我们工作的重中之重的事情。你说的是自然突发性事件，包括游客的突发安全事等件，我们都有预案的。
其实我觉得媒体上过多地宣传了我们这个行业负面的东西，他们不了解我们这个行业。比如，国庆第一天九寨沟 8000 人，其实刚放假大家错峰出行，是很正常的事情，媒体片面的报到（九寨沟游客大幅减少）。
80% 的旅游从业者，我可以说我们都想把这个工作做好，之所以这个行业能运行，是因为得到了客人的认可。如果说客人都不满意，我们这个行业就消失了。其实我觉得我们的从业者是不错的，我为我们的从业者感到骄傲，包括我们这些办公室成员等，你也许会说他们就是个坐办公室的，有时候你看他们那种忘我的工作状态，为客人服务的状态，可能有时候客人是看不到的。
包括刚才谈到的地震的时候，我们的导游真是立下了汗马功劳，那个时候通讯不通道路不通，他（她）就一个人面对我们车上的几十个客人，他要把这帮客人带出去，而且他自己不能慌乱。他不能束手无策，因为你是这个整个团队的领头人。你若慌了，那客人就肯定没有着落了，所以在那个时候我被我们的客人感动，更被我们的导游我们的司机感动。应该为他们的奉献精神感动骄傲!
从事旅游业中遇到的困难：④市场竞争激烈 ⑤旅游市场不稳定 ⑥政策支持不到位</td></tr>
<tr><td>NO.9</td><td>10.11 九寨沟漳扎镇海天旅行社成都海天旅行社</td><td>A9 访谈人简介：从事旅游业 15 年，现居四川阿坝州九寨沟县，居住 43 年；负责企业经营。单位属于有一定规模的个体旅游企业；旅行社行业，经营了 6 年，单位员工 20 位。成都海天旅行社九寨沟本地资深旅行社，其老总对九寨沟旅行社和旅游业发展有一定的见地。</td></tr>
<tr><td colspan="3">汶川地震及国庆期间的小地震这样的突发事件，对你们旅行社带来了哪些影响?
其实大家都说旅游时朝阳产业，其实做旅游的都知道，天灾人祸对旅游业的影响非常大。举个例子来说，对于“5·12”大地震，当时一出现以后，整个阿坝州的旅游业基本处于瘫痪状态。当然“5·12”地震中，由于政府、旅游企业或者导游的反应，对山区比较熟悉，在应急方面，政府的反应、企业的引导、导游的反应都还不错。特别是导游亲自带着游客翻山越岭，脱离危险区，虽然当时导游的事迹没有报道出来，但是当时在“5·12”地震中第一时间最危险的地方是导游去的。
在“5·12”地震中，游客的分流很多都是通过旅行社来进行的，政府反而没有旅行社起的直接作用大。说得不好听的话，政府哪有那么多车进行调度，他们抢险救灾都不够。反而是通过旅行社，通过车队，通过导游，还有飞机，在各个能够走通的地方把客人带出去。当然在这个过程中产生成本就一定会收钱，我记得在网上看过两篇帖子说什么司机导游收黑心钱，你说该不该收钱呢？绕 1000 多千米路收 300 块钱多吗？一点都不多，但是客人回去以后就说不该收那个钱。在天灾人祸面前，大家都应该有一种相互扶持和帮助，活雷锋也要吃饭啊!</td></tr>
</table>

续表

<table>
<tr><td colspan="3">当年的那种场面，包括导游司机进入到援助大军里面。当时堵在汶川的、茂县的还有很多旅游车辆，其实在救援队伍里面，导游也好，司机也好，基本上多数都是阿坝州人，都是自发的加入援救队伍中去。他们和游客不一样，游客像惊弓之鸟一样，第一时间考虑的都是自己怎么出去，不停地找旅行社找导游找司机啊，打电话也打不通。当然在一个人的能力范围之内，有时候导游司机也处理不了。
只要九寨沟这个地方一出现天灾人祸，包括泥石流和大型的传染病等，整个九寨沟游客立马能从五万人降到几千人。2003 年“非典”，九寨沟进沟一天最少的是一个人，我们观光公司的观光车还陪他一天。
作为一种应急应对的话，经过多年工作以后，我们积累了些经验而已，不同的旅行社的反应是不一样的，包括导游。
平时是否会做一些应急安全培训等相关的工作？
我们会培训导游一些应急救援知识。在旅途中遇到紧急情况之后，会要求导游做些简单的救援应急了解，我不要求导游全部会做。比如，遇到地震泥石流等，第一时间如何应对应急，这是导游必须具备的常识性的东西。
你们旅行社有没有专门做一些应急安全预案出来，形成文字的材料？
旅行社基本都是私营的，换句话说谁都能当老板，实际上能做出文案的基本上很少。除非在某个公司的总部下面，比如说中青旅他在总部必须得有个应急安全备案。而作为我们分社基本上会有一个简单的应急预案，一定会有。而且他们旅游局也会要求我们要有个应急预案。
因为旅行社是个弱势群体，他们旅游局包括旅游执法局都会要求一定要有个备案，比如我们墙上贴的这些，什么行为规范啊，管理条例啊，还有一些应急预案啊等，安全方面这是必须要求有的东西。而事实上施行的过程中，基本是口头相传。
从事旅游业中遇到的困难：④市场竞争激烈 ⑤旅游市场不稳定 ⑥政策支持不到位</td></tr>
<tr><td>NO.10</td><td>10.11 九寨沟漳扎镇假日旅行社成都假日旅行社</td><td>A10 访谈人简介：从事旅游业 14 年，目前居住在成都金牛区。企业性质属于个体企业，旅行社行业，单位经营了 6 年，员工 4 名。成都假日旅行社是九寨沟本地的旅行社，其老总是从导游出身，对九寨沟旅游业和旅行社发展具有一定的见解。</td></tr>
<tr><td colspan="3">2008 年汶川地震，您是否在这边？旅行社基本的应急安全培训教育等是否有一套预案？
2008 年我本人不在这边，还没有做。实话实说，有还是有的，对导游等都有培训的。比如如何应变突发事件等；比如客人突然的高原反应，导游要会掐人中；人工呼吸等基本的应急救援。包括泥石流和地震的时候，都要具备相应的知识技能。要真正说到对于员工进行地震的演练等还是没有，那方面对于我们来说还是欠缺的。
刚才罗姐说的对于发生地震泥石流灾害时，我觉得往往旅游部门和交通部门协调性不够。因为旅游是管旅游吃饭那块，对于我们来说首先不会找交通局，然而旅游局没有多少权利和资源，包括协调应变等，就比如突然暴雨形成的泥石流如何应对，其实我觉得是个很简单的事情。
其实政府部门监管是很重要的一块。包括现在的低端市场能够生存，包括导游费、车费等，既然能生存，那就市场来决定的吧。所以有很多东西，我们必须适应市场，其实做旅游很艰难。
从事旅游业中遇到的困难：④市场竞争激烈 ⑤旅游市场不稳定 ⑥政策支持不到位</td></tr>
</table>

续表

<table>
<tr><td>NO.11</td><td>10.12 九寨沟沟口蒲公英酒店</td><td>A11 访谈人简介：目前居住在九寨沟县漳扎镇。企业性质属于个体企业，住宿行业，单位经营了半年，员工 3 名。蒲公英酒店是客栈型，餐饮和住宿一体。</td></tr>
<tr><td colspan="3">您如何看待地震泥石流等的影响，会不会对我们宾馆经营造成很大影响？
影响肯定会有的。你像滑坡的话对我们进出游客的影响都比较大。主要是现在像媒体报道，对经营者的利益损害还是比较大的。
特别是九寨沟滑坡的话，造成外部游客进不来，内部游客出不去。所以在这里住的游客，应该有政府牵头给游客地图或者一份九寨沟应急预案的宣传册，因为我们酒店给的没有政府发放这种比较官方性的东西可行性和可行度更高，具有权威性。
2008 年汶川地震的时候，您的合伙人是否经历过？
他当时也没有开，他开的时间也比较短。
那就这两三年的话，有没有经历过一些突发危机事件呢，比如踩踏事件等方面？
有的，就比如去年黄金周吧。主要靠政府部门去协调这些事情，政府来推动的话可能更有效率一些，比如我们这些个体商户的话所起到的作用是微乎其微的。像这样的影响对于我们来说主要是经济方面的，游客少了，损失比较大点。
最近这几年九寨沟范围内大的自然灾害还没有发生过。像去年国庆九寨沟景区爆棚的事情，对今年的九寨沟的影响还是非常大的。但是像自然灾害，近几年影响只是局部性的、短时间的，大范围的还没有。
万一出现这样的突发危机情况，有没有储备资金等其他一些应急准备呢？淡旺季怎么平衡呢？
今年还在收成本哈，哪有储备资金呢！那就是我们希望大环境能来做些预防应对突发危机事件等方面的工作。就比如我们自己待在这个地方，看两边的山，就像一个过道走廊式的，心里感觉还是比较危险害怕的。
还是要多给一些应急预案措施等，政府应该给我们和游客提供一些这方面的帮助。针对自然灾害其实个体起到的作用是很小的，因为各方面调动资源和能力都是很小的，主要靠政府来组织这个事情。
政府除了发放应急预案宣传册等，其他还有什么方面需要做的？
提前预警非常关键。一般九寨沟出现连续降雨，在之前应该做出预测，他不用说发个短信什么的。可以到店里发册子，或者给我们说这个事情。我觉得这样做更权威一点，更能引起大家的重视。
从事旅游业中遇到的困难：①资金短缺 ④市场竞争激烈 ⑤旅游市场不稳定</td></tr>
<tr><td>NO.12</td><td>10.12 九寨沟沟口客栈</td><td>A12 访谈人简介：从事旅游业 5 年，目前居住在成都市。企业性质属于个体企业，住宿行业，单位经营了 3 年，员工 11 名。</td></tr>
<tr><td colspan="3">您怎么看待汶川地震等突发危机事件？应急响应方面最大的困难时什么？
我觉得最大的困难就是救援。我就去填了一个志愿，就是特种车的驾驶。英国队的教练约翰就选择了我去驾驶下。当时因为我有自己的公司做生意，还带了我的几个朋友参与了。当时的地震场景是挺震惊的。因为地震留下了很多很惨烈的场面，人们为了消除那种场面，经过了大量的改建和修缮。尽量不把之前灾难的那种状况再次呈现在人们眼前，以免激起人们伤心的往事。
这里属于欧亚板块和大陆板块的结合带，所以地理上就是移动的板块，是地震带。
九寨沟需要这种防的措施或者应急预案吗？</td></tr>
</table>

续表

我觉得很有必要防患于未然嘛。不管对于国家财产，还是对人民生命安全都是非常有必要的，都会起到很好的保护作用的。 您开客栈旅馆，您觉得应急救援的一些主要措施是什么呢? 我觉得政府应该加强防火和预警方面的一些工作。九寨沟作为一个国家级旅游区，它的防火措施、防火设备，让游客和旅馆老板等大家都要很清楚的，知道在什么位置，如何使用，应该多做一些宣传培训。 关于地震的话，九寨沟的地理位置和地质环境所造就的特殊状况，那么要加强防范。首先要保证游客的安全，再保证自身的安全。如果要出去的话，可能很困难很危险，所以只有就近找一个临时安全的地方，找一个紧急避难的地方。 我们去县政府调研的同学，了解这边做了应急避难场所，但是在酒店那边，我们只看到一个应急通道，但是像疏散场地或者避灾等都没有标识出来。具体做了多少？我们也不怎么看得到。 一般游客只要靠导游等来帮助了。像九寨沟作为一个景区，要有明显的规划或者防范措施出来。一旦发生了地震等，第一个通讯应该完善，因为面临高山，山上面可以多建几个基站。同时设施要搞好，各个方面都要跟上。这方面我们做得差了点，特别是像地震泥石流这样的大灾害，要是遇到了就很难避免了（出问题）。 我们的行业协会或者政府机构，有无组织相关的应急培训等? 没有，我们在九寨沟感觉到这方面不够重视。 九寨沟这边有相关的行业协会吗，比如客栈酒店等? 旅馆等没有，相关资料也没有。我们这里来的最多的是派出所的，主要查看有没有人员乱住，查逃犯什么之类的。 消防上，会过来吗? 会来的，还是查过，查灭火器什么的，灭火器是否放置在比较醒目的位置。这边的消防用水就直接用沟里的，没有消防栓。 今年游客多点，去年是受这个地质灾害滑坡的影响，这个雅安地震嘛，对这边有一定的影响。汶川那边隧洞跨方，把隧洞都堵了。当时的游客特别是外地的游客就怕嘛。毕竟四川都是高山嘛，汶川这边就比较明显。九寨沟那边还好点，那边都是光秃秃的，植被长不出来。去年也地震了，九寨沟四点几级。植被比较茂盛，地质结构好。但是游客还是感觉到害怕。 比如游客突然生病，救援怎么处置呢? 我们这里也有几个小药房。比如感冒、高原反应等，生活习惯地区差异等引起的身体不适，这里都能解决，镇里有个小医院。大病的话，就比较麻烦了。县里面有医院，离这里有 40 多千米呢。 您怎么看今年 10 月 1 日游客非常少呢? 很多人的意识里，重点景区肯定是人山人海，肯定感觉拥挤，大家可能都这样想。恰恰相反，今年国庆第一天人少了。 对我们的经营有影响吗? 因为去年九寨沟就爆棚嘛，当时人爆满嘛，因为人太多，九寨沟景区一次只能有 4 万多嘛，当时大巴等到处都是人。九寨沟景区又很长，大家走时间长了，大家都心烦气躁。买了票也看不到什么。那个情况打地铺了，那个时候洗脚房都住满了。政府也不管嘛，不好安排，居民家里都住了好多游客。九寨沟的漳扎镇就这么大，九寨沟作为世界级的旅游地，游客一来以后那个人是爆满的。修缮的设施和地理土地条件都有限，所以漳扎镇就在修高级的大型宾馆。

续表

<table>
<tr><td colspan="3">从事旅游业中遇到的困难：②突发危机事件威胁 ⑤旅游市场不稳定 ⑥政策支持不到位 ⑦员工流动性大 ⑧缺乏处置危机事件技能</td></tr>
<tr><td>NO.13</td><td>10.13 九寨沟景管局规划处</td><td>A13 访谈人简介：从事旅游业 2 年。目前居住在九寨沟漳扎镇，居住 2 年。负责九寨沟景区的规划工作，特别是基建地质方面。</td></tr>
<tr><td colspan="3">地震泥石流等灾害给你们景区带来哪些影响?
这种影响太大了，直接减少游客数量，这是第一点。对大家造成一种很严重的心理影响，毕竟什么都是次要的，生命才是最重要的。包括现在在茂县那边的山上都能看到地震遗迹，有的时候这边的泥石流也比较多。这边的整个地质灾害有时候也比较难于治理。这里的地貌是各方面的因素造成的，是地质灾害的频发地带。
前几天汶川的高速路口被堵了。大概七月底八月初的时候，那时候车就转不过来，对游客旅游心理产生影响，他们就受不了。现在正在修建的成兰铁路以后两个小时就能到这边来，然后再坐一个小吋的车就能到我们景区了，3 个小时总比 13 个小时好。沿途的地质环境比较恶劣，工程艰巨。川主寺那边以后也是个大站。
对你们景管局管理工作方面带来哪些困难，或者留下什么样的宝贵经验?
特别是栈道管理，石头砸下来，土方什么的给埋了，要重修，要清土，这样管理经费就极其庞大。最关键的就是对游客数量造成急剧下降。这是自 1989 年以后，最大的一次影响，那个时候对咱们国家的旅游业影响巨大，后来旅游业又活过来了。汶川地震的时候，是这边来的游客人数最少的一次，基本上没啥人。
汶川地震以及国庆节第一天的小地震，你们的一套预案是怎么样?
我们这边叫应急预案，包括牵涉到各方面应急预案。地震嘛是小概率的事件，当然真正发生地震之后，应急预案那东西是否有用，我看也是值得考验。按照预案怎么疏散，怎么维持秩序都有。景区不但要面临这种突发性大事件，还有些小事件，比如停电了怎么办，这个都要有相关的特种设备，比如锅炉、维修的特种车辆等，这些东西都要进入日常化的管理。比如停电，我们都要随时进行发电机发电，在 15 秒之内就能切换有电。我觉得景区必须要有这些系列设备。
您对信息处冉主任要计划购买飞机怎么看，用于救援应急?
我们之前已经购买了一架，在 2012、2013 年购买过。咱这里有好多东西，但是好多东西这里不好用。这里的海拔我们坐的地方是 2000 米，再往上就 3000 多米了。海拔地区无人机飞不了啊，我当时还想这里为啥不用无人机呢，受到地理海拔限制。我们这里有逃票的，困山里的，我们每次救援要花很多钱啊，真要他们交罚款。前几天还有，我这里还有照片呢。这也是突发危机事件!
一般救援游客怎么行动呢?
麻烦得很，公安、消防、交通都要出动。我们作为一个负责任的景区，就算他们游客违反了旅游条例法律，我们也要把他们救援出来。我们本身也是有危险的，同时耗费财力，现在只要直升机一动，几万块就没有了。
一般我们怎么去搜救呢?
一般就是派人，网格式拉练搜救，没有法子嘛，那真的是费劲。我们这里都把困住的游客都找到了。有些景区，就未必了，能力也有限吧，条件也不成熟。我们还是比较负责任的，这也是烧钱的地方。同时社会的思潮也在变化，被困事件多了，也越来越严重了。就是几个小姑娘到野外，到林子里连方向都不知道，原始森林里连影子都看不到。在有些地方，地下可能有磁铁矿，四氧化三铁吧，那东西严重影响指南针，你看指南针偏一点点，可能就是实际几千米的偏差，那区别可大了，可能就是几十千米。</td></tr>
</table>

续表

<table>
<tr><td colspan="3">从您规划的角度，万一遇到突发危机事件，大致的处置流程是怎么样的？
那就是严格按照应急预案处理，预案上怎么来我们就怎么来。至于最后发生什么东西，我们也不好控制了。
你们信息组一般能起到什么作用？包括什么预警和 3S 技术等。
信息组现在和北斗，搞国家 863 项目，那就是说以后咱们可能实现自己的定位等方面。那就是咱们进景区以后，游客就能定位自己的线路等方面。让每个游客提前定位，这样随时都能找到他们的位置。万一出现紧急情况，咱就知道具体哪里找人了，就好搜救了。
突发事件里有好多高概率事件，你们搞研究最好加下高概率事件。比如我们国家现在的旅游发展，拿国家的宏观数据哪能预测得出来呢，全靠经验嘛。像这种突发危机事件，你看是治标还是治本了，发生的越多呢经验越足吧。以后是否可以做些多发频发的突发事件研究，可能实际意义更大。严格限制游客数量，是可以治本的。比如当游客超过 4 万那天，有的游客就有情绪了。我们在网站上微博微信上都有播报游客数量，关键是他们都不怎么看。
从事旅游业中遇到的困难：②突发危机事件威胁</td></tr>
<tr><td>NO.14</td><td>10.13 九寨沟漳扎镇《千古情》旁重庆奇火锅</td><td>A14 访谈人简介：从事旅游业 15 年。目前居住在九寨沟漳扎镇。单位属于连锁企业，餐饮行业，单位经营了 2 年，员工 36 名。重庆奇火锅位于九寨千古情旁边，是连锁企业，生意红火，有一定的市场规模。</td></tr>
<tr><td colspan="3">您经历过 2008 年汶川地震吗？对您餐饮业的经营或者九寨沟旅游的发展带来怎样的影响？
我当时在古城。影响肯定是有的。当然因为有利就有弊，它是一把双刃剑，利用好了可以有机遇，利用不好可能会伤到自己。
自然灾害是不能抗拒的，那么地震了，有一部分人家破人亡财产损失，损失惨重。有一部分人，获得了好处，房子重建了，外面援建了。假如说没有这次地震，周边的房子，就是十年之后估计也见不到嘛。所以说这就是一把双刃剑，当然这也不是人人都想的嘛。即使想得到外部援建，改善自己的住宿等，但谁也不想失去亲人。这个事情我觉得这些不是人能抗拒的。
您作为餐饮店老板，万一有发生地震等突发事件，您准备如何应对，从员工、游客的方面，您作为一个管理者怎么看？
现在我们平时也给他们讲点地震知识，员工他们自己也会看些地震防灾知识。如果地震来了，我们这里房屋楼层也不是很高，客人及员工都要跑到空旷的安全的地方去。还有看周围有没有危险，这是第一步，这是作为管理者肯定要做的。
同时地震就几秒钟，你作为管理者不能就跑了，要把损失减到最小。假如地震断电断气断通讯，那不能不管客人了，员工不管了，那还叫啥子老板嘛。作为老板，第一要对员工善，平时爱护他们，要用心对待人。困难面前要走在前面，利益面前要让他们（员工们）。所以我们员工都有酒水提成，大家积极性很高。我们一个月会拿出利润的 4%（10%）来给员工发福利。
你们单位，对员工等抗灾应急有没有进行过专门的培训？
我们主要是搞消防安全培训，火锅店嘛。
像景区管理局或者县消防局等，有没有让你们去演练过呢？
培训过嘛。第一我们是做火锅的，这个很重要的。还有开宾馆的嘛，要经过大量的培训。
从事旅游业中遇到的困难：①资金短缺</td></tr>
</table>

续表

NO.15	10.12 九寨沟景区树正寨旅游商品	A15 访谈人简介：从事旅游业 5 年。目前居住在阿坝州茂县。属个体企业，旅游商品零售行业，单位经营了 5 年，员工 3 名。经营旅游商品，汶川地震之前就开始经营了，现在总体生意不错。老板经历了汶川地震前后九寨沟旅游业的变化和整个救援过程。
注明：部分音频丢失，部分翻录是根据当天访谈回忆。 2008 年汶川地震的时候，您也在这里经营吗？ 是的，刚做旅游生意。从广东回来就租了这个门面，也不怎么懂做生意。 汶川地震，那你们的损失大吗？ 非常大。那一年都没有什么生意。游客进不来嘛，没有人买。 政府有补偿你们这些商户吗？ 没有，政府不管这个事情。这里的店铺都是当地藏民的，我们都是租的。我这个一年都要十来万元。当地震发生后，房东这一年就没有怎么问我要房租，只是象征性的交了水电费。其他的店主的租金一般也有免交或者减半的，当然也有一年 8 万元租金，一分不少的。 大灾面前，人人都有惋惜怜悯之心嘛。政府不管这些事情，也没有调节，都是自发的自愿的大家自己协调的。 您亲历过汶川地震，您的最大感受是什么？ 天灾面前人很渺小。虽然九寨沟景区没有受到什么损坏，但是游客进不来，也出不去。基本所有的交通，道路都瘫痪了。人感觉很无助的。政府救援，特别是军队也是几天后到达的。大家主要靠自救吧。 我带着一个孩子，步行到漳扎镇，也没有车，就住了一晚上。后面继续步行回家，走到茂县在路边看大了死亡的一二十人放在路边，真是悲惨。我走了三天才到家。主要靠大家自救，当地人都加入了救援大军，道路损毁严重。 您参加过当地组织过的一些应急培训吗？ 几乎没有，倒是有些消防安全的宣传。遇到地震等大灾难，主要靠自救靠经验。天灾来了挡也挡不住。 现在从事旅游业五六年了，也有一点经验了，应对这些地震泥石流比以前好点了。经历过汶川地震对人也是一种震撼。 您怎么看去年的九寨景区拥挤事件，上了央视呢？ 主要是由于人多，有人打架闹事造成的。对九寨沟影响蛮大的，今年国庆第一天就少很多。 您怎么看待今年国庆第一天的四川等地的小地震，对你们景区和生意有影响吗？ 应该没有什么影响吧。我们都没有怎么感受到。大地震过后，小地震总是有的，也没有什么感觉了，太小了。 从事旅游业中遇到的困难：①资金短缺		

注：与本研究主题无关信息进行了适度精简和压缩，考虑到学术伦理，我们对被访谈人的职业职务、性别和年龄等个人信息进行了隐匿。

附录C2 青城山13位旅游社区及利益相关者访谈精简版

<table>
<tr><th>编号</th><th>访谈实施</th><th>被访谈人及单位简介</th></tr>
<tr><td>NO.16</td><td>10.20 都江堰市遗产办</td><td>A16 访谈人简介，现居四川都江堰市，负责遗产推介管理监督职能。</td></tr>
<tr><td colspan="3">对于国庆四川几个地方的小地震提前 16 秒预警，您怎么看？
人反应过来后就没了，个人觉得地震是预测不了的。
当时震后援建，UNESCO 也给予援建了吗？还有其他机构吗？
当时震后重建，UNESCO 给的钱不多，几万美金，只是象征性意义的。
像亚太中心，在都江堰专门搞了 一个地震及应急评估的一个培训，住建部那边出钱。
您觉得汶川地震之后，广大旅游从业者的观念和态度有无变化？
一个是住房的变化，收入的变化。观念也变化很大，接触了很多人很多事，以前那蒸鸡 180 或者 170，吃不完继续蒸给游客吃。如果你现在整的话，你对得起援助过你的游客吗？现在大家观念转变了，试想受灾的时候人家都来救援，说不定现在接待的游客里面都有自己的恩人，所以人在经历大灾以后观念发生了很大变化。思维方式也发生了很大变化。
同时如果没有地震，成都到青城山的高铁想都不用想，都江堰的建设也要落后很多，周边老百姓的生活条件经济收入都没有现在好。</td></tr>
<tr><td>NO.17</td><td>10.20 都江堰市遗产办</td><td>A17 访谈人简介，现居四川都江堰市，负责遗产的安全管理监督工作。</td></tr>
<tr><td colspan="3">2008 年汶川地震对旅游景区、旅游从业者带来哪些方面的影响？
您关注的这一块，目前四川省出台了旅游景区 A++，A+ 突发危机事件评估两个标准。上周五，省旅游局和成都市旅游局对景区进行了一次检查，主要检查贯彻这两个标准的情况。这是四川省搞的一个地方标准，是针对旅游高峰期制定的旅游应急预案，这是省旅游局和九寨沟景区一起来做的。
比如游客在等待观光车的时候日晒很大，在游客等待区域里面要弄好遮阳棚，并自带喷水降温系统。但这我们这个景区没法弄，我说你就扣分，我们这个景区温度并不是很高嘛。九寨和峨眉山国庆 7 天旅游接待人数，比往年有所下降，可能因为去年黄金周九寨沟游客滞留事件的影响吧。今年青城山都江堰景区游客增长了 13.6%，都江堰景区第四天达到了 4.5 万人。昨天（19 日）卖了门票 100 多万元，总体达到 2 万多人。
青城山—都江堰景区在应急安全方面做得怎么样？
青城山—都江堰景区应急这一块在全省来说做得还是比较好的。一个是很科学的方法来测定景区的最大容量，都江堰景区是 5 万人，青城山前山是 3 万，后山是 2 万。在最大容量 5 万里面，又分了三个等级，按照颜色和舒适度来分的，都江堰一般 2 万就差不多了，否则就感觉到很拥挤。
此类预警的发布一般通过不同的途径来进行的，一个是在景区的网站上进行播报，一个是在景区门口的 LED 大屏幕进行公告，还有被游客广泛采用比较多的电台广播，自驾游也多的。九寨沟的 70% 都是团队游客，他们的自驾游是很少的，恰恰我们都江堰景区散客占到 80%，所以通过电台效果好，一般自驾都会收交通台广播。还有就是通过短信提前告知游客，比如在 2 万开始预警，告诉游客可以到其他的景区去分流。当然通过大牌子告知也不好，游客都到了景区门口，你不让进也会产生问题。现在省里也搞了一个很大监控平台，把大巴车定位，监控大巴车的流量，以判断景区线路上的游客数量。散客的话他们就不好监控，主要通过我们景区自己的监视系统来处置。大的监控平台在机场、车站都有，以便让游客提前做好计划。到门口景区的游客，我们还是很被动的，如果不让进景区，否则他们恼火。</td></tr>
</table>

续表

现在我们的预订大家还不怎么喜欢，是否还存在一些问题？ 一般年轻人比较喜欢的，通过网络通过我们的商务系统进行订票。比现场买还便宜些，大概能便宜几块钱吧。提前预订也方便出行，现在预订呈现上升趋势，年轻人比较喜欢嘛。青城山等一般都是家庭旅游，一家人带着小孩等，家庭亲子游很多，纯粹的商务的旅游很少。 景区的突发危机事件原来是我做这一块的，还有演练等等。九寨沟去年发生那个事件以后，在全国引起了很大的反响，所以国家就强制每个景区不能以赚钱为目的，要实时的报警预警。因为游客一到了门口，还是要卖门票，否则就有麻烦。所以我们景区容量测算方式还在提升中，目前国内还没有很好的测算方式，什么卡口法等，都不是很科学的。 比如整个都江堰景区只有1.98平方千米，游客川流不息，为什么那么多人而不显得拥挤呢，因为它总共有13道门，实际上像筛子一样，人进去了就从其他门出去了。他们的停留时间也比较短，大概90分钟，一般2个小时左右。 青城山前山容量小点，因为只有一个门，平台少。我们准备把前山做成一个环线，但是地震以后，形成了地质灾害点，工作不好推进，所以现在一直没有形成环线。青城山坐索道到天师洞，然后游客还有做同一个索道下来，索道站台就形成了瓶颈，而且那个位置平台很小，所以在索道下面那个位置旁边又修了步栈道，依山傍势来建的。又不能动山体，栈道最宽的也就2米。所以前山的容量也就3万人，我们当时的测定找的是建设部的，在风景名胜区修编时候测定的，但是他们测定也不是很科学。这个容量景区工作人员可能更有感觉，比如来了1.2万，就感觉很拥挤了，达到2万人以后，就人挨着人走，达到4万人以后就比较麻烦了。 都江堰景区里有几个瓶颈，一是安澜索桥，测算了索桥最多能站400人左右，那个桥是最麻烦的，每年黄金周那个桥是最恼火的地方。 青城山的环线现在还没法弄，因为在2013年又有一次泥石流，而且更厉害，现在地质不稳定。那一块如果要恢复治理最起码要十多个亿，当时请的西安地质勘测院来评估的。它的整个山体下滑，现在威胁到两个国家重点保护单位，没有办法弄，十多个亿去哪里弄？国土资源局不可能给，还有交通民房等基础设施要建。 2008年汶川地震对青都景区的整体影响是个什么样了？ 2008年地震导致二王庙垮塌，青城山的13个道观没有受什么损坏。在2008年以后澳门基金会给了十几个亿，把青城山的十几个道观进行了维修，都是传统的木质结构，没有损坏的很严重。地震给景区带来的影响，除了二王庙，其他的建筑还好。你们现在看到的建筑都是修缮了的。 对于景区道路的影响呢？ 最恼火的就是地质灾害，次生灾害增多，小型的泥石流、垮塌等。每年的5月雨季，降雨都集中在那几个月，青城山的后山地质灾害点多，有42处，都江堰景区少，只有4处，前山有22处，多数集中在后山。所以这块是很头疼的地方，不是你想一下就能治理的，大自然有它自我修复的一个功能。你要是靠人的治理，那个花的钱是很吓人的。 像在5月泥石流高发季节，景区会不会关闭一些景点呢？ 我说的四十几处地质灾害点，每个点每天都有2人观察记录，记录险情，一旦到达一定险情级别，在重点危险地带游客就不能进入了，其他地方游客都可以进去。 像你们景区地质灾害的防治需要大量的资金，主要是通过你们的门票还是政府支持？在汶川地震中社会捐款会进入到这块吗？

续表

社会捐款那个是没有的。像我们这样的事业单位，政府来管理，比如上海援建他只会用于当地公路、房屋倒塌的修建、供给水电等方面，他没有给景区，景区主要靠自己来做。我们当时景区修建主要靠中央资金，比如青城山前山游客中心倒塌了，就是中央资金修建的。同时还有几个村子在里面，因此把之前的水泥路修成了柏油路。为了解决游客停车问题，又修建了青城山后山的停车场，中央资金一个多亿。还有青城山后山景区里面的工作房，公厕也是中央资金修的。还有澳门援建的一个多亿修的道观。其他的都是景区自筹了。门票收入都交到财政，财政再根据你的每年的计划需求给您划拨过来。 2008 年汶川地震，当地的社区和广大的旅游从业者反应是个什么样子？ 当地的百姓在汶川地震后，第一个反应就是景区要开门。青城山后山前山有一二百家农家乐，要维持生计吧。 地震之后，整个四川搞了一个联建政策，可以贷款可以合作，大家把房子修起来，可以拿回部分房间作为我贷款的回报和抵押。整个都江堰在地震之后旅游是最先恢复的，比厂矿企业要快得多。都江堰景区 6 月 10 号就准备对外开业了。当时主要为了鼓舞全市的气势，震后满目创伤的，气势很低迷。 当时游客量怎么样？ 当时游客量不是很多。当时开放之后很多都是免费的，当时发了很多感恩卡。当时主要是红十字会成员，我们的战士，以及社会上来的志愿者，基本没有什么收费的。主要是工作人员把景区里面的卫生打扫好清理好。当时我们提出一个口号，把公园打扫好，让来的人内心有一个提振。当时 6 月 10 号开门以后呢，基本没有卖票，直到 8 月 9 月份才开始。 九寨沟也出现类似情况，有一天只有一个游客？ 九寨沟其实没有受到什么影响，把它划作地震受灾区，它其实是一个受益的景区，就是道路垮了些，很快就修通了，景区里面基本没有什么影响。我们景区在地震后，那一年卖了 9000 多万元的门票。上年是 1.6 亿元，减少了大部分。然后 2009，2010，2011，2012，2013 年游客递增，恢复建设，增速大概 20%，今年估计 16% 左右，游客总体上呈现递增趋势。 汶川地震后，在九寨沟从业者的租金有的房东自动减少，有的还是照样缴租，都江堰景区是什么样子？ 比如在景区租了摊点或者从事经营，按照说我们管理局不应该让他们承担什么，这是地震导致的。我们景区采取了延长租期的办法，直到旅游业恢复，比如签了一年的合同，“5・12”地震后，我们就给你延长 7 个月。 当时比较感动的是“5・12”地震那天，青城山前山游客买了门票，进了景区坐了索道上，地震发生后，索道职工拿着梯子把他们一个一个接下来，当时索道 35 元往返 50 多元，在景区门口摆了两个桌子花了两小时就退完了。那种大灾大难情况下，能这样做不简单。 每年我们景区存在的最严重的安全隐患主要是地震以后的次生灾害。第二个就是防火，因为青城山的植被比较特殊，还有很多道观。防水和次生灾害是最严重的。拥挤还好，目前青城山前山每天游客没有超过 3 万的。现在自驾游太多，以前的 1 号 2 号停车场都不够用，现在又在青城山脚下修了能停 1000 多辆的大型停车场。目前黄金周的这种体制不改变，平时停车场吃不饱，黄金周时不够用。对新改革后的假日办拭目以待！ 景区这边从业者大部分都是本地人吗？ 景区有个管理范围，只能管景区里面，景区以外由老百姓来经营，也有其他企业，主要是本地人来经营。和大理九寨沟等外地人经营不一样。

续表

青城山都江堰景区在应急突发事件的演练中，有没有让游客参与其中呢？ 这个不现实，只能演练员工，还有村民，还有道观里的道士。我们总计 260 人，包括员工、道士和村民里的民兵等组成。一旦发生什么情况，指挥下达以后他们就去处置。游客不可能参与，也没有那个东西去宣传教育他们，那是没法弄的。 对于国庆四川几个地方的小地震提前 16 秒预警，您怎么看？ 地震是预测不了的，全世界的难题。发生过这么大的地震之后，它不可能再发生大的地震了。但是余震很多，一般三、四级的地震很平常的了。现在灾后的建筑都是按照抗 8 级地震修建的。 地震发生以后，舆情的发布渠道及其游客的心理缓解大概是个什么样子？ 游客心理缓解这个还没有做，他们游一天就走了，我们没法去做这个东西。景区里十几道门，游客进去只要不出什么事，游客游完就回去了。员工的都做不完，也没有那个精力去做游客的。 舆情的发布是这样的，我们整个景区有个指挥中心，设在青城山前山，大概布置了有一两百个探头，特别是在青城山前山和后山，通过烟感探头捕捉信息，遇到紧急情况警报就会响起，就会通知就近的人，去看是老百姓烧荒吗，还是森林失火。我这个指挥中心应急系统的总负责人就是景管局局长，常务副局长是常务负责人，然后到每一个处每一个所该做什么，到每个一人。 你们也做了些应急安全预案或者规划之类的？ 都有，而且还找专家进行了评审。请安检部门和国土部门的专家进行了评审。每年演练以后，都要对今年的进行修订，预案都是我们自己做的。国庆之后就是淡季了，员工在轮休，大概十一月份要对员工进行应急安全方面的培训，每年都是这样。 关于制定的四川省危机响应的评估方案情况，请您介绍下。 省旅游局发我们的，上个礼拜五还过来检查工作。检查完以后，都觉得还可以。青城山都江堰景区是个老景区，周边围绕着他生存的人也很多，包括道士等，道士们是以道观为家的。青城山有百姓 2000 多人，他们也是以青城山为生，搞餐饮，搞住宿，搞接待。他们的收入比我们还高得多。 这里有淡旺季，每年的 12 月份淡季的时候，把老百姓集中起来进行培训，包括对景区的遗产管理和要求以及接待游客的态度和礼节等进行培训，由景区出钱请老师进行培训。有一年中午还发了五块钱午餐费，还把川大搞旅游的老师请来了，但是教的太深了老百姓听不懂。就把四川旅游职业学院的老师请来了，讲授了如何做生意、简单的英语等。 今年搞羊肉节，原住民不会做，景区拿钱就请阿坝州的师傅过来，景区出钱买羊。我们把景区和遗产地的原住民作为一个利益的共同体，但是现在还有很多矛盾，老百姓也是参差不齐的。峨眉山今年就发生了一个事情，原住民与景区利益分成的矛盾，也不是说是闹事吧，景区发展以后，村民没有带来什么利益，这个事情早晚都要发生。为什么没有在青城山发生呢。我们在申请世界遗产成功以后，对前山迁出来的村民，只要是结婚生小孩管理局就会给一个保障，以及林地都确权了，都会给 1000 斤大米按照市价的钱，景区里的林地一亩 1000 斤大米。每年景区拿出 2000 万 ~3000 万元补贴给原住民。 灾后重建原住民也有很大的受益。天然气、污水管网等都是政府修好的。原来我们景区没有那个能力做这些，这些是上海援建的，包括污水处理、天然气一直修到后山。 现在泰安古镇的生意还不错吧？ 2012 年我们调研生意蛮好的。 他们生意很好，都到成都等买房子了，他们都去茶馆喝茶打麻将了。夏天的时候基本把钱赚好了，比我们还要快活。 您感觉汶川地震对青都景区突出普遍价值（OUV）有影响吗？

续表

<table>
<tr><td colspan="3">汶川地震以后，我们2009年、2010年对这两个遗产地突出普遍价值是否受到影响进行评估，最终专家的意见是没有受到什么影响。包括大熊猫，我们2000年是文化遗产，10年青城山后山大熊猫栖息地申报成自然遗产，因此对外营销的时候就说是双遗产，是不同的时间申请的，2000年申报双遗产，只批准了文化遗产。
回到原来的话题，为什么说“5·12”地震青城山都江堰景区突出普遍价值没有受到影响呢？我们说在2012年的时候，后山都有大熊猫，去年还跑到后山的神仙池呢，当时中央电视台进行了报道。川大也对野生动物进行了长期监测。所以说地震没有对遗产地突出普遍价值有大的影响。
地震这个事件是不是促进了当地的社区参与，对于天灾的利弊你怎么看？
2008年地震以后我就写了一篇文章，标题是：千年大灾，千年机遇。当时我写了以后，交到住建部那边去审批。虽然地震死了那么多人，但是我们引起了全国的关注，包括基础设施比原来好很多，城市的发展按照我们官方的说法超前了20年。牺牲了3000多人的代价，这个是很惨重的。说这个是大机遇还不好说，死去的家属会怎么想，但是实际上带来的效果是很大的。可以说是经济发展提前了20年，之前青城山都江堰还有不少人不知道。外界的关注为景区赢得了发展，现在你在北京随便问个出租车司机，你知道不知道青城山都江堰，因为汶川大地震，大家都知道了，以前他们也许说不知道，这是一个宣传影响方面的。另一方面在地震以后更重要的是全国很不同领域的顶尖的专家都到景区出谋划策，来给你指点，这个对景区来说是很大一批财富。而且全是免费的，不要光看捐了多少钱，而实质上借智借脑的东西是无法来衡量的，像地震以后清华的、北大的、同济的都来了。
现在修的农家乐和农房的红楼就非常漂亮，老百姓说以前想都没有想过，这辈子都没有住过，水电气等什么都通很好。大家集中安置，统一的住房，统一的设计。但是专家又一个意见，老百姓本来住草房子里，现在弄成水泥修的，专家争论不休。我个人感觉很好，现在你去后山问老百姓，地震以前你能不能住这样的房子，他们说想都不敢想。
当然地震以后是不是大机遇，我也不敢说，试想死了3000多人，我宁愿不要这个提前20年的发展，也不想地震。但是活下来的人应该感恩，包括现在修的高铁到青城山脚下，拿了170多亿元从成都修到青城山的，以前想都不用想。
所以原住民现在也比较配合景区工作。以前后山景区的老百姓也比较蛮横的，而我在青城山工作十来年，一旦发生游客车抛锚，特别是晚上黑灯瞎火的，老百姓会第一时间通知我们后山管理处，几个人抬不起来，老百姓会一起把车弄好。一个简单的事情，你会觉得老百姓已经把游客作为他们的衣食父母了。不再是挖个坑车子进去，然后再收你钱，他们现在不干那个事了。景区管理主人翁的态度体现出来了！</td></tr>
<tr><td>NO.18</td><td>10.20 青都景区</td><td>A18 访谈人简介，现居四川都江堰市，主要承担景区安全应急预案制定等工作。</td></tr>
<tr><td colspan="3">你们突发危机事件应急预案的规划做得很好，这是你们自己做的吗？对于汶川地震、泥石流等突发危机事件您怎么看？
这个本子是我们自己做的，没有请专家去做的。我们首先进行一个总体的规划设计，下面的部分内容是我向各个科室下达的任务，让他们根据自己的实际情况，制定相应的工作计划，然后我再收上来编制的。
比如我们会根据实际情况制定总体预案，然后再收进去相关专题，比如说此类安全应急小册子及其相关专题等。</td></tr>
</table>

续表

<table>
<tr><td colspan="3">你们这里治理雾霾的预案都有，比如说雾霾的时候你们会减少游客的数量吗？
有这样的要求，实际上操作比较难，减少游客数量难。
您在这里工作一年多，专门负责应急预案工作，您对拥挤等突发情况怎么看？
我觉得安全很重要吧，我们景区做的还比较好。比如我们景区 LED 大屏幕都会显示是否拥挤，提醒游客拥挤的时候就不要过来了。比如安澜索桥那里，那里人多了会真的出安全问题的。我们在预案上写的都很清楚，该如何去做。
您当时在成都读书，对汶川地震是什么感觉呢？对从业者和游客等的影响大概是什么样子呢？
这边我不知道。反正在我们学校大家都逃到操场上睡觉去了，都很害怕，也打不通电话。
那时候成都震感也很明显吧？
很明显的。这边相关的建筑全部是原址重建的。
您对四川省当时 2008 年地震以后出台的恢复重建规划了解吗？请给我们介绍下相关情况。
这个省里做的，基本都弄完了。并分解到各个部门，然后大家实施落实。就是根据这个总体规划，然后大家再根据具体情况来做具体的规划，再执行下去，就这样一层一层下来的。
都江堰景区自己也做了一个恢复重建规划？
对，根据实际情况自己也做了一个。我这边没有，我们是管应急安全的。</td></tr>
<tr><td>NO.19</td><td>10.21 都江堰景区
西街往事</td><td>A19 访谈人简介：从事旅游业 1 年。目前居住在都江堰灌口镇。单位属于个体经营企业，餐饮行业，单位经营了 1 年，员工 3 名。其老总是本地人，汶川地震住院 2 个月。</td></tr>
<tr><td colspan="3">介绍所研究课题的基本情况……
请谈下汶川地震时您的个人感受。
我在 2008 年汶川地震的时候受过伤，然后待在成都的医院两个多月。
您对地震这样的突发事件怎么看？
汶川地震当时来得挺突然的，但是我们都江堰，可以说四个字“因祸得福”吧。虽然有一些人因为地震离开了我们，但是他们这种离开、这种牺牲可能给都江堰带来千百年以后的这种福气。
“因祸得福”，是不是可以说是地震一种机遇或者一种灾难？您怎么看待这个问题？
这个问题……（有点迟疑）……走的人一路走好，活着的人，我们希望活得更好。走了是没有办法的事情。我们会在每年的 5 月 12 日那天，祈祷他们，愿他们在天国活得快乐。
那你们现在这里的生意怎么样？我感觉你们这里很有特色，代表四川本土风格的美食文化。
现在国外的朋友都挺多的，前几天我的院子还来了 20 多个国家的外国人。
那他们是因为旅行社介绍，还是因为汶川地震这个事件，引起他们来这里旅游呢？
可能什么原因都有吧。第一可能外国人来看下汶川地震之后我们中国怎么建设城市的。也有中国 2000 多年的源远流长的文化底蕴把他们吸引过来的。
这边的小商铺，周末生意挺好的，平时一般。这里大部分都是外地人还是本地人在经营呢？
这个很正常，淡旺季难免的。大部分都是外地人，整个西街，包括我就两三家本地人在经营，其他的全都是租给别人的。
您觉得外地人和你们本地人对待地震或者响应突发危机事件上有差异吗？
不会的。你所说的外地人就是指不是都江堰的或者就这里本来居住的。现在基本都是成都的等四川人多，大家都灾难应急心态应该都一样的。</td></tr>
<tr><td colspan="3">从事旅游业中遇到的困难：⑦员工流动性大</td></tr>
</table>

续表

<table>
<tr><td>NO.20</td><td>10.21 都江堰灌口镇纯棉专卖店</td><td>A20 访谈人，从事旅游业 30 年。目前居住在都江堰灌口镇年。单位属于个体经营企业，住户和旅游商品零售，单位经营了 30 年，员工 2 名。老板地理地震知识丰富，对汶川地震和都江堰旅游业发展有点见解。</td></tr>
<tr><td colspan="3">您作为本地人和汶川地震的亲历者，请您谈下对汶川地震的看法。地震是很大天灾也带来了一些机遇，您怎么看？
我认为天灾是不可抗拒的，地震是不可预测的，但是地震过后这个党执政者对地震救灾还是合格的，救灾措施是很得力的。但是唯一值得要注意的是地震之后要不要用那么多钱去做其他的事情。只要把灾区震区房子建筑等修好，先修好房子。今年中央专家也提到那些问题，过后救灾是已经发生了，不要劳民伤财，什么部队什么部门等有些都没有必要涌进来，没有什么意义。
你们现在这边会有相关的应急演练吗？你们会参加吗，效果怎么样？
有相关演练的。其实在地震预警，发生时候的相关逃生工具等要准备好。多得一条生命就是多得一批财富。还有要做好之前的应急抗灾演练。总体上，第一地震是不可抗拒的；第二地震带上的房子修好一点，道路桥梁修好一点，应急预案应急演练多搞一点，这是最重要的。要教会群众在地震发生的那一瞬间，那几秒钟怎么能够躲好逃生。
您在这边从事旅游业多少年了？一直开店？
经营 30 多年了，生意还不错。
您觉得汶川地震对你们广大的旅游从业者影响大吗？
没有什么影响。当时 2008 年地震过后，过了一两年就完全恢复了。只要尊重科学，好好宣传，游客就不会害怕。无知识才害怕，有知识就不害怕。你知道凡尔纳吗？您看过《格兰特船长的儿女》吧，格兰特是个探险家，去智利阿根廷探险他失踪了，里面就提到在 100 多年前中国清朝的时候，在智利他就遇到了地震，他就把地震的情况描写得非常清晰，智利是一个地震多发国家。那时候我才 7 岁，1960 年我就看了这个书，就把地震的知识了解了。那是一个中篇小说，里面就提到了智利地震，可以学习很多。
媒体报道说中国已经建立了世界上最大地震预警网，总部就在成都，您感觉效果会怎么样？
那个就是抢秒，抢时间。手机就能提前播报，肯定会有效的，日本就是那么搞得。通过地震网，那个地震一动通过延时传播，电波要快一点，电波 30 万千米每秒，一般地震才几百千米远，地震监测台就知道了。通过手机给老百姓进行信息预报。
您觉得我们广大的旅游从业者对地震知识的了解程度怎么样呢？
无知愚昧！都是因为愚昧才死人。1976 年 7 月 28 日唐山大地震，当时很多老百姓都信封建迷信，讲风水，讲衰天罡！……中国 5000 年文化，孔孟之道是不能颠覆的！就说汶川地震，搞各种科学预测，宣传都是可以的。你们搞这些研究都是好的，就是唯独不能搞好地震预报，什么地震专家都是吃干饭的（没用）。只有搞这个地震预测台有一点点作用。
这边游客也比较密集，像什么地震避难设施、广场等都有吧？
这些都有的。旅游的人很多不知道，但是本地人都经历过地震，时间能磨平伤口。</td></tr>
</table>

续表

<table>
<tr><td colspan="3">地震这个东西一般都是大地震，某个地方发生大地震之后，几十年上百年才能恢复，那个地壳的硬度才能达到稳定，一般不会有大的地震发生了，慢慢地就平复了。中国这个地理断层，西北高，东南低，刚好顺着这个龙门山断层到北川青川一直延续到陕西。东北方向，中国的北京，河北的邢台，整个华夏腹地构成一个沟槽。我们这里处在喜马拉雅山形成地壳的一个台阶，正在断裂带上。所以高山和平原交错的地方，就是容易形成地震带，现在余波转移到云南去了……
你们研究这个专题，其实就几个主题：第一个地震是预报不了的，只能在那个短时间一分钟之内，几十秒，最多是以秒来计算；其他的就是地震局来搞，搞地震演练，搞好桥梁道路建设，要有很好的抗震级别；什么生物电，老天爷预测等都是骗人的。</td></tr>
<tr><td>NO.21</td><td>10.21 都江堰西街消防站</td><td>A21 访谈人简介：目前居住在都江堰灌口镇。单位属于市政府消防大队（非）编制机构，单位建立 3 年，人员 5 名。负责都江堰景区灌口镇安全消防日常工作。都江堰西街消防站，是新成立 2 年多的消防工作站，主要负责西街的消防工作。</td></tr>
<tr><td colspan="3">我们主要针对汶川地震等突发危机事件向您做一个简单的了解，您来这边工作多久了呢？
快两年了。我家就在这边。
都江堰作为一个著名的旅游目的地，应急突发事件大致是一个什么状态？
汶川地震的时候我就在这边，我就是都江堰人。当时我在麻县，坐车坐到都江堰，然后步行回家的。我当时刚毕业到一个工地工作的。
当时地震来了之后，您个人的一个感受是什么样子呢？
你突然问这个问题，我都不知道怎么回答。
我们就想了解下地震之后这边的老百姓和旅游从业者对地震演练消防等的一个情况？
这边都有，消防演练一般一个季度一次吧。
那现在针对这种演练和预防工作能否给我们介绍一下呢？包括地震、火灾、泥石流等方面。
我们这个消防站是去年才办的，主要管西街这个片区。去年不是香格里拉和丽江两个古城都失火了嘛，损失也比较严重，所以我们平时给当地旅游从业者教育培训一下等。主要针对火灾提前及早预防。
总体上说，都江堰这边消防做的也比较好吧。消防安全现在有三个专职队，一个大队，一个分队，准备在建的还有两个消防站，总体上比较重视，突发事件的应急处理等方面政府看的也比较重。国内有几个古镇附近都没有配备消防站，所以四川搞的还是比较好的。
你们主要负责西街这边整个古城区吧，平时主要的工作内容都有那几块呢？
我们主要负责消防检查，因为消防车还没有回来；主要检查消防设备，灭火器等，以及存在的安全隐患等方面。
旅游从业者会经常参加一些演习吗，每家每户出一个人还是什么样子？
一般是找几家单位，负责人参与，他们作为安全员来配合我们，主要培训比如应对突发事件的理念，假如说人员被困，如何疏通通道等方面，以及指挥消防车辆等。如果是小火，我们可以处理。如果是大火的话，我们也无法控制，因为受条件限制嘛。前不久在景区停车场搞了演习，来了三四个中队。因为去年 5 月 24 日的时候，成都发生了一个比较大的火灾，烧了七八千平方，我们干了一天一夜，动用了十个中队，而且成都还调了特种兵上来的。
针对汶川地震、泥石流这样的突发灾害，你们处置的大致的流程是怎么样的？</td></tr>
</table>

续表

<table>
<tr><td colspan="3">比如去年洪水比较大嘛，我们一般是成都指挥中心调遣过来，比如某小区或者某户被淹了，我们就去把他们转移出来嘛。然后泥石流的时候中队派我们去，还有政府领导的一些指示，一切服从安排吧。
像四川作为一个泥石流等频发地带，对广大旅游从业者有没有做相关的知识普及等方面的工作?
去年大队让我们简单的调查了一下知识普及情况。我们只是一个消防站，一般只有 6 个人，24 小时值班的。
您觉得汶川地震对都江堰的基础设施和旅游业的发展带来多大的影响?
总的来说让都江堰的社会经济发展提前了吧。
您如何看待这种天灾带来的人口减少和天灾也带来的机遇呢？比如社会的广大支援等。
地震后都江堰或者四川的人都比较想得开吧，心态比较平衡。大灾大难都过了，生活还要继续，该积极向上的就积极向上嘛!
那您觉得 2008 年的地震对您和周边的人带来的影响大吗?
我个人觉得倒没有多大影响，就是上海援建之后，经济上有很大提升。上海对口援建主要是公共设施，比如学校、医院等，还有一些重灾区的安置房等。学校医院建好了，道路等就自然建好了。都江堰的三所学校的死亡率比较高，达到整个汶川地震的最高值 95%，当时有个学校 390 人死了 350 多人。
您看到过四川省里新出的应急预案评估文件了吗?
没有。我们暂时还没有学习这个，以后政府或者消防大队应该会有安排吧。
从事旅游业中遇到的困难：③经营经验不足 ⑧缺乏处置危机事件技能</td></tr>
<tr><td>NO.22</td><td>10.21 都江堰灌口镇
纯棉专卖店</td><td>A22 访谈人简介：从事旅游业 1 年。目前居住在都江堰灌口镇。从国营单位退休，支援三线建设从武汉来到都江堰，为感恩 2008 年汶川地震全社会的援建帮助，特蓄胡须以示纪念感恩。汶川地震中全家没有人身没有受到伤害，见证了整个汶川地震的发生救援的全过程。</td></tr>
<tr><td colspan="3">您提到您五几年来修都江堰水利工程，当时主要工作是怎么开展的?
主要修鱼嘴等地方。当时是总理关注的嘛。我们是从武汉过来援助三线建设的，后来我就在城都设计院工作。我是东北地质学院毕业的，当时学习地质工程专业。今年 86 岁喽，身体还不错，可以看报纸电视都很好。我家现在 30 多口人，都很好。
那您对 2008 年汶川地震记忆还深刻吗？6 年过去了。
我要感谢党，我现在的胡子都六年没有剃了!
您为什么这样说呢，留胡子以示纪念?
是我们纪念他们，包括去世的人和援建的广大军人及社会人士等。
地震的时候，您家住的房子怎么样呢?
当时的房子全塌了，在民光路那边。房子垮了，人没有受到什么影响。家人都没有事，没有人灾，财产都不要紧。家人在，家就在。重孙子都读大学了。
汶川地震后你们吃大锅饭住帐篷，大概持续了多长时间?
住的是木板房，一家人在一起。大概 50 个平方，一家一间。人多的，就分开住嘛。还是政策好，枕头铺盖都有，衣服雨伞毯子都给了。老人家看病等方面都有照顾的。</td></tr>
</table>

续表

<table>
<tr><td colspan="3">我们在学校向四川你们这边捐款、捐衣服，就是四面八方都一些捐助？
都江堰也去世不少人，医院里都摆满了人。都是死人，主要从建筑物里扒出来的，都摆满了。刚好正是下午 2 点上课上班的时候，所以学生也去世了很多。
您觉得当时您知道的这边去世了多少人？
很多，四川这边几万人吧。感谢领导，照顾得好。地震是天灾嘛，我们能受到很好的照顾很不错。我的吃穿，毛巾、牙刷等都不缺。大灾之下，安排得都挺好。
所以那个时候您就留了胡子一直到现在？
是的。地震房子倒得厉害，还好没有受伤。学生受伤的比较多，在家里面的房子比较结实的就好点。上班的就伤得多，没有上班的在外面的就好点。那个时候真是感谢共产党！
那个时候住了半年的帐篷，那半年之后政府又怎么安排了？
又住的门板房一年。政府按照你家房子之前的面积来安排建造的。大家把房子集中到一块修的，我们家的是在原地建的。
现在你们的房子是抗几级地震的？
房子还不错。
重新安置我们这边工作的话，政府有什么政策措施呢？
房子有了，有住的了。再者就是该上班的上班嘛，恢复工作。那个时候学校还没有修复起来。但是娃娃们开始上课了。也有外面援建的老师过来任课的。……现在整个地质都好了，我们逃过了一劫。条件也好了，危房都拆了。拆了之后，修了新房子，现在比之前的好多了。上海那边支援的我们，这里的好多学校和医院都是上海援建的。
总体是很满意的，都挺好的。感谢政府和社会援助。
台球店女老板一直在一旁听着，后开始交流她的看法和相关情况，都江堰本地人，经历过 2008 年汶川地震。
就是地震修复重建的时候，好多的人都搬走了。很多邻居都搬走了。特别后面修了蓄水的水库，对环境有破坏，不该修。搞工程项目的赚钱了。我们现在搞旅游经营的生意不好，（台球应当是玩的人少了，旁边的学校搬走了，游客估计也玩的少）……以前学校医院幼儿园还有政府都在这里，现在都搬走了。
是不是因为地震之后这边不安全才搬走的呢？
不是的，是想搞旅游赚大钱，这边现在都搞旅游了。而且还占了好多农田。本来我们这里就是个小城市嘛。我们这边有的都被“双规”了嘛。要对群众做好事情才行嘛。这边学校幼儿园等都搬走了，孩子上学要走很远的。看病找医院也远嘛，打的都要十来块钱。
现在这边都停旅游大巴了。
那也是想把旅游搞起来？
不晓得政府的意思。群众都问他为什么要把学校搬走。连银行都没得，就只有自动取款机嘛。我们做生意的都不方便。原来这里就是城市的繁华地带，政府都在这边。</td></tr>
<tr><td>NO.23</td><td>10.22 青城山后山景管处</td><td>A23 访谈人简介：目前居住在青城山后山。负责青城山后山景区的日常管理工作。后山景管处办公室直属于青城山都江堰管理局，负责整个后山的景区管理工作。</td></tr>
<tr><td colspan="3">请您谈下汶川地震对整个景区的影响。</td></tr>
</table>

续表

汶川地震过后，整个景区都有很大提升，好很多。 你们作为管理者，您觉得是否还存在一些地震遗留隐患？会不会给你们管理或者游客安全带来一定的影响？ 这个有一定的影响。我们现在有六处地质灾害隐患点，目前有的已经治理。对不能治理的，我们采取专人监控。随时了解他们的变化情况，游客在游览的时候是安全的。 像泰安古镇进行了重建，比以前有了大幅提升，这些主要是本地人来经营吗？ 泰安古镇本来就是青城山这边的村民建的，也是他们自己的房子。 地震以后，对旅游经营这一块，政府有无相关的政策？ 我来的这边时间比较短。具体的支持政策我也不太清楚。整个后山的援建重建都是有青城山政府来管理指挥的。 你们在日常工作中，针对泥石流、地震等相关隐患，你们大概是怎么样的一个处置流程？ 首先我们根据实际情况制定一个应急预案，在应急灾害的时候我们该怎么做，这有一个详细的流程。然后每年在春季和冬季进行两次演练。通过演练来验证我们这个预案是否可行。在演练的过程中发现问题再进行整改。我们的演练包括整个青城山后山整个片区的管理，包括景区的管理，社区及他相关部门及其宾馆餐馆山庄等。大家来共同做这个事情。 我在游客中心，看到一个地震地质灾害预防手册，是你们自己做的吗？ 是的，我们景区自己做的。 你们还制定了应急预案体系，请谈下对此的看法。 我们制定的有这个，还制定了游客高峰期的游客数量监控分流预案，当游客达到多少，我们就开始对游客进行分流，或者限制进入或者劝他们离开景区这个预案。 你们有无做一些针对特大地震或者泥石流进行的物质储备和避险点等措施？ 这个物质储备是有的。像我们后山有四处避险点。发生特殊情况以后，我们会疏散当地的村民、游客和原住民一块儿到避险点去，转移到安全的地方。避险过后就涉及食品的准备，这一块我们后山的比较特殊，一般不储备，通过和商家事先联系好，通过他们来给我们准备提供，来保证大家水有喝的饭有吃的。应急救援的特殊物质，比如发电机、铁锹、救生绳等我们有专门的库房储备。需要用的时候我们就拿出来用。储存食品不太可能。 像你们这边山区交通应急大概是什么样的处置流程？ 除了我们景区有自己的交通车以外，我们和交通局联系有 28 部中巴车用于转移，这个是没有问题的。去年“7·28”泥石流的时候，我们请了 13 辆中巴车，让游客们下山。就是遇到重大的事件的时候，消防交通等一块来做这个事情。 您觉得经历过 2008 年汶川地震，对当地人对待突发事件的心态上和观念上能带来哪些变化？ 面临灾害来临的时候可能没有以前那么惊慌了。包括平时家里的物资储备等都有明显的改观，水、粮食这个平时都有一定的储存。不像以前大家遇到这个问题就不知道该怎么办，现在大家这个预防意识都比较好了。 您作为一个管理者，觉得随着 2008 年以后后山游客的增多，游客的安全应急意识有没有增强？ 游客从一定程度上讲安全意识有所提高。但是我们这个景区因为特殊的地理环境和一些特定的原因，游客的素质不一定太高。游客主要集中在比较年轻的年轻人或者避暑的老年人。坦白讲他们自身的素质不是特别好，第二安全意识有所提高。我们在门票的背面专门印有急救电话等信息供游客们备用。疏散的问题就是能够救援的救援，能够救出的救出。

续表

<table>
<tr><td colspan="3">对于景区门票的保险，你觉得有多少人会买保险呢？
这个保险是自愿的，大概 60% 的人会买保险吧。这个不强求。后山每天游客可以达到 18000，压力也大。</td></tr>
<tr><td>NO.24</td><td>10.22 青城山后山泰安古寺管理所</td><td>A24 访谈人简介：从事旅游业 24 年，目前居住在都江堰。负责青城山后山泰安古寺周边餐饮住宿的日常管理工作。单位属于政府编制机构，景区行业，单位建立 2 年，人员 18 位。震前的泰安古寺是村民自建的，地震后泰安古寺损坏，由澳门基金出资援建。泰安古寺管理所是地震重建恢复之后入驻的，主要负责青城山后山山脚下的卫生、安全和交通，以及解决山上游客出行出现的相关问题。</td></tr>
<tr><td colspan="3">关于汶川地震及其泰安古镇建设的情况向您了解下情况。
我是地震之后过来的。泰安古镇都是政府打造的。我们泰安古寺管理所是景区的。我们景区这一块对游客就是保障安全，对于交通这块就是保持畅通，卫生方面我们请了物业公司来做的，要保障游客基本的满意度。
你说的对于灾害重建这块，当时是当地的村民村组、社区和政府打造的。打造完之后，我们景区才过来的。以前也是有景区的，因为地震之后破坏性很大，我们就没有在这里上班。
你们是什么时候入驻后山景区的?
是修建好以后过来的。我是 13 年过来的。对整个古镇的情况不是特别了解。我们现在主要负责交通、卫生和安全，其他的酒店我们不管。古寺和山上的乌龙沟那块也划在景区里，景区在管。体制上市政府在管村民，我们管景区。相对来说，规范性的摊点等我们还是要管。只要不出摊占道就行了。保障路上停车规范，停时间长了必须去停车场。
您作为一个管理者，如果万一遇到重大的突发事件，你们是如何响应处理的呢?
我们处上部门都有应急机制，包括交通的、突发事件的，还有山体滑坡的，还有遇到突发的灾难性事件的。
一般的情况下，遇到突发事件，保证自身安全，保证游客安全，然后再联合村民，疏导和转送游客。如果遇到比较大的突发事件，我们不能处理的做决定的，我们就向上级部门请示。我们这里突发事件最多的就是游客摔伤的事情，能够自己处理的话就自己处理了，一般比较小的话都不需要找我们，因为门票里都有保险。游客不能自己处理的，稍微大点的摔伤，就对接我们。我们就对接保险部门，先给游客垫付医疗费用，后来保险公司介入，我们就不管了。
针对泥石流这种频发的灾害或者地震，你们的一套预案流程大概是个什么样子的?
“5，12”地震我当时也在现场，我不在管理处，我在门票处。我们当时有的摔伤很厉害，我们就是首先保证自身安全。我们的领导首先赶到学校，看学校的房屋垮了没有，学生安全不安全，然后再来关心的职工。职工关心了之后，下面的职工没有什么大碍大伤害的情况下，才驱车上来，我们领导就翻山过去，看了当时上面上班的职工，没有什么伤害的情况下，才去看的游客。对于游客的应急救援，马上组织成立了应急抢险小组，马上就组织了村民，因为这里也有两个医疗站。</td></tr>
</table>

续表

医务人员对于需要抢救的，或者当时就是死了的等情况进行确认。因为当时游客有的是几个朋友的或者一家人一起的，当时亲人或者家人就不愿意面对他们的去世，我们就进行心理辅导，职工就进行劝说。再喊当地能够懂医的人来确认，就让他们面对现实，再去救护其他的人。比如当时一个书画院的游客团队，他们的学生就死了一个，当时我们的领导一是参与了救援，二是参与埋葬，通知对方的学校领导，程序都完善。整套程序都是很紧扣的。这是景区必须具备的应急安全和处置能力，我们不是企业，我们是事业单位。每一个人在上班之前都要经过培训和学习，还有平时的工作经验的累积，还有工作期间看习惯了，心态上也会更加适应点。 您觉得经过汶川地震之后，周边的广大旅游从业者他们面对突发事件的态度和措施大概是一个什么状况？ 因为从业人员是老板，他们也要以游客为重嘛。他们不能解决掉的，都来向我们汇报，我们再采取相关的解决措施。因为他们有社区嘛，我们是管理者，一般大小的事情都来找我们。这方面就比较有序，因为他们知道去找谁。这么多年了，这方面你们放心！ 广大从业者在应对重大地震泥石流方面有无一些措施？ 他们每年都要培训的，包括应急培训、火警培训和地质灾害的培训等。每年我们景区，还有他们社区以及政府都要组织进行相关的培训，包括滑坡、泥石流等方面。平时还有相关知识手册的发放等。景区不像村组平时应急培训应急预案都比较细致化。 您所在的部门有无相关的应急安全材料等？ 有的，在景区管理处。他们有专门管理安全的、卫生的和秩序的，都是有专人的，每人负责一块。这方面都分的很细。我们现在年休，所以人少点。 针对后山有无相关的应急管理手册等？ 有的，不在我这里。我们的应急预案都是很全的，黄金周的、泥石流的、交通的等都有的。还有分成不同的等级的，比如黄金周，游客的数量达到多少，什么时候是黄色，还有橙色等都有规定的，这些预警措施等都有的。 您在景区的管理过程中，对于广大旅游从业者应急安全管理的培训等方面，他们要付费吗？ 他们是村组培训，有各种协会。他们有他们的机构，主要有村里和社区来进行，不和我们景区这里一块的。 我们的培训都是管理局整体的培训，主要是工作人员，和下属部门的，还有村民的部分代表要参加我们这边的。管理局职工每年都要分批分工培训，如果没有时间的话就晚上培训。 一般来说应急预案这几年提的很响，以前体系没有那么完善的时候，就没有现在这么完整。安全是专门有人管的，我们这里是刘处长在管。每个所都有几个组，每个局都有几个大处，景区就是前山管理处、后山管理处和都江堰管理处这都是一块的。我们单位总共一千多人。 我们还有一个秩序所，还有一个外山所。秩序所主要针对交通这一块的，以及针对喊客、拉客等不规范的情况的治理。 我这一块安全、卫生和应急就是我自己管。我们的实行人员网格化管理，负责那一段就很好管，分割出来就把自己那一片守好不出问题就可以了。整个后山的建设建筑等，这些都是政府打造统一规划的，我正在准备打报告，有些建筑木头出现了腐朽和裂缝，准备请政府派人来维修，我们管不了这些，要政府管。

续表

<table>
<tr><td>NO.25</td><td>10.22 青城山后山金骊索道公司</td><td>A25 访谈人简介：从事旅游业 4 年，目前居住在城都市。具有丰富的索道管理和应急处理能力和知识。金骊索道公司是一家私营公司，受政府和景区监管。汶川地震之前就存在。目前经营了 4 年，单元员工 30 余人。</td></tr>
<tr><td colspan="3">我们进行旅游目的地突发危机事件的研究。您作为管理者如何应急突发危机事件？
我认为应对突发危机事件最重要的：第一个就是基础设施的建设，要考虑地震因素，该抗震的要抗震，该回避的因素要回避，不管是从企业业主本身，还是从景区发展角度考虑。比如我们现在的建筑，对抗震的要求都非常高。比如云南的发生的两个地震造成的破坏，和汶川地震相比就是很明显的例子，鲁甸地震就伤亡很大，他们的建筑抗震不行。当然也有人口密度的原因。第二个就是一旦发生突发事件以后的应急。我们这是一个私营企业，老板把索道安全作为经营的生命。因为这是私营企业，安全一旦完了，老板就垮了；政府的企业垮了还能继续经营的，这就是区别嘛。我们这边有三条索道，地震以后，青城山前山索道所有员工就全部跑光，前山就靠武警去救援的；更过分的就是明岩寺索道的员工也是全部跑光，因为在山上当天没有人去，第二天是武警才去救援的，武警有高空救援经验，却没有索道救援经验，不是专业的，游客滞留了一个晚上，所以他们一打开索道箱，台湾的一个游客跳出来摔死了，后来明岩寺索道就拆了。
相比较我们金骊索道位置是最偏的，当时我们索道已经不能运行了，电机房全部垮了。虽然所有的人跑了下来，我们迅速组织起来员工投入到救援工作。我们在三个半小时之内把所有的游客救援下来了，就是在五点半之前。完全靠我们自己的力量进行救援，部队三天以后才到达的。我们每年都搞应急演练，我们是真搞。当时一个没有伤亡，一共 15 位，因为中午刚过，也是淡季，我们全部解救下来了。
我们自己的员工有的都吓得站不住了，这就是明显的领导重视程度和平时的训练演练，员工都参与救援，我们有的员工家的房子都垮了，也没有回家，都参与了救援。
刚刚救援下来就倾盆大雨，我们这下面的平地就起水了。所以平常的重视和演练就非常重要，因为怎么救谁上去救你就拿不出方案。因为是空中的救援，有塔架的辅助，有下面的辅助，必须要有知识能力和训练的员工才能搞好。当时我不在，我觉得这个事情对应急等方面很有说服力。
对于索道上面的结构也不一样，停电以后能够利用辅助设备把人救下来。但是说实在话，这是很冒险的，你不知道塔架的实际情况，不知道塔架有没有位移。假如塔架位移，缆绳就会错位脱绳坠地。好在是不太高，我们就是吊篮式的。靠肉眼是不能看清的，即使电机是好的，我们也不敢使用，万一位移就后果不堪设想。绳子一拉直，脱索就很危险了，这个事情我们也不能批评他，他也是没有办法的事情。我们这是最正确的选择了，行之有效的办法。
地震以后你们这里多久才恢复？
两年之后才恢复，这牵扯到一系列的问题。从我们索道来说，要经过专业的地质等方面的评估，搞了一系列的评估。最后重建、调试才能进行运转。我们这个监管主要靠行业监管，特种设备行业，有专门索道部门，有质检局他们才是真正的监管，不是政府监管。政府只能是指导性的监管。
你们索道票里也会有保险销售？
全国索道票都没有搭着保险，这都是自愿的。老板都一直很重视，都会买特种设备责任险，一旦发生意外事故，保险公司赔。而不是买票里搭着一个保险，现在主要是提倡要求还没有形成规定。现在新的安全法要求有，也不是必须，就是安全责任险。
汶川地震之后，游客的安全意识和防范有什么改善吗？</td></tr>
</table>

续表

没有特别关注。也没有做过类似的调查。安全意识好像不是很明显。感觉民众的旅游安全意识还处在一个初级阶段吧，只是出现了问题以后不来旅游而已。旅游中安全应急防备的意识还是淡的多。 经历过汶川地震以后，广大的旅游从业者他们的一个应急态度和防灾措施大概处在一个水平上? 我觉得还是成问题，这种意识一时半会还没有引起足够的重视。 旅游从业者也会参加相关的培训，是不是主动性不够，还比较薄弱? 我觉得主动的人很少。举个极端例子，去年前山发生滑坡，当然政府容易极端，一旦发生了问题过了也不对，所有的地方都搞地质评估。前山就搞得很好，后山就搞的特别差。 地质评估应该把一个地方作为一个整体的评估，政府或者社区才有这个能力，前山就作为一个整体进行评估得就很好。但是后山做得特别差，一个单元一个单元进行的评估，甚至每户进行评估，比如一个旅店，也造成了重复评估等问题的出现。老百姓的评估费用负担就加大了。后山就没有拿出一个整体的方案来，对于地质评估工作组就高兴了，他们可以多赚钱。我们的意见非常大，没有成体系，问题就很多，比如周边可能对你就有影响，而不在我的评估范围之内，我也不想多花那个钱。这就怪政府部门的处理有问题，是不是中间有利益关系就不得而知。 我看后山评估出来 22 处地质灾害隐患点? 同样是青城山，前山能统一搞，后山为什么不能整体搞。我不否认花钱多少，但是缺乏一个整体，效果就很差，比如这块石头掉下来可能就危及一片。下面的老百姓不但不欢迎进行处理那块石头，反而谈钱才让弄。这简直是可笑，一方面是老百姓的问题，一方面也有政府的问题。当然政治的问题就是不能搞民主，这是灾害危机会出大事，就不能都听老百姓的。这件事情也处理得相当不好，大家后来就妥协了。在公共安全面前大家必须足够地重视! 对于应急安全处理，我们还有很多的路要走。对于消防检查等，也会存在经常走程序的问题。政府注重的是表面上的东西，就是有没有材料、有没有制度，他不看这个企业经营中对消防的真正的关注。当然专业的团队能够知道哪里是重点，哪里是要害的位置。 对于上面政府监管，他们监管的部门很多，但有时候监管不到点子上去，这方面也是一个问题。多增加行业管理才是好的，少点行政管理。比如安检局来了，检查你们要有几个安全证之类的，当然现在国家也在取消这些乱七八糟的证书。甚至要求企业法人也有安全证书，这些都是不合理的。不是要老板去培训，老板要有一个人去培训等，老板管的是大政方针。我让他们拿出书面的文件来，他们没有要求文件根据，没有文件我就可以抵制。这就说明就要按照他们的想法做，他们应该来检查行业的规定、特种法等，而不是非要按照他们自己主观的臆断，那样企业就无所适从了。 对于我们企业来说安全就是身家性命，安全就是生命。政府经常指手画脚的管不到点子上去，比如北京的专家过来指导我们，对我们的做法大加赞赏，感觉这个小小的企业管理得不错。要资料制度有，要管理就谈得很清晰。我虽然刚来四年，我有底气，我懂这些，该反驳他们的我就敢。管理的专家指导我们的水平都有提高的，目前来说还是可以的，起码是有章法的，很有目标的。 任何一个企业都是一个发展过程，不可能一步到位，发展的过程中都必须有取有舍。首先是安全方面的考虑，设备安全、人员安全、游客安全肯定放在第一位。可能有些东西不能一步到位，我们就舍弃。比方说无障碍设施，这是一种服务设施，是非常重要的。但是对于我们这样一个小企业老企业，目前就很难去做，暂时就舍弃了，将来肯定会做的。 随着整个大环境的改善，和企业实力的提升，将来肯定会做的。这是提高服务质量的，但不直接涉及安全。毕竟不是最为必需的，有些标准还达不到那么高。但是涉及安全要全部健全，在健全的情况下不断提高服务标准。在安全方面不能留隐患，我们能更好地不断提高安全系数，这点毫不含糊。 从事旅游业中遇到的困难：②突发危机事件威胁 ⑥政策支持不到位

续表

NO.26	10.22 青城山后山游客中心	A26 访谈人简介：从事旅游业 3 年。目前居住在都江堰市幸福镇。负责游客咨询和相关旅游纪念品零售等。后山游客中心属于景管局分支机构，主要负责青城山后山的票务和游客相关路线咨询及提供导游服务。

请教您几个关于地震等突发危机事件方面的问题？您当时在这里吗？
我在这边工作三年了。地震的时候我在外地读书。地震过后一个多月才回来。当时没有急着赶回来，道路等也不安全。后山管理处每年都会做些安全应急措施相关培训演练等。
您作为一线旅游的从业者，您对四川这边的地质灾害比较频发怎么看？
我觉得首先要保障游客的安全，这是第一位的。后山管理处会做些演练，火灾、泥石流和地震灾害之类的。对于从业者的培训，主要是后山管理处来进行的，我们只是执行者。
这边的培训内容主要针对什么呢？
包括所有的灾害，以及伤员救治等等方面。
2008 年之后泰安古镇重建了，对这边的旅游影响大吗？
促进了这边旅游业的发展，每年具体增加多少不清楚。但是每年这边的游客量都很大。具体的门票量等我们就不是很清楚了，我们主要负责旅游咨询等方面的工作。
对于门票之中，有多少游客会买保险，大概的比例能占到多少？
说不准。安全意识强就会买保险，这边的保险也是自愿的，具体不清楚。
一般游客来咨询哪些方面的问题会比较多一点呢？
咨询游玩路线较多。多少时间游玩，路如何走，给他们做些这方面的规划，如何坐车如何规划路线等。这边团也多，散客也多。附近成都、重庆的都很多，周末节假日游客特别多，过夜的也多。省内外游客都比较多，比例差不多。
当时你们家人等在地震中都安全吧？
都没有事，很安全。
当时的地震对泰安古镇影响大吗？
不是很清楚，我们来这里的时候，泰安古镇就已经建设的不错了。那时候已经重建好了的。
现在这边做旅游生意的人政府有无相关的政策给他们？
这个不是很清楚。应该有吧。做生意的都是本地人外部承包的少。他们的生活和收入应该很好的。夏天避暑的人特别多几乎爆满。冷点还是有不少人，下雪的人也多，来看雪景。
你们作为本地人，你感觉 2008 年的汶川地震对都江堰、青城山的发展带来了哪些影响？
促进了地方发展。地震过后知名度就比以前更高了。吸引了很多游客到来。
作为一种天灾给当地带来了创伤，也带来了一种机遇，您怎么看待这个问题？
我觉得是一种平衡的状态。因为有得有失，有失有得吧。我也说不准，有的人就从中很受益，有的人就损失很大。总体来说，对于我们都江堰人们或者做生意的受益是很大的，地震前后的都江堰市完全不一样了。可以说发生了地震以后，都江堰的经济发展提前了几年，因为知名度高了，促进了当地的旅游业和餐饮业的发展。
对于旅游从业者来说，地震之后能够带来哪些改变，以及如何响应突发事件？
我觉得还是要积极配合政府，大家都参与进来。交通、建设等方面都要配合政府的工作。对于个人来说首先要做好自保的工作，要配合社区之类的工作，力要往一处使共同克服困难。

续表

<table>
<tr><td colspan="3">作为您工作的直觉来看，地震后游客进入到你们景区游览，安全意识有没有增强呢？
还是增强了很多。现在出来的人还是比较重视安全，包括自身安全和财产安全。现在游客的素质也比以前提高了很多。自我感觉来说也好的多，对人的观念的改变也很多。
从事旅游业中遇到的困难：④市场竞争激烈</td></tr>
<tr><td>NO.27</td><td>10.23 青城山前山景区管理处</td><td>A27 访谈人简介：从事旅游业 21 年，目前居住在都江堰市。负责门票管理、游客咨询和景区运营日常工作等。属于景管局的分支机构，主要负责青城山前山的票务管理及景区门口的相关情况的处置，并配合景管局相关调度工作，单位经营了 21 年，员工 28 位。</td></tr>
<tr><td colspan="3">对于汶川地震，您作为一个景区管理者，你们大致的处置流程是什么样子？
在不损害自身安全的情况下，保护好国有资产。还有一个管理处做的总体应急预案。保护现场，积极疏导，马上通知应急办公室，组织救援、疏通、打通道路等方面的全部到位，还有劝阻游客不进入景区等方面。
一般有四个工作小组，救援的，疏通的，抢救伤员的，先重伤后轻伤。
对于灾情预报等，你们日常工作中有没有发些短信之类的？
这个都有的，手机 24 小时必须保持开通的。
有没有对游客推送一些相关信息呢？
这个有的，比较少。像景区的 LED 大屏幕会通告些景区游客信息，滚动播出，包括游客预警等。
我看到你们景区做了一个景区安全应急的一个很厚的方案？
毕竟经历过“5·12”地震，景区就非常重视这块。当时地震之后第三天山上的道士等才全部劝离。
像 2008 年汶川地震这种重大灾害，部队一直在参与。
开始都是自救，后面部队才到来。像汶川那边也是，部队都是徒步进去的。自救等医药设施远远不够。
你们景区平时也做些应急安全方面的培训，你们是自己做还是请专业的来培训？
都是请外面的专门的人来培训的。比如请都江堰医疗中心的过来培训，比如简单的止血、包扎及人工呼吸等方面的。每年都是搞的。每年也会派员工轮换学习，回来学习之后在宣传到每个员工那里。
有没有专门培训地震抗震等方面的知识？
地震、火灾和泥石流等方面都有的，都是一些有针对性的培训。
2008 年汶川地震，青城山这边的损失大吗？
这边也是重灾区。因为景区这边重伤的少，都撤离到安全地带了。都江堰市重伤去世的比较多。
当天晚上部队基本都到达了，主要进行房子垮塌的救援工作。景区这边后山房屋损毁的严重些。
经历过汶川地震之后，我们广大的旅游从业者的心态和观念上有哪些变化？
没有遇到灾害之前大家都没有什么印象。地震之后感觉没有一个应急小组的话就很麻烦。有了应急小组之后，大家各司其职，你是疏通交通的，你是救援的肯定通知救援的负责人来报道；你是负责交通的，大型铲车来了，哪些是立马疏通的，哪些是可以缓一些的。
你们这边应急消防安全等方面大概有多少工作人员？
有二三百人。平时要巡视观察，要观察树有没有枯枝，有没有滑坡地点，道路是否有险情等方面。
去年的 719 泥石流灾害还是很厉害的。</td></tr>
</table>

续表

有伤亡吗？ 景区里没有。景区的索道上站那个位置，还有景区背后那个位置，伤亡一个人，是农家乐的人。本来地质部门要把那边打造一下的，要等到地质沉降以后才能进行处理。 你们景区游客类型是个什么状况？ 过境游比较多。不像九寨沟和峨眉山那样就必须住一晚上，这边游完就直接回去了，回成都那边，那边酒店比较多。 您觉得经历过汶川地震、泥石流之后，广大游客的安全意识有没有增强？表现在哪些方面？ 增强还是有，还是有点迷茫。如果没有感受过地震可能感觉不强。像我们这么大年龄都没有经历过地震，当时看到房子的瓦掉下来，那个时候年龄大的人才说这是地震，才反应过来这才是地震。 您觉得我们在应急安全培训方面，有没有向日本智利地震多发国家学习相关的经验？ 每个国家的地质灾害不一样。像火灾我们都要向全国的案例进行学习，哪些地方做得好，哪些地方做得不好都要学习。比如森林灭火，上去救援灭火工作从什么地方进入，风势怎么样等方面。像火灾大屏幕都会有展示，进行很直观的教育。 前天新闻公布，我国建立了世界上最大的地震预警网，您知道这个消息吗，您怎么看？ 景区里都有地震监测点，后山前山都有。地震局每年都会来四五趟，来调取资料。不管是地质、水文，都要监测点。这个是都江堰市地质灾害部门来做的。 十月一号四川凉山等地发生的 5.0 级的地震，当时你们知道这个信息吗？ 我们知道的，但是大家都觉得很平常了。没有很大的危险，大家习惯了。 您觉得这些会对游客造成影响吗？我们当时过来之前还迟疑了一下。 像这种小地震对游客影响不大。大地震过后，像这种六点几级的、五点几、四点几级等地震就太多了。大家就麻木了。 经过汶川地震和“7・19”泥石流之后，您觉得我们这边的广大旅游从业者应对突发事件的态度上有什么改变？ 大家的安全意识都加强了。比较注重房子质量建设，像承重、抗震等意识都加强了。日常经营中，都要组织他们进行安全培训。每年还要技能培训，每年都在搞。 汶川地震作为重大的灾害，从伦理上讲很多人去世了，但是带来了当地社会经济的进步，某种程度上促进了当地旅游业的发展，也是一种机遇。您怎么看待这个问题？ 这个主要是人活着，人的观念就改变了，不会再像以前那样钻牛角尖。消费意识都有些变化。另外也没有什么。 天灾和机遇之间，您怎么看这个问题？ 机遇肯定是有的。都江堰的机遇是很大，不管是国家的政策，还是社会的援建，对都江堰市的促进很大。可能不止您说的经济提前五年，可能有十年。我们要珍惜这来之不易的变化，城市变好了，我们自身的素质也要提高。很多的公共设施都需要我们自己去爱护它。不管是污水处理还是城市的美化，还是要自己先爱惜，如果你不爱惜它，还是不行。比如那摆的绿化花盆不珍惜不爱护，过几天就没有了，还是不行。 山上的道士他们也要参加应急安全培训吗？ 他们也要参加培训。他们要学习消防知识。他们一般住在道观里。消防知识，如用火用电都是他们的培训学习的重点。 汶川地震这样的重大的突发事件，对周边的社区居民的改变和影响表现在哪里？

续表

<table>
<tr><td colspan="3">社区他们也会组织应急安全的培训。应急避难演练等。
四川这边泥石流比较频发，有没有进行一些物质储备和防灾措施？
都有的，政府会做一部分储备。像我们景区雨衣、手电筒等都是常备的。
从事旅游业中遇到的困难：④市场竞争激烈 ⑥政策支持不到位</td></tr>
<tr><td>NO.28</td><td>10.23 青城山前山景区管理处</td><td>A28 访谈人简介：从事旅游业 7 年。目前居住在都江堰市。负责门票管理、游客咨询和景区运营日常工作等。</td></tr>
<tr><td colspan="3">你们景区处置突发危机事件大致的流程是怎么样的？
首先有预警，如果出现问题，就开始疏散游客。由管理处安排各部门的工作。景区里通过广播通知游客疏散。管理处的工作人员就会参与其中，就引导游客到相对安全的地方。
这边有没有提前准备好的安置点呢？
有的，是景区管理处在管理这个。这就是避险点，都是通过实地调研来确定的，哪里比较开阔等，比较安全就会被选作避险点。
我们是门票处的，管理的就是门口这个相对小的范围。我们要是遇到问题的话。就疏导游客，安全撤离。我们就会通知我们的上级部门。同时我们这边也有他们的应急小组。应急小组就会联系相关的部门，像消防、医院、交通等，还有执法队、派出所等。他们主要协助我们疏导游客，如何逃生。保护游客安全。因为分工不同，我们是门票处。他们有的是技术部门。
游客到景区买了保险，如果发生意外，这个事情是我们这边处理，还是景管处来处理？
我们景区管理处的人员在景区有巡逻的。我们有 115 投诉电话。景区管理处到应急救助中心去处理，去医疗室、医院等。相关的赔偿问题，最后有景管处来处理。
像我们景区都有安全应急预案，每年会进行应急演练和相关培训吗？
这个都有的。每一个职工每年都会发一个小册子，上面都会有相关的知识。我们所里也有这样的小册子，人手一本。同时单位也会组织一些学习。每年都会搞一些演习，特别是我们景区管理处每年都会搞一个应急演练。还有消防演练，每年都会搞。
2008 年地震的时候，您在这边工作吗？当时景区什么情况？
我是都江堰当地人。我当时在后山上班，后山的灾害也算相对安全，我很长一段时间都没有进入景区。但是我们上班的景区工作人员，配合在景区里面清理物质，帮助游客。我那时候在度假，对具体情况不太了解。
2008 年汶川地震以后，我们景区应该比较重视应急预案？
2008 年汶川地震可以说给我们敲响了警钟，我们景区的应急安全预案现在都比较系统。
我们门票情况，在 2008 年前后变化怎么样？
我们只负责验票。具体的情况我不怎么清楚。2008 年以后一直到现在，我感觉好像在增长，具体的问我们的统计部门。本来现在的旅游业竞争比较激烈嘛，我也到过其他景区去考察过，总体上感觉我们景区还可以。
我们这边的部门设置还是很齐全的？
每个部门各司其职吧。遇到重大的突发事件各个部门要相互协作。比如说应急，和管理处合作还是比较多的，游客出来要经过景区门嘛。
从事旅游业中遇到的困难：④市场竞争激烈</td></tr>
</table>

注：与本研究主题无关信息进行了适度精简和压缩。

附录C3 北川羌族自治县63位旅游社区人员留言辑录

1. 之前在广州打工，开小饭店，月收入一千多元。2009 年来到这里开饭店，收入差不多，但安定了很多。
2. 对于北川地震遗址旅游，还有许多的人存在很多误解，希望大家能很正面地看待这件事。
3. 政府太黑心！害苦了我们老百姓！当地旅游业根本不招本地人就业！
4. 没安排工作。
5. 地震遗址开发旅游当地 18~25 岁都无主业机会，地震遗址保安人员 30% 都是内部主任亲属，60% 来自成都、绵阳、三台，当地人员根本没有任何就业机会。保安人员每天的工作我们本地正常青年难道不会吗?
6. 希望政府大力发展旅游，支持旅游发展。
7. 我想说的是，我没工作，我想在地震遗址上班，他们不要，没法子活了。
8. 让老百姓有工作，有经济收入，能让老百姓过得幸福就满足了。
9. 我的想法是能让老百姓过得幸福就 OK 了！
10. 吉娜羌寨最早的 2009 年开始开小饭店，这家是 11 年开始开，原先是农民。
11. 加快发展北川旅游业。
12. （希望）每家房子周围都可以做生意。
13. 旺季 2—5 月，淡季主要出去打工，夏季泥石流多，游客变少。
14. 希望更多的人来北川，为我们羌绣做更多宣传。
15. 太少，并且漏水。
16. 地震遗址可供参观但绝不应该收费。
17. 有点对死者的不尊重，不够肃穆！
18. 没啥说的，好好发展就行！
19. 希望大家搞好 5A 级旅游景区。
20. 旅游景点太少，旅游淡季旺季游客相差太大，希望政府多支持当地商户发展。

21. 为带动北川旅游业的发展，大力推广游客到地震遗址旅游，了解北川，了解北川羌族文化。
22. 当地政府或旅游局应加大对外宣传力度，提高北川游客的人流，现在北川人太少多招商提高人气。
23. 加大对外宣传，让更多的人了解北川。
24. 希望加大宣传力度，吸引更多游客到北川旅游。
25. 人气不太旺，带动不了经济。
26. 大部分都做相同的，竞争激烈，价格不统一。
27. 多点吸引游客的活动，公共设备太少，如公厕不应收费，游客乘凉的地方几乎没有。
28. 我希望我们的街道更整齐，让游客更开心。
29. 绿化比较好。
30. 希望多引进外资，增加就业机会，带动地方发展。
31. 尽量多吸引游客。
32. 不满意政府官员贪污，政府官员受贿。
33. 希望政府能把中央对地方老百姓的政策确实落到实处，旅游发展各行业搞好对外来人员的关怀。
34. 加快发展，为旅游企业做发展
35. 希望地震遗址建好后，农民生活安置问题要解决。
36. 地震遗址建完，为什么当地农民生活安置没有解决？
37. 遗址旅游对我来说可有可无，对我们没有一点致富的机会，本来我们是一队，就为了旅游把我们一分为二，弄了十个队，土地被政府征用，生活费也一分钱都不拿。
38. 遗址旅游对我来说可有可无，对我们来说没有一点致富的机会，本来我们是一队，就为了旅游把我们一分为二，弄了十个队。
39. 博物馆不给周边居民带来经济效益，政府把游客全部带入博物馆。政府一不修路，二不管老百姓的安全和生活。
40. 说点实话，其实遗址旅游对我来说根本就是可有可无，根本没有一丝就业致富的机会，作为一名退伍军人，博物馆根本就看不起我们，招的全是外地人，不给我们展示自己的机会。这个社会都是靠关系，不管是办事、就业，没有关系寸步难行。

41. 关于遗址旅游，老板姓非常支持，但北川县政府搞旅游太独断专行，从不征求老百姓的意见，而且旅游管理的方式方法存在严重问题，需要说的太多，写不完，总之不管当地百姓死活，只管政府的政绩，面子搞太多，反正对当地老百姓没带来一点好处。总之北川的旅游要搞好，还是切合实际一些。多跟基层的老百姓交流一下，总是以政府的眼光来搞旅游，只会越来越差！
42. 旅游景点太少，人口太少，可供游客娱乐的活动太少。
43. 规划不错，不过金玉其外，败絮其内。
44. 希望加大北川旅游开发力度，打造几个精品，多推羌文化的东西，多找北川当地民间旅游项目（如手工造纸羌族特色特产品）。
45. 旅游人太少，经济部景气，政府投资和宣传力度不够，没有吸引顾客的地方（回头客）。
46. 开发旅游市场，政府加大力度宣传，政策优惠，降低房租，让小商户先做活起来。
47. 希望北川政府带着感恩、回报等方面做旅游市场开发，愿游客带着对大自然的自然灾害敬畏，从而加入环保行列，从中感受到大爱北川。
48. 应该多招商引资，政府部门办事应该多考虑当地居民把个人利益看得很重要。
49. 要大加宣传，使全国都知道，吸引更多的旅客。
50. 保护遗址，保护纯北川遗址，保护具有纯羌族特色的北川文化。
51. 应该对游客不收门票，车辆可以随便进入。
52. 希望保护好北川地震遗址，规划好，发展好，管理好北川地震遗址旅游事业，让北川地震旅游事业带动北川经济发展。
53. 政府全权管理，不应该给私人。
54. 政府管理。
55. 我家住在关内，因为交通关系关内的发展一直很迟缓，我的家乡很漂亮，但是尽管如此我们那里并未有幸成为所谓的旅游地。我家乡的很多乡亲从出生到老死连那座大山都没出过。我希望以后我的家乡能成为一处旅游胜地，因为那真的很美很美。

56. 我希望无论是当地居民还是游客和遗址里的工作人员在面对这些时，不是用一种旅游参观的心情而是用沉痛的怀念，用爱来拥抱地震遗址，严肃、安静。
57. 现在的北川人烟稀少，经济萧条，居民 50% 以上是待岗人员，工厂太少，若有都是垮干（亏本）企业，北川一条独街，没有什么特别有特色的东西。留住游客的脚步，希望政府部分能给我们解决就业难的问题，再多建一点厂矿。
58. 增加除旅游业之外的人气。
59. 政府把当地房租（商铺）提得。
60. 政府把当地房租。
61. 旅游发展起来，给老百姓多点实惠，经济上的实惠，老北川人太穷了，太多人没有工作没有收入。
62. 地震让我家受穷。
63. 交通不太方便。

后 记

未知的探索，智慧的启迪，价值的追求，是人和人类永恒的主题。

拥有什么样的梦想，想过什么样的生活，体验什么样的人生，是我者和他者三省吾身的执念。这是在南京大学攻读博士学位、多年读书工作生活的经验教训的印记。近二十年完成了在合肥、宁波、南京、北京四座城市，学士、硕士、博士之工学、理学、管理学的体验与涅槃，求学工作、结婚生子与安大执教！走过祖国大好河山百座城，领略法、德、意、奥异域风情，路为纸、地成册、行作笔、心当墨！暗尘随马去，明月逐人来。

感谢这个时代，感谢改革开放，感谢邓小平同志，让我们能走出去、走进来，走到更大的空间，领略更宏大的社会叙事和更多彩的万千世界。中华民族伟大复兴的历史画卷正在徐徐铺陈，波澜壮阔，气势恢宏！功成不必在我，功成一定有我。在生物性短缺已经解决了的今天，我们也许更多地迈向社会式充盈。作为一个个体，活得充实，有所价值，也算不枉费这大好时代，依然时常回荡张载先生的儒家至高境界：为天地立心，为生民立命，为往圣继绝学，为万世开太平！也是对师长、学生、好友和家人最好的馈赠。此生我只是一枚小小的教书匠，但愿能在三尺讲台，百尺竿头孜孜不倦，育才为国更进一步！

书归正传，千言万语千恩万谢！值此博士论文即将出版之际，千山万水总关情！苍茫大地，星辰浩瀚，照我心，应此景！饮水思源水长流，汇成感恩的甘泉！

感谢博导南京大学张捷教授。怀着对张老师的仰慕，一心考博，一心南大！当来到师门以后，被张老师渊博的知识、敏锐的学术格局、豁达的为人处世哲学、良好的品格修养所折服！德高为师、身正为范，高山仰止、景行行止，在张老师身上得到了完美体现。虽然学生愚钝，有时候不能领悟其更深层的更宏大的学术和立世之价值，而在张老师门下的学习和生活时光，必将对我教书育人和为人立世产生极大的影响。师为楷模，更是鞭策！谢谢老师的关怀和厚爱！

感谢硕导安徽大学李东和教授。李老师是我的硕导，也是学生踏进旅游之旅的领路人。得益于李老师主持的国家社科基金和相关重要规划项目的启迪和锻炼，让学生坚定了深造和笃定之路！与我师相处十五载，被李老师奋力拼搏的精神和敏锐的学术与专业素养所折服。感谢李老师一直以来对学生的鼓励、支持和包容！感谢师母李揽月的关怀和鼓励！

感谢博导南京大学张宏磊副教授。是老师也是师兄，亦师亦友，给予了很多的鼓励和很大的支持。张老师学术视野宏大，知识宽广，思想敏锐，我们桐竹斋里私下称其“张百科”。非常感激张老师在我读博阶段和学术生涯以及为人处世、家庭经营等方面给予的指教和鼓励，使我受益匪浅，获益终身！

感谢南京大学章锦河教授。章老师虽不是我的正式导师，而在我成长之路和读博期间给予学生很多的指教、支持和鼓励。特别是 2018 年 10 月 29 日的问渠园谈话，深深地打动了我！老师对我最大影响是，不经意间的一句话，点醒梦中人，指破迷津阵，让学生豁然开朗。章老师渊博的学识，锐利的思想，宏大的格局，让人如沐春风，学生获益良多！

感谢南京大学张建新副教授，张老师对旅游规划的激情和热情，使我等后辈备受鼓舞，感谢张老师对我的大力支持和关爱。感谢南京大学汪侠副教授，汪老师是我老乡，其良好的学术素养、高度的授业解惑为师责任感和拼搏进取精神，是我学习的榜样！感谢安徽大学章尚正老师在读研、考博和工作中给予的支持，祝您安康。

感谢南京大学同门、南京财经大学刘培学老师！一句“你来 366 吧”，给予无声的鼓励，榜样的力量胜过千言万语，拯救了我，成就了我，大恩不言谢！感谢公安部交通管理科学研究所的姜鉴铎师弟，智力卓群，人很热情，敞亮的东北人。感谢南京邮电大学的陈伟博士，其做事认真一丝不苟值得学习。感谢在 366 寝室和大家朝夕相处的日子，铭记这段艰难困苦、玉汝于成的美好时光！

感谢南京大学高抒教授、鹿化煜教授、徐建刚教授、黄贤金教授、张京祥教授、胡阿祥教授、杨得志老师、顾国琴老师、季晓敏老师等老师的授课、指教和帮助。感谢博士论文答辩组南京师范大学沙润教授、南京大学章锦河教授、中国科学院南京地理与湖泊研究所曹有挥研究员、南京大学王腊春教授、东南大学徐菲菲教授，谢谢各位老师提出的宝贵意见。感谢保继刚老师、吴必虎老师、陆林老师、魏小安老师等前辈大咖榜样的力量，你们的作品为我们提供了丰富的营养和良好的滋养！

感谢卢韶婧师姐、龙明忠师兄、马金海师兄、孙景荣师兄、郭永锐师兄、以及同门颜丙金、钱莉莉、郑春晖、李莉、毛玲、仇梦源、万基才、张家榕、吴荣华、苏醒、陈星、李宜聪、张滋露、陈俊杰、杨璐、陈雪、张卉等人的支持和帮助。感谢老同学铁煜对我考博、陶灿对我工作、孙满意对我读研的支持和李杰、吴宏伟、赵鹏、赵曙光、张源、郭亮等以诚相待，热忱鼓励，给予我精神上或经济上的大力支持。

感谢四川九寨沟景区管理局、青城山—都江堰管理局、北川县政府等部门和相关旅游企业单位的支持和帮助！感谢博导张捷老师的国家自然科学基金项日（编号：41171121）的支持和安徽大学对本书出版给予的资助。

深切缅怀汶川特大地震遇难同胞，向自强不息重建家园的广大灾区人民致敬，向为抗震救灾和灾后恢复重建做出贡献的个人和团体致敬！特别感谢参与本研究问卷和访谈的628位被访人员，悲伤再提，深感抱歉，更多敬意，顺祝安泰！

感谢北京同和时代规划院院长付磊博士、马贤胜学长等，北京蜗牛景区管理集团的董事长徐挺，安庆市唐厚明副市长，安徽省城乡规划设计院的张卫华教授级高工，中国美院的王剑锋博士，江苏省工程咨询中心的王进处长，UNESCO 北京代表处的卢叶官员，莆田学院的蒋长春教授，宣城市宣州区文旅委的周佳，三清山管委会的赵义静，安徽农业大学的徐斌教授、吴冬梅老师、吴良奎老师等，初中班主任年四久老师和高中班主任司云岫老师等。特别感谢安徽大学商学院的杜鹏程老师、吴成颂老师和从来好老师以及旅游管理系张洪、李经龙、蒋海萍、丁娟、刘法建、贾茜、张晓婉、陈敏、方叶林、郭贝贝、鲍捷、张毓、汪芳、袁静、童艺、李文静、骆小庆等我的老师们和同事们。人在江湖，不期而遇，煮酒英雄，美好相随，吉祥悦伴，这就是人生。

感谢家人的鼎力支持和包容理解。感激爱人给予我的鼓励支持，感谢父母的大爱，岳父岳母的辛苦付出，可爱的孩子为我带来心灵慰藉！感谢大姐当年以及一直以来的奉献和关爱，大哥、小妹等家人的支持和鼓励！

值此拙作出版之际，感慨良多，表达感谢！抛砖引玉，敬请斧正！

年四锋

2019 年 6 月 16 日，初撰于南京大学仙林昆山楼

2022 年 12 月 22 日，落笔于安徽大学磬苑社科楼